俄罗斯问题研究
(2010)

Исследования по России

中央编译局俄罗斯研究中心
主　编／徐向梅
副主编／高晓惠

中央编译出版社
Central Compilation & Translation Press

《俄罗斯问题研究(2010)》

主　　编：徐向梅
副主编：高晓惠
顾　　问：李兴耕　郑异凡　杨金海
编委会成员：王秋文　王新颖　刘敏茹
　　　　　　高晓惠　徐元宫　徐向梅

目 录

序 言 / 李兴耕 / 001

俄罗斯发展 / 001

 俄罗斯2010：新变化，新应对 / 盛世良 / 003

 俄罗斯又处在重大选择关头吗？/ 邢广程 / 008

 俄罗斯政局及中俄关系的几个问题 / 田永祥 / 012

 思想史与当代俄罗斯政治 / 冯绍雷 / 016

 关于俄罗斯国际地位和影响的几点看法 / 于振起 / 019

政党·政治 / 021

 与梅德韦杰夫总统面对面
    ——俞可平教授访俄观感 / 高晓惠 / 023

 梅德韦杰夫总统执政之路 / 高晓惠 / 028

 梅德韦杰夫总统论俄罗斯民主 / 李兴耕 摘译 / 033

 梅德韦杰夫谈俄罗斯政治制度发展问题 / 高晓惠 编译 / 038

 俄罗斯政党发展的新变化 / 高晓惠 / 044

 苏尔科夫在俄罗斯政党制度改革中的作用 / 李兴耕 / 049

 统一俄罗斯党对"俄罗斯保守主义"的解释 / 李兴耕 / 054

俄罗斯各界对"俄罗斯保守主义"的不同评论 / 李兴耕 / 058
俄罗斯自由民主党的意识形态 / 李兴耕 编译 / 063
统一俄罗斯党的战略任务是在杜马选举中获胜 / 高晓惠 摘译 / 067
俄罗斯社会转型中的政治文化因素 / 王秋文 / 072
俄罗斯盛大阅兵的历史沉思 / 王秋文 / 077

社会经济透视 / 083

2009：艰难的俄罗斯经济 / 徐向梅 / 085
资源之祸——俄罗斯能源依赖型经济模式的运行特点 / 徐向梅 / 091
结构之殇——从苏联到俄罗斯 / 徐向梅 / 096
俄罗斯经济：增长、衰退与不稳定的复苏 / 徐向梅 / 101
俄罗斯经济转轨面临的主要难题 / 陆南泉 / 105
经济转型与俄罗斯经济现代化 / 陆南泉 / 110
俄罗斯的现代化之路：迷雾中的困境 / 门小军 / 113
俄罗斯共产党的社会主义现代化方案 / 黄登学 / 119
俄罗斯反腐缘何"越反越腐" / 陆南泉 / 123
俄罗斯未来十年的风险 / 李宏梅 译 / 129
人力资本及其在当今俄罗斯的发展 / 鲁·马·努列耶夫 著
　　　　　　　　　　　　　　　　李宏梅 编译 / 132
俄罗斯矿产资源现状 / 彭晓宇 摘译 / 137
俄罗斯联邦政府2010年反危机措施纲要 / 徐向梅 摘译 / 140
美国学者谈西方对俄罗斯经济改革的建议 / 詹姆斯·R. 米拉 著
　　　　　　　　　　　　　　　　张文成 编译 / 144
俄罗斯和中国发展路径的新模式 / 彼得·拉特兰 著
　　　　　　　　　　　　　　　　王新颖 编译 / 149

目 录

外交视点 / 153

    梅德韦杰夫外交析评 / 李　兴 / 155

    俄罗斯对外政策的现代化 / 侯静娜 编译 / 162

    中俄文化交流的新篇章 / 王秋文 / 167

    2010年重启中的俄美关系：特点、进展与问题 / 吴大辉 / 173

    俄美关系的新支点 / 费·卢基扬诺夫 著　刘敏茹 编译 / 176

    西方与俄罗斯的关系：与俄罗斯自由派

        不同的观点 / 戈登·M. 哈恩 著　许宝友 译 / 180

    西方软化对俄罗斯威权主义制度的态度 / 许宝友 编译 / 185

中东欧与中亚观察 / 191

    从公开信看"新欧洲"与美国关系的新变化 / 朱晓中 / 193

    欧盟东扩与西方式民主制度在中东欧的确立 / 高　歌 / 198

    卡廷创伤与波俄关系 / 孔田平 / 203

    中东欧共产党的发展趋势及其前景 / 马细谱 / 207

    波兰政党格局调整与总统选举 / 刘敏茹 / 212

    匈牙利学者谈匈牙利剧变原因和对剧变20年的评价 / 黄立茀 / 216

    对前南斯拉夫解体中民族主义因素的思考 / 马细谱 / 221

    1989年后匈牙利自由主义梦想的终结 / 亚当·法布里 著

                                       张瑞花 编译 / 225

    斯洛伐克政治家对1989年剧变遗产的反思与总结 / 姜　琍 / 230

    吉尔吉斯斯坦政局分析 / 付　哲 / 234

    后社会主义国家中的社会主义怀旧现象 / 米迪亚·维利科尼亚 著

                                       张文成 编译 / 238

历史之窗 / 245

梅德韦杰夫谈苏联历史问题 / 郑异凡 译 / 247

戈尔巴乔夫谈苏联改革 25 年 / 徐向梅 译 / 252

苏联特权阶层的形成及其影响 / 戴隆斌 / 256

苏俄时期大饥荒及苏俄政府应对之策 / 徐元宫 / 261

俄罗斯成立专门委员会反对篡改历史 / 朱 磊 / 266

俄罗斯各界有关斯大林的评价问题 / 戴隆斌 / 270

俄罗斯会为斯大林全面恢复名誉吗？ / 郑异凡 / 275

安德烈·萨哈罗夫访谈录：

      斯大林的镇压是对人民的践踏 / 郑异凡 编译 / 280

赫鲁晓夫是全盘否定斯大林吗？ / 陆南泉 / 284

苏共二十大"秘密报告"并非赫鲁晓夫个人之作 / 徐元宫 / 290

一堂卫国战争历史课 / 郑异凡 译 / 295

朝鲜战争中的苏联空军援助

      ——以俄罗斯解密档案文件为根据的解读 / 徐元宫 / 302

俄罗斯联邦档案文件解密状况考察 / 徐元宫 / 307

俄罗斯公开发布卡廷事件档案 / 高晓惠 / 312

中央编译局俄罗斯研究中心简介 / 315

序 言

俄罗斯是世界上幅员最为辽阔的国家，也是我国最大的邻邦。两国之间已有400多年的交往，相互产生着巨大影响。我国学术界一贯重视对俄罗斯历史和现状的研究，尤其是对苏联在20世纪兴衰成败的过程展开全面深入的探讨，力图从中吸取有益的经验教训。目前中俄建立了"平等互信的全面战略协作伙伴关系"，这是两国关系史上的最好水平。在这样的形势下，进一步加强对俄罗斯问题研究的深度和广度，不仅有助于中俄两国相互了解和相互借鉴，而且对建设中国特色社会主义伟大事业具有现实意义。

中央编译局俄罗斯研究中心成立于1999年11月，正值世纪之交俄罗斯政局出现重大变化之际。2000年3月普京当选总统，标志着俄罗斯从"叶利钦时代"进入"普京时代"。在这样的背景下，中央编译局俄罗斯研究中心于2000年4月创办了不定期内部刊物《俄罗斯研究信息》，介绍俄罗斯以及东欧、中亚地区后社会主义国家的政治、经济、外交、社会、文化等方面的最新发展动态，这些国家政治经济发展、体制改革、政党制度演变、社会思潮的新动向，国内外学者对俄罗斯历史和现状的重要研究成果，以及对苏联兴衰的经验教训的评述，译介新出台的重要政策法规、新解密的历史文献档案以及各种出版信息，供有关部门及研究人员参阅。为这个刊物撰稿和提供资料的除了我局的研究和翻译人员外，还有国内外学术研究机构及高校的专家学者和翻译工作者。本刊于2000年出版了5期，后因经费问题中断，2010年在中央编译局社科基金和东方历史学会（北京）

的资助下复刊，在2010—2013年间共出版34期。《信息》内容丰富、资料扎实，时效性和学术性强，受到了中央有关部门、学术机构、研究人员和读者的好评，许多文章被国内众多报刊引用或转载。为满足读者的需要，中央编译局俄罗斯研究中心决定把2010—2013年的《俄罗斯研究信息》所发表的文章和信息资料予以精选、结集，每年一本，共4本，由中央编译出版社正式出版。

  4本文集的内容涉及当代俄罗斯发展的两个重要阶段：一个阶段是2010年至2011年，它是发端于2008年的"梅普组合"的继续；另一个阶段是2012年至2013年，从"梅普组合"转到"梅普易位"，进入"新普京时代"。

  普京在其执政8年（2000—2008年）间，励精图治，扭转了叶利钦时代的混乱局面，促使俄罗斯逐步走上复兴之路，赢得了民众的赞扬。2008年普京的两届总统任期结束后，全力支持梅德韦杰夫接任总统，自己任总理，形成了"梅普组合"的政治局面。2012年普京第三次出任总统，掌握了实现其"给我20年，还你一个强大俄罗斯"诺言的有力杠杆。

  在2010—2013年这4年间，俄罗斯经济经历了曲折的发展过程。从2008年下半年开始的国际金融危机使俄罗斯遭到重创，导致国民经济在2009年大幅下降。俄政府采取了一系列反危机措施，获得了一定成效，使俄经济在2010—2011年出现恢复性增长，增长率达到4%左右。但是，由于经济增长主要依靠石油天然气等能源出口，受多种外部因素的制约，基础比较脆弱。2012年经济增长速度开始减弱，2013年增速只有1.3%。俄经济发展部在2013年11月份公布的俄罗斯2013—2030年经济社会发展预测，保守估计平均年增长率只有2.5%。尽管这几年俄罗斯遇到不少困难，但总体上仍保持了稳定发展，各项建设取得了很大成就。俄官方统计，2012年GDP总额按平均名义汇率突破2万亿美元，人均14000美元，2013年在此基础上略有增长。2012年8月，经过长达18年的努力，俄罗斯在得到世界贸易组织第八届部长级会议批准并完成各项法律手续后终于正式成为世界贸易组织成员国。

梅德韦杰夫在其执政期间提出了国家"全面现代化战略",包括经济现代化和政治民主化。在经济现代化方面,强调发展"智慧型经济",建立以现代最新技术为基础的经济结构,实现科技创新。在政治民主化方面,强调国家的现代化必须在民主价值和机制的基础上进行,提出并实施了一系列有关反对腐败、精简机构、推进司法改革、改革政党体制和选举制度的建议和法律。

普京重返克宫以来,进一步展开了全面的综合性改革:在经济方面,调整经济结构,发展多元化经济,改变过分依赖能源出口的状况,大力发展新兴技术、新兴产业,发展创新经济,实施稳健的财政政策,改善社会保障体制,推行有限度的私有化政策;在政治方面,继续推进反腐败斗争,进一步实施政党制度和选举制度改革,修改关于集会、示威和抗议,关于互联网,关于非营利组织的法律,加强对公共政治空间的控制,维护社会稳定。俄国家杜马通过并经普京签署公布了禁止各级公务员、军人及其配偶在境外的外国银行拥有或开设账户、拥有或购买不动产、购买或持有外国公司有价证券的法案,以及关于俄政府官员及其家庭成员必须申报财产收入的法律修正案。普京在2012年12月发表的国情咨文中强调,"选择俄罗斯式的民主是俄罗斯人民的权力。"他指出,"执政党、政府、总统可以更换,但不应动摇国家和社会的基础,不能中断国家发展的连续性。"

在2010—2013年这4年间,俄罗斯政党格局发生了不少变化。俄司法部批准了一大批新政党的登记。到2013年年底,获准登记的政党达到75个。尽管获准登记的政党很多,但在国家杜马中仍然只有4个政党:统一俄罗斯党是实际的执政党,俄共、自由民主党、公正俄罗斯党则是议会反对党。它们具有不同的意识形态:统俄党主张"俄罗斯保守主义",俄共提出"21世纪社会主义",公正俄罗斯党倾向于社会民主主义,自由民主党则鼓吹民族主义、民粹主义和自由主义。从2011年12月国家杜马选举以来,反对派发动了一系列游行示威和抗议集会,抗议选举舞弊,反对普京和统一俄罗斯党。普京采取了软和硬两种手段应对这一局面,一方面降低政党登记门槛,批准大批新党注册,同意与反对派领导人举行对话，加强"全俄人民阵线"运动；另一方面对组织非法街头抗议活动的头面人物的违法行为提出诉讼并给予罚款或监禁处罚。在2013年9月举行的地方选举中出现了引人注目的事件。例如：在莫斯科市市长选举中，原普京总统办公厅主任、莫斯科市长索比亚宁以51.37%得票率当选，反对派领导人之一纳瓦利内作为俄人民自由党候选人获得27.24%选票，居第二位，俄共候选人梅利尼科夫获得10.69%选票，排名第三。在叶卡捷琳堡市长选举中，罗伊兹曼作为亿万富翁普罗霍罗夫建立的公民纲领党候选人当选市长，击败了统俄党候选人西林。今后也许会有更多反对党进入议会，但总体看来，俄罗斯仍将保持统俄党"一党独大、多党并存"的政党格局。

在外交政策方面，"梅普组合"和"梅普易位"两个阶段之间既有继承性，又有差异性。其总的目标是加强俄罗斯在世界上的大国地位，维护其政治、经济、军事、文化的安全和利益。二者都致力于实现"独联体"一体化，反对北约东扩，巩固和发展与中国、印度的关系，提高"上合组织"和"金砖国家"在国际事务中的作用。在"梅普组合"阶段，美国曾宣布"重启"俄美关系，两国关系略有好转。2010年4月俄美签署了削减进攻性战略武器条约。2012年"梅普易位"后，俄美关系逐渐恶化，争执不断，在中东、叙利亚等问题上处于对立状态。俄力图通过举办2012年符拉迪沃斯托克APEC峰会和2013年圣彼得堡20国集团峰会的机会显示自己的实力，扩大国际影响。俄罗斯外交部网站2013年2月18日公布了由总统普京批准的新的《俄罗斯联邦外交政策构想》，确定了俄罗斯外交的四大优先方向，其中把发展同中国和印度的友好关系视为俄罗斯外交政策的最重要方向之一，宣称要继续增进与中国"平等互信的全面战略协作伙伴关系"，要求美国作出其反导系统不针对俄罗斯核威慑力量的法律保证，遵守包括不干涉他国内政原则在内的国际法准则。

在2010—2013年这4年间，中俄学者对苏联解体的原因教训、苏东剧变后东欧中亚各国的转型问题进行了深入研究和探讨，举办了一系列学术研讨会，撰写并出版了许多论文和专著,提出了各种不同见解,对正确认识这些问题具有重要的借鉴意义。本刊对这些成果作了大量报道,可供读者参考研究。

我相信,4本《俄罗斯问题研究》文集的出版将为读者提供丰富的具有重要理论价值和现实意义的学术资料,有助于加深对俄罗斯、东欧和中亚问题的了解,为进一步推动我国在这一领域的研究作出贡献。

最后,我作为曾经参与本刊创办的一名老编辑,要借此机会对各位撰稿人以及编辑出版人员表示真诚的谢意!向所有给予我们支持和帮助的读者致以衷心感谢!

李兴耕

2013年岁末

俄罗斯发展

俄罗斯2010：新变化，新应对

盛世良

2010年，俄罗斯内政和外交的变化幅度大于往年，对华关系也在作相应的调整。我们的对俄外交也应与时俱进。在观察俄罗斯形势时，不能见微知著，看不到变化后面隐藏的实质，固然不对；但夸大变化，把策略性的变化夸大为战略性的转变，更是不妥。

经济发展减速，经济转型艰难

经济前景不乐观。经济危机使俄罗斯白白丢失4年，GDP绝对值2012年才能恢复到2008年水平。普京10月6日说，2010年经济增长率可望达到4%，今后几年在降低通胀率的情况下，经济增长率也可达4%上下。其他官员的悲观预测为：2010年经济增长2.5%，2011—2013年增长3%—3.5%，如果油价低迷，可能降到2%。财政部长库德林10月15日说，只有油价达105—109美元，俄罗斯未来3年的预算才可能平衡。如果能在三四年内形成新的经济增长点，2013年后增长率可达7%—8%。

经济增长缺乏外部和内部动因。俄罗斯吸引外资能力低于其他新兴经济体。最近4年，世界外国直接投资总额将达每年1.2万亿—2万亿美元，预计流入俄罗斯的仅二三百亿。在吸引外国直接投资方面，2009年俄罗斯排在中、印、巴、美之后，居第五位，预计2011—2013年将落到第七位。经济增长也缺乏内因。一是实业界担心政策多变，尤科斯事件重演。二是没有余钱增加投资，政府出于大选等政治考虑，不得不首先保证社会开支（2009年平均养老金4910卢布，

2013年要达到1.07万卢布）。三是经济由资源型向创新型转变期间，增长率难免会下降。

经济创新暂时仅限于愿望。梅德韦杰夫虽然提出了以创新和科技实现经济现代化的目标，但是除了开建斯科尔科沃高新技术区外，无甚进展，西方反应冷淡。普京执政期间靠能源经济得利的官员和寡头，以及境遇略有改善的社会下层，对"创新经济"没有积极性。一旦经济结构改革影响社会福利，阻力可能增大。俄罗斯经济难以摆脱高油价时资金富余但懒得转型、低油价时急需转型但缺乏资金的怪圈。因此，经济结构转型难以在短期内实现。远东地区在引进资本、实用技术和弥补劳动力缺口方面，依然离不开对华合作。

俄中实力差距扩大。俄罗斯在经济实力最强的2008年，GDP按购买力平价计算为22994亿美元，在世界GDP中仅占3.25%，人均16116美元，而发达国家这三个数据分别为377901亿美元、54.22%和38220美元。从经济总量看，1993年中俄相当，2008年中国是俄罗斯的2.3倍，2009年是3.5倍，2010年可能扩大到4倍。再从质上看，中国逐步形成现代化的生产能力，俄罗斯仍然依赖资源经济。据美国全国情报委员会9月发布的预测，从GDP、人口、技术发展和军事实力等因素考虑，2025年各国综合实力排序为：美国、中国、欧盟、印度、日本、俄罗斯、巴西。

政局稳定可控

俄罗斯反对派，尤其是右翼反对派，难以挑战现政权。10月底的民调表明，虽然有52%的居民允许反对派存在，但目的仅是监督当局。只要普京主政，俄罗斯将继续维持威权主义政治加国家调控市场经济这一模式，不会搞西式自由民主。

不搞"政治民主化"。2010年9月6日，普京在宴请瓦尔代俱乐部成员时，笔者提了俄罗斯是否要搞"政治民主化"的问题。他以中国为例，婉转地否定了梅德韦杰夫关于"政治现代化和民主化"的主张。他说，中国依然坚持共产主义意识形态，原先的国家政治结构并不影响中国发展。中国把市场经济与中央集权相结合，社会经济发展达到神奇的速度。俄罗斯谚语说得好，身在福中要知福！社会稳定，经济发展，人民参与管理，还有什么比这更好？

梅普政见有差异但不会分裂。梅普差异表现在言论、风格和政见上。梅德韦杰夫多次强调经济现代化和政治民主化缺一不可，普京拒绝"政治民主化"；梅德韦杰夫批评卢日科夫，而普京曾一度表扬过他；梅德韦杰夫主张俄罗斯尽快加入世贸组织，普京主张以俄白哈海关同盟形式入世；梅德韦杰夫对美国提出的俄美共同反导很有兴趣，普京警惕，而且主张与中国共同搞反导；梅德韦杰夫主张把西方"主流民主国家"作为俄罗斯外交第一优先，普京不反对把德、法等欧盟国家作为外交第一优先，但对美国始终有戒心……

在政治精英中，"拥普派"多为既得利益者，而自由派和少壮派组成的"拥梅派"希望改变普京路线。梅普各自的班子、"拥梅派"和"拥普派"客观上会推动梅普矛盾。但梅普从未对立，今后也不会公开争斗。

普京再任总统的可能性增大。普京宴请瓦尔代俱乐部成员谈到2012年大选时说，他和梅德韦杰夫"届时会根据本国实际情况、已经取得的成就和国民的意愿作出决定"。2010年9月的舆情调查表明，梅普支持率差距不大，分别为57%和66%。由于普京掌握政权党、强力部门和地方政权，在梅普组合中居主导地位，2012年总统候选人的决定权在普京手里。俄罗斯政治学家普遍认为，普京2012年重归克里姆林宫的可能性比前时期更大。有人甚至认为，照目前的趋势，普京回归的可能性近乎百分之百。

军事改革重实效

俄罗斯依然要成为军事强国，2010年在军事上进行了最大幅度的改革。

一是走质量建军的道路，常规军备的主要任务是对付俄格战争之类的局部冲突。大幅度裁减员额，由四级指挥体制简化为三级；把六大军区和四大舰队按方向整编为四大联合战略司令部，以应对主要来自西南东三个方向的军事挑战。

二是提出大幅度增加军费的计划。俄罗斯将用6600亿美元实现军备现代化。2011—2013年军费增长率分别高达19.1%、9.2%和26.6%，新增军费重点用于武器更新，2020年新武器比例将达70%—80%。

三是与美国签订核裁军条约，以裁减本应自然淘汰的核武器，换取了今后多年的对美核均势，为军事振兴赢得宝贵的喘息之机，核军备的主要任务是应对大国侵略的潜在威慑。

外交偏重西方，对华依然倚重

俄罗斯调整外交方针，把欧美作为外交第一优先，想借助西方资金、技术和人才实现现代化，成为与美、中、欧并列的世界力量中心。这是普京2006年慕尼黑讲话和2008年俄格战争后俄罗斯外交最重大的调整，但主要涉及策略，而不是战略。只要普京主政，俄罗斯对外政策，特别是对华政策，不会大变。

9月6日，普京在回答中国学者问题时说，发展远东和西伯利亚是俄罗斯优先任务之一，远东可以与中国合作建设科技园和大学城。远东拥有世界级储量的油气、煤炭和黄金，中国会感兴趣。西伯利亚油管支线通中国，中国参与俄罗斯油田开发，俄罗斯进入中国石油加工和销售领域，这已不是单纯的能源出口，而是多层次的能源合作。

针对西方学者关于中国对俄罗斯移民威胁的挑拨，普京严峻地说："别用中国吓唬我，不必暗示我什么中国威胁！我们与中国相互非常了解，尊重对方利益。俄中之间竞争不尖锐，我们同中国不争全球领袖。俄中在解决许多问题上是天然伙伴。边界问题过去吵了40年，现在本着互谅互让的精神彻底解决。俄中都明白，通过合作，而不是通过竞争或恶化关系，更能得到好处。中国无须通过输出移民或占领远东，就能从远东获得所需的自然资源。中国有抱负，但只有通过改善两国关系才能更好实现。"

俄罗斯有学者提出，俄罗斯应与欧洲结盟，甚至可以加入北约，与欧洲共筑世界一极，与美、中三足鼎立。也有学者提出，对俄罗斯现代化来说，中国的重要性不如日本，甚至不如韩国和新加坡。但这些主张没有被官方采纳。

美国希望拉俄罗斯遏华，俄罗斯出于本国利益考虑，不愿为人"火中取栗"。同时，俄罗斯对中国的警惕从未松懈，不排除同印、越等中国邻国发展关系以制衡中国的考虑。

有关中俄关系的建议

中国周边安全形势复杂，挑战增多，俄罗斯是我国可靠的战略依托，要从安全和战略上重视俄罗斯的重要性。俄中实力差距继续扩大，俄罗斯的失落感会加重。为了实现强国目标，俄罗斯既想倚重中国，又害怕中国，今后在双边合作中，将更加敏感和挑剔，强硬维护本国利益。我国应平静对待并公开支持俄罗斯的外交调整，强调中国永远是俄罗斯最可靠的伙伴。

其次，应注重主权和领土完整等核心战略利益问题上的相互支持。中日岛屿、大陆架资源和海上通道之争越来越尖锐。俄日在南千岛群岛问题上互不妥协，梅德韦杰夫访华后视察南千岛群岛，宣示主权，有利于我国反制日本的领土野心。双方在这一问题上的立场应该彼此拉近。

最后，要了解并利用俄罗斯思维和行为模式与我们的差异。研究俄罗斯应该更注重研究其思想、心理、行为方式，因为中俄想法是不一样的，中国是从虚到实、从大到小、从一般到个别，俄罗斯是从小到大、从具体到现实。我们应该习惯对方的思维方式，这样更好相处。

作者单位：新华社世界问题研究中心

俄罗斯又处在重大选择关头吗？

邢广程

俄罗斯一直处在对欧洲与亚洲的选择之中。梅德韦杰夫提出俄罗斯又处在一个重要的历史关头，从精英到领导人始终强调俄罗斯处在选择之中。19世纪俄罗斯的哲学家曾经提出，俄罗斯是一个不成熟的民族，一个爱搞极端的民族，一个爱折腾的民族，俄罗斯犹如一个充满"锯末的味道"的巨大房间，谁也不知道何时能够装修完毕。近两年俄罗斯变化很大，这种变化的幅度是否超出我们的想象，俄罗斯是否处在选择的关头，这一问题值得关注。

根据本人近几年的观察，梅德韦杰夫不太可能提出战略性的思想，但他还是提出了现代化思想，而且2010年试图将其上升为国家战略，进入国家的主要议程，这说明梅德韦杰夫有自己的主张和战略想法。但本人也注意到，普京对此没有特别回应，说明梅德韦杰夫的这一治国方略尚未得到普京团队的全面认同。梅德韦杰夫多次强调，金融危机对俄罗斯影响较大，其原因在于金融危机前俄罗斯出现的各种问题。俄罗斯历任领导人都对前任有批判或否定的传统，梅德韦杰夫此举就有委婉地对普京表示批评的意味。应该说梅德韦杰夫的批评是有道理的。

从俄罗斯目前所处阶段判断，金融危机在几个方面检验了普京主政时期俄罗斯发展的实际状况。梅德韦杰夫的评价说明，2000年到2008年间形成的"普京神话"有所破灭。金融危机的爆发，使得人们认清，俄罗斯实际上并没有强大到原本所表现出的程度，普京所设计的治国方略恐怕存在很大缺陷。可以说，金融危机是一个坎。包括梅普二人在内的俄罗斯精英对金融危机都是没有准备的。普京在2007年认为，美国次贷危机对俄罗斯影响有限，而且俄罗斯要利用危机达到一个新的高度。2008年10月，俄罗斯出乎所有人预料地发生了金融危机。本人认为，梅德韦杰夫政权对金融危机的敏感性如此之弱的原因在于，梅普政府认为金融危机是美国、西方的危机，俄罗斯经济发展状况良好，俄罗斯应该利用美国削弱的机会，使其自身得到发展，因而俄罗斯在2008年表现十分强势，甚至提出将莫斯科建成国际金融中心的想法。2008年初，俄罗斯提出要借此机会建立世界新秩序，中国应该支持俄罗斯，而不应该继续与美国一起维护原有的世界秩序。但金融危机发生，俄罗斯未能幸免，暴露出许多问题，其中最主要的是以资源输出型经济为主的缺陷暴露无遗。实际上，是石油等能源的世界价格的大幅下滑，而不是美国的次贷危机，造成了俄罗斯的金融危机。这说明俄罗斯在自身的发展战略上有一些缺陷。

为应对危机，梅德韦杰夫提出了现代化创新战略，但他只提出了创新的思想和目标，并未回答在现有体制下如何创新的问题。在俄罗斯现有体制下，创新难度非常大。梅德韦杰夫将俄罗斯的现代化定位于经济现代化，但实际上其政治体制也并非是完美的。梅德韦杰夫对民主的理解比较深刻，大有戈尔巴乔夫之风，但同时他又明确表示，将与普京协商决定下届总统人选，这正是与他所提出的民主理念相矛盾之处。普京表示赞同的主权民主是有俄罗斯特色的主权民主，梅德韦杰夫认为民主不应当有任何限制词，是纯粹的民主，但这种民主如何实现呢？可见，梅德韦杰夫的理念与实际行为之间存在很大差别。俄罗斯2010年在其内政外交上发生了很大变化，外交上出现新一轮向西摆。这并不是新做法，苏联解体之后俄罗斯曾多次向西摆，摆的幅度不一，但思路一样——俄罗斯的发展必须在资金、技术和人才上依靠西方。俄罗斯在这方面有一定程度的一厢情愿，认为不与欧洲联系在一起，俄罗斯就绝对没有前途，俄罗斯必须与欧洲绑在一起，才能在世界民族之林占有一席之地，而且俄罗斯特别怕和亚洲人联系在一起。在他们看来，中国越发展，俄罗斯越应该和欧洲连在一起。俄罗斯选择欧洲没有错，但欧洲国家在多大程度上接纳俄罗斯呢？实际上欧洲国家并不愿意全面接受俄罗斯。从这个角度来看，俄罗斯一厢情愿的成分很大。俄罗斯这种思维逻辑上的矛盾性对外交政策的摇摆程度影响极大。

2010年俄罗斯国内一个重要的新动向就是，俄罗斯一些精英对华的忧虑程度明显上升，因为中国实力的增长已经超过了俄罗斯能够理解的范围。几百年来，始终弱于俄罗斯的中国现在的发展已经超出了俄罗斯的想象，这是俄罗斯几百年来从未面对过的状况。中国的发展使得俄罗斯感受到巨大的压力，以至于俄罗斯因中国的强大而要被迫作出一个选择，这在历史上是不多的。俄罗斯一些反华言论提出，俄罗斯最大的对手不是美国，而是中国，俄罗斯甚至应该不惜动用核力量，结成莫斯科—东京—新德里联盟来遏制中国，这是有代表性的中国"威胁"论。它也是一个信号，即中国越发展，俄罗斯越紧张。目前看来，俄罗斯对与中国合作开发远东地区存在很大疑虑，认为这一计划是中国在攫取俄罗斯资源，俄罗斯缺乏创新项目，很吃亏。这种社会舆论在俄罗斯越来越有市场，这是我们尚未清楚意识到的新情况。该怎样看待中国、中国对俄罗斯是怎样的一个角色，俄罗斯在这些问题上的疑虑越来越大。这也是俄罗斯调整政策、面向西方的原因之一。俄罗斯国内一些人对中国的情绪化反应，值得注意，需要加以分析。

俄罗斯对中俄关系的处理面临很大问题。俄罗斯对远东和西伯利亚地区的态度是非常矛盾的，既希望开发该地区，又担心过度开放使其成为中国的"领地"。在俄罗斯的一些政治精英看来，宁要一个落后的、但属于俄罗斯的远东西伯利亚地区，也不希望看到一个经济发展但属于别国的远东和西伯利亚。这明显说明，俄罗斯极为担心远东和西伯利亚地区受中国经济越来越大的辐射影响。实际上远东和西伯利亚地区本身对中国的发展抱有相当乐观的态度，希望和中国保持密切联系，而这正是莫斯科所不愿看到的事情，但俄罗斯却又没有实力发展远东和西伯利亚。我们应当认清这种矛盾所存在的问题。

俄罗斯与中国怎样在中亚地区展开合作，这是非常重要的。在中土天然气管道项目、俄格战争等关键性问题上两国的表态，使中俄两国对相互之间关系的实质有了更清醒的认识，这成为检验两国关系的标志性事件，对未来中俄关系的发展会产生实质性的影响。在看待俄罗斯选择欧洲还是亚洲的问题时，应该看到中俄两国的关系在很多方面有不确定性，这正是需要学者加以研究的地方。

总之，俄罗斯对外政策正处于向西摇摆过程中，这种摇摆仅仅是俄罗斯外交政策的调整而已，很难看成是其外交有什么重大的转向，而且美国和欧洲接纳俄罗斯的程度如何现在还是一个未知数。从历史上看，西方对俄罗斯的疑虑不是几句话、几个协定、几次微笑和握手就能够消除的。俄罗斯与西方的关系是不断出现摩擦又不断和缓的关系。俄罗斯融入西方困难重重，这里有两个因素在起作用：一是俄罗斯融入西方并不想处于西方的边缘，而是要处于核心地位，这是西方难以接受的；二是西方接纳俄罗斯是有条件的，就是说俄罗斯必须符合西方所设定的标准，俄罗斯被融入西方的过程实际上就是被西方不断加以改造的过程，这也是俄罗斯难以接受的。俄罗斯现在提出经济现代化并不是处于重大历史关头必须作出的政治和战略选择，它只是一种思路，一种带有战略发展意图的设想。俄罗斯的历史经验和教训表明，俄罗斯需要不断发展，但不需要急转弯。

作者单位：中国社会科学院边疆史地研究中心

俄罗斯政局及中俄关系的几个问题

田永祥

一、俄罗斯政党格局及 2011 年俄罗斯议会选举

1. 统一俄罗斯党一党独大格局将继续强化

新俄罗斯独立之后,政党状况曾经历一段混乱状态,各政党在几次杜马选举中分化组合。近两届杜马以来,基本稳定在以统一俄罗斯党独大,其他三党——俄罗斯共产党、公正俄罗斯党和自由民主党共存的基本格局。从 2010 年来看,基本格局没有变化,统一俄罗斯党的地位继续稳固。主要表现为:统一俄罗斯党在地方议会选举中所得的议会席位没有太大变化,甚至有所增多,对地方行政权力机关的影响力不断扩大。梅德韦杰夫和普京两人都十分重视政党发展,现在俄罗斯政党格局更趋于稳定,在今后一段时期,统一俄罗斯党会继续强大,其他三党势力难以与之抗衡,这种局面将继续保持。曾有观点认为,统一俄罗斯党仍存在分化瓦解的可能,因为俄罗斯等独联体国家大多实行强人政治,政党不稳定,政党依靠强人生存。我的观点是,至少在 2011 年选举后新一届五年的时间内该党不会发生大的变化。现在统一俄罗斯党的状况非常平稳,其执政影响力很大,普京仍然支持该党。因此,统一俄罗斯党前景比较光明。

2. 2010 年政党作用进一步明显上升

俄罗斯没有严格意义上的执政党,实行的是没有执政党的多党制,政党没有实权,也不能组阁。但是近几年来,俄罗斯的政党作用逐渐上升,在俄罗斯和中国甚至把统一俄罗斯党称为执政党,这并非没有道理。首先表现为政党对决策层

的影响，梅德韦杰夫和普京除经常会见统一俄罗斯党领导人外，还经常会见其他三个主要政党领袖，与之商谈国家发展的方针政策，征求他们的意见和看法，这是非常重要的，也是集思广益。2010年5月份，久加诺夫访问中国时多次提到，其本人与梅普二人经常会面。特别是在金融危机发生后，梅普召集俄罗斯共产党、公正俄罗斯党领导人的次数明显比以前增多，更多听取他们在民生、社会问题方面的建议。其次，在对人事安排的影响上，俄罗斯政党的作用也在逐渐上升。例如，俄罗斯地方选举制度发生非常明显的变化，普京时期为了削弱地方势力，将地方行政长官由普选产生改为由总统提名、地方议会通过，现在又改为由地方议会中的主要政党来提名地方行政长官，这是一个重大变化。可以说，这是俄罗斯政党在执政地位上迈出的重要一步。俄罗斯将来能否向议会制转变，由议会主要政党提名政府领导人和组阁，是很值得观察的。前段时间，俄罗斯副总理兼政府办公厅主任索比亚宁接替卢日科夫出任莫斯科市长之后，其职位由统一俄罗斯党提名的该党总委员会主席沃洛金接任。沃洛金能担任副总理兼政府办公厅主任的要职，是统一俄罗斯党发挥了重要作用。

3. 俄罗斯反对派的势力日益弱化

例如，以前俄共经常举行示威游行，对国家政策、杜马决议投反对票较多，从2010年情况看，俄共提出的主张更多是从建设性角度出发，而不是以推翻政府为目标。可见，反对派言行变化呈现比较清晰的脉络——谩骂政府、谩骂总统的行为现在已经很少了，而大多是批评性的、建设性的举动。俄共领导人把与国家领导人的密切关系看成是该党作用和影响上升的一个标志。梅德韦杰夫访华时也有久加诺夫随行，因为他访问的是共产党执政的中国，所以带来俄共领导人参加，但也说明俄共的作用上升。自由民主党领导人日里诺夫斯基虽然平日也对政府颇多微词，但在关键时刻，为了保持他的影响力，为了保证其政治生涯，还都有所收敛，对当局仍然是"小骂帮大忙"。而自由主义反对派尚未形成合力，2010年无任何大的政治举动。由此可见，俄罗斯反对派的作用较前弱化。

4. 关于2011年议会选举

现在俄罗斯已经进入2011年议会选举的选战时期。预计选举结果不会导致政党格局发生大的变化。统一俄罗斯党进入议会毫无疑问，还能控制绝对多数，很有可能获得 300 个以上的议席，其他三个政党进入议会的可能性也比较大。至于是否会出现其他联合的反对党，还有待进一步观察。

二、梅普组合及 2012 年总统选举

梅普组合是近年来议论比较多的问题。梅普组合作为一种体制，目前看来运转顺畅，在重大问题上没有分歧，两人个人关系密切。梅普组合的稳定、相互配合是俄罗斯政局稳定的重要基础，没有出现难以预料的政见分歧，这是一个基本判断。至于在某些问题上出现意见分歧是正常现象，两人不可能完全一致，不要把它放大，变成实质性分歧，两人的相互配合、运转还是主轴。两人的关系中，还是普京为主，他的团队力量、最终决策权、影响力还是在梅德韦杰夫之上，这是毫无疑问的。

现在大家关注 2012 年总统大选，个人认为现在有几个可以判断的问题：一是，两人会协商决定谁出任总统，不会出现彼此竞争。两人不会同时公开竞选，普京不会与梅德韦杰夫竞争，梅德韦杰夫也没有实力与普京竞争，无论从目前两人的力量对比和影响来看，还是从两人的工作能力和对国家发展的决心方面来看，两人差距并不太大，谁都有资格有能力竞选总统。二是，梅普两人不会把政权转手让给他人，他们会协商决定由谁出任，不会是两人都不参选，从两人的工作效率、雄心壮志方面判断，这是肯定的。有人说也不排除梅普协商把总统职位让于他们信任的第三人，这种概率非常小。三是，为了保持梅普组合政权结构的有效运作，同时也保持他们的影响，究竟由谁参选的最终结果不会很快公布，这个悬念至少会保持到 2011 年议会大选结束之后，具体还需继续观察 2011 年俄罗斯政局的走势。

三、政治改革现状及发展趋势

苏联解体之后，叶利钦搞西方式的三权分立，普京上台之后开始改变这种趋势，探索符合俄罗斯国情的政治改革，出台了许多措施，但至今尚未完成，政治

体制仍未完全定型。总体上看，普京上台后，俄罗斯基本上停止了西方式的政治体制改革。俄罗斯政治改革的趋势、方向，如何给俄罗斯政治体制改革定性，是个值得讨论的问题。现在俄罗斯从政治改革的内容上看，既有民主化、政治现代化的内容，也有集权的一面。俄罗斯政治体制改革还处在不断探索过程中，如何把俄罗斯的历史、政治传统与打造现代化的俄罗斯结合起来，是政治改革面临的课题。民主化方面，俄罗斯允许各派政党，特别是反对派政党参与良性竞争，叶利钦和普京初期对俄共打压非常严重，但近几年普京、梅德韦杰夫都公开批评过统一俄罗斯党的一些做法，对俄共、自由民主党等政党采取一些有利于生存的措施，希望他们发挥更大作用。此外，发展公民社会，加强地方民主建设，严厉打击腐败行为，改变地方行政长官任命办法等，也是民主化的表现。这些民主化表现暂时主要集中在地方和基层层面，还没触动中央上层。从政治体制的发展趋势来看，俄罗斯这种民主外壳、集权内核的具有俄罗斯特色的政治体制会进一步发展。

四、中俄关系的几个问题

1. 两国政治互信不断增强，相互视为非常重要、非常可靠的战略合作伙伴，两国在很多问题上存在共同利益，基本上形成了合则两利、斗则两伤、相互依存、互利共赢的关系。

2. 中俄关系的重点在务实合作领域，双方还有潜力可挖，热点地区、石油管道、天然气、军工等各方面都应加强务实合作。

3. 俄罗斯的现代化战略为中俄合作提供新的契机，在相互投资、提升软实力、高科技交流等领域中俄具有广阔光明的合作前景。

作者单位：中共中央对外联络部

思想史与当代俄罗斯政治

冯绍雷

思想史与当代政治变迁究竟是什么关系，是个值得探讨的问题。人们往往强调物质基础，但思想的作用不能忽视。强国之道往往在于有一个健全的思想。俄罗斯人经常批评中国有发展没思想，这是不对的，实践是检验真理的标准就是指导了我们30年的思想。但30年之后情况有变化，更需要前瞻性的发展，而不是经验指导的发展，因为我们的发展包括内部和外部的发展，更加没有现成经验可以借鉴。这些前瞻性的内容往往需要具有前瞻性思想的推动和引导，是在物质发展之前就需要的。正义、公平以及对人的尊严的维护等等范畴往往都是非经验性的。90年代以来，包括美、俄等国在内的世界发展主要还是与思想的推动有关。80年代晚期，俄罗斯人追崇哈耶克，这一思潮是之后激进改革的基础。由哈耶克的思想演化推广于全球的新自由主义，成为了影响拉美、东欧、苏联、东亚、非洲等极大范围内的体制变迁和社会变革的背景。这不能不引起我们的深切思考。新世纪以来美国的关键性变化之一即是新保守主义的出现，这一新思潮引领着美国国家发展战略的实际变化，是影响了整个国际格局变化的重要思想渊源。

这就是为什么要强调研究俄国政治发展与思想史之间相互关系的原因。

普京曾明确指出，"俄罗斯是一个西方国家，俄罗斯主要面对的是西方，当然由于俄国信奉基督教，基督教教育我们要善待邻居，所以我们跟中国要建立非常良好的合作关系"。近几年来，普京给予俄国思想家和重要的知识分子，诸如利哈乔夫、索尔仁尼琴、伊林、古米廖夫等人以很高的评价，尽管这些知识分子具有不同的政治思想谱段。可见，在普京这样的政治人物身上除了具体的政策和战略，还有思想。关键是什么思想以及怎样的思潮组合发挥作用，这是一个重要的问题。

目前俄罗斯政治发展的主流、主要思想倾向还是自由主义。这是中性意义上的自由主义，是法与自由二位一体的，是不可分割的。从这个意义上可以对自由主义有一些新的理解。之所以说俄罗斯的主要倾向是自由主义的，是因为梅德韦杰夫明确提出了要在自由主义的背景下推动俄罗斯的现代化进程，普京也表示他是属于自由主义阵营的。2008年普京曾当着瓦尔代俱乐部诸多成员表示他是保守主义者，显然，此处的保守并不是指封闭和倒退意义上的保守主义，而是指自由主义向度之下的尊重传统、尊重国家的保守主义立场。可见，梅普二人有共同的思想基础，虽然有各自的团队并且团队间有激烈的竞争，但这不足为奇，二人的基本格局是有共同思想基础的。

思潮与俄国政治发展的关系并不仅仅体现在某几个领导人身上，而是体现在整个精英阶层思潮的变迁体系中。90年代俄罗斯思想界对哈耶克的追随是对自由主义浅表理解的反映，比如盖达尔的激进改革。普京执政十年，他自称为保守主义者，实质上一定程度上也是当时精英思潮的反映。进入新世纪以后，当时的精英思潮倾向稳健，强调管理，主张效率，提倡服从，当然也还是维护个人意向以及认为个人利益应该得到尊重。

2010年，俄罗斯已经出现了一个以现代化为抓手，希望以此推动全方位政策和战略变化的新格局、新阶段。梅德韦杰夫多次讲民主、讲现代化，就是在激荡思想，包括对于20世纪历史问题的讨论，其目的就在于要说真话，对历史负责，从历史当中吸取经验和教训，强调变革的思想性。我认为这是新变化将要出现的迹象。

从发展态势上，一方面普京强调的稳定和安全依然是当前俄罗斯人的最基本诉求，但另一方面，要求进一步开放和自由的呼声也在增长，梅德维杰夫声望的上升与这样一个客观思潮变迁的背景是有关系的。

思想对政策和战略的影响在当前俄罗斯也表现为政治体制中可能形成的进一步的多党竞争，这是俄罗斯领导人有意识引导的结果，本人称之为"人造的二元体制"或者"准二元体制"。需要提出的是，这种二元体制中的确存在危险性，搞不好可能会出现危险的结果，但现在不太可能出现这种分裂。梅普二人毕竟私人关系密切，目前俄罗斯政治领导人物基本上是90年代主流阵营中人，他们有相同的思想基础。处理莫斯科市长卢日科夫事件，表现出梅普两人的行为规范并没有超越许可范围。这个行程中的"人造的二元体制"不仅有思想基础，而且有政策表现，如经济创新。还有许多在普京8年中曾想做但一直未能成功，在普京以后的又一轮改革中努力地希望加以推动的一些政策。

俄罗斯的外交政策亦如是。俄罗斯外交政策的主要任务是与西方改善关系，这个基本局面没有改变，但俄罗斯非常清楚，它不能没有中国。这其中不只是物质需求，还有中俄之间更深层次上的、共同历史和文化上的相互认知和理解以及两国体制一定程度的近似性等因素在起作用。俄罗斯既要面对西方，又要面对东方，关键在于如何处理这两面的关系，这在俄罗斯不是简单的地缘政治均衡安排，在两边搞平衡。俄罗斯现在提出要搞现代化，不只对欧洲提出要建立"现代化伙伴"关系，同时也希望把中国看成是一个"现代化"伙伴（盟友）。在这个"现代化"范畴的高度上，俄罗斯视野能够大大拓宽，灵活程度也能大大提高，一定程度上有可能限制传统地缘政治上的简单对抗或者势力均衡的不良效果。对于该新提法究竟在多大程度上能够被容纳到迄今为止中俄双方都以其为最高准则的"建设性战略伙伴关系"的这一范畴之内，是一个需要应对的新问题。

作者单位：华东师范大学国际关系与地区发展研究院

俄罗斯发展 >>>

关于俄罗斯国际地位和影响的几点看法

于振起

俄罗斯的国际地位和影响是一个重要的热门国际话题。

1989年11月9日柏林墙的倒塌及其随后的两德统一为苏联灭亡敲响了第一声丧钟。一个分裂的德国不复存在标志着战后两极格局走向终结，也标志着世界格局、国际关系进入了一个新的重组进程。这一重组进程至今仍在继续。

苏联解体之后，美国成为唯一超级大国。然而，美俄之间仍然存在深刻的战略矛盾，根源在于美国对俄罗斯东山再起的防范和遏制，这是美国在苏联解体后一直奉行的对俄战略。自20世纪90年代后半期开始，俄罗斯在全盘西化梦想破灭之后，逐渐走上重振大国地位的复兴之路。2000年普京上台后，这一方针不断强化，今后还将继续。美俄不同的战略方针决定了两国之间将长期存在不可调和的根本性战略矛盾，这就在客观上确定了俄罗斯在当代国际关系中的特殊地位和影响，即俄罗斯是有能力抗衡美国谋求单极霸权的重要力量之一，同时也是建立多极化世界新格局的一个重要推动力量。

俄罗斯拥有占据上述国际地位、发挥上述国际影响的力量和条件。

第一，俄罗斯仍然是唯一能够与美国抗衡的核超级大国。在战略核力量领域继续保持着与美国的"恐怖均势"。2010年4月俄美签署的新核裁军条约，确立的还是俄美之间的核均势。客观地看，正是由于俄罗斯与美国保持着核均势，客观上有效防止了美国对全世界进行核讹诈的可能。此外，俄罗斯仍然拥有能与美国抗衡的常规军事力量，特别是海军和空军。

第二，俄罗斯对独联体地区拥有独特的地缘优势和经济、政治影响力。在独联体地区，俄美之间一直在进行激烈的战略角逐，2008年前总的态势是美攻俄守。最明显的是2003年底格鲁吉亚和随后的乌克兰发生的颜色革命。西方一片欢呼，认为独联体各国都会步格鲁吉亚和乌克兰的后尘，独联体地区颜色革命的浪潮不可阻挡。然而，2008年8月的俄格战争，加之美国金融危机的爆发，转变了俄美之间的角逐态势。美国自顾不暇，无力加大对独联体的投入。而俄罗斯通过俄格战争显示了其坚决维护独联体战略生存空间的决心，大大遏制了西方对独联体地区渗透的势头。2010年1月乌克兰大选的结果和4月吉尔吉斯政权的更迭标志着这两个曾经发生颜色革命的国家都出现了"反革命"，昔日的颜色革命风潮已成过眼烟云，同时也标志着俄罗斯在独联体地区的影响明显回升。

第三，俄罗斯拥有世界最大的领土面积、丰富的自然资源、雄厚的科技力量、较高的教育水平和国民素质，具备重新成为一个有影响的世界大国的条件和基础。

第四，2000年普京当政后，结束了叶利钦时期的政治动乱状态，营造了总体稳定的政治局面，为俄罗斯奠定了国家复兴的政治基础。西方千方百计挑拨梅普关系，根子就是唯恐俄罗斯不乱。然而，这只是他们的一厢情愿，是把愿望当成现实。2008年出现的梅普组合如同一部政治剧，普京就是该剧的编剧和导演。梅普二人是为了一个共同目标的合作伙伴，不是对手，今后也不会。可以预见，俄罗斯稳定的政局具有可持续性。

由于具备了上述条件，可以说，俄罗斯的复兴势头是不可逆转的，这个国家在当今世界的独特国际地位和影响也将会继续保持下去。

俄罗斯的国际地位和影响总体上对我国有利。一个主张多极化、反对美国单极霸权的俄罗斯是我国在国际舞台上开展战略协作的重要伙伴，也是我国建立长期稳定周边环境的有利外部条件。加强和发展对俄关系是我国外交的优先方向。

作者单位：中国国际问题研究基金会

政党・政治

与梅德韦杰夫总统面对面

——俞可平教授访俄观感

高晓惠

2010年9月9—10日，俄罗斯第二届雅罗斯拉夫尔论坛召开。这是梅德韦杰夫总统于去年倡议创办的世界政治论坛，专门讨论俄罗斯政治发展的重要问题。2010年论坛的主题是"现代国家：民主标准和效率准则"。这次论坛共吸引了35个国家的500多位政治家和政治学家。参加此次论坛的主要有两类人，一类是政治家、政要，如韩国总统李明博，意大利总理贝卢斯科尼；一类是学者，主要是西方学者，尤其是美国学者，如沃勒斯坦、奈斯比特等。中央编译局副局长俞可平教授作为中国研究民主问题的政治学家出席了此次论坛。9月17日，俞可平教授同编译局俄罗斯研究中心研究人员座谈，讲了此次访俄的观感。

俞可平教授说，这是他第三次访俄，此次访问，深感俄罗斯变化很大。他主要谈了六点感受。第一，俄罗斯经济已经恢复并发展了，虽然去年受危机影响是负增长，但总的看来发展较快。第二，俄罗斯社会更加有序，更加稳定了。第三，俄罗斯开始走上了一条自己的道路。俄罗斯介于东西方之间，地理位置决定俄罗斯能吸收东西方的文化。第四，俄罗斯在国际政治、国际事务中的影响力和地位在逐渐恢复和上升。第五，俄罗斯还面临严重挑战。首先是经济方面的，主要是经济结构和增长方式。二是腐败严重。三是民族问题，如车臣问题。四是民主政治方面。俄罗斯又想要民主，又有专制传统，到底走什么路，这在俄国内争论很大。一个国家如果在这么重大的问题上没有一个基本共识，有可能出现政治危机。第六个观感是认为，俄罗斯的社会转型开始接近完成。虽然在政治上有争论，但有些共识已经具备，即不要回到过去，同时基本的政治和经济制度框架已经定型。问题是未来怎么走。

俞可平教授不仅参加了论坛的全体大会，而且受邀参加了总统主持的只有二十几位世界知名政治学家出席的小型座谈会。俞可平教授介绍说，这次论坛集中讨论俄罗斯的民主问题。梅德韦杰夫总统在论坛的大会发言以及本次座谈中都大谈民主。俞可平教授深有感触地说，一个国家的总统对民主这么感兴趣，这么热衷于民主，是从未见过的，这表明梅德韦杰夫总统对民主有坚定的信仰。

梅德韦杰夫总统在座谈会上谈了他对民主的看法，谈了民主的五种标准，同时回答了与会者提出的问题。梅德韦杰夫总统强调，除了经济的、社会领域的、政治制度的现代化，俄罗斯别无选择，这是没有争议的。有争议的是，现代化的速度和深度，推动现代化的方式方法和机制。

有俄罗斯学者提出现代化的社会和政治基础问题，对民主的不同认识问题。梅德韦杰夫总统就此谈了自己的看法。他说，现代化是人民的现代化，不只是政治阶级、总统和精英的现代化。如果人们自己不渴望改变，那么将一无结果。只有那些感到自己是自由的自由人才能从事现代化。因此，在发展政治制度的同时，应该解放人的思想，给人们提供更多的现代化动力。他说，近两年他对联邦和地方的政治体制进行了一些改革。但不少分析家或者反对派经常说，所有这些变化都是装饰性的，需要激进的改革。当然，可以想象其他政治制度，比如在俄罗斯实行议会民主。我们的吉尔吉斯朋友走上了这条道路，但对于俄罗斯，恐怕会像对于吉尔吉斯一样，这是灾难。在现行宪法的框架内，改变只能是谨慎的和逐步的，一步一步地来，不破坏我们今天来之不易的脆弱平衡。

在论坛讨论过程中有两个观点：一说民主是社会制度发展的结果，一说民主是社会制度发展的必要条件。梅德韦杰夫对此发表了意见。他认为，这是一般的哲学矛盾。每种观点都有权存在。不存在终结的民主。民主，如果宣布自己是完全的和伟大的，那么就会进入历史的垃圾堆。有不少这样的例子。民主永远是个过程，是政治实践，同时也是一套制度，它有许多共同的价值，是全世界都认同的。他明确承认，民主是俄罗斯发展的条件。民主是俄罗斯作为一个国家，作为一种经济制度和政治制度发展的必要条件。同时民主也是结果。今天，俄罗斯的民主好于5年前。因此，民主在发展。没有终极的社会制度。有发展的基点，但没有终点。

有欧洲学者提出的问题很尖锐，认为所有民主国家面临的威胁，不是梅德韦杰夫总统说的装饰性民主问题，而是一些人说的后民主制度问题，即公民对这种民主范围内的政治越来越不感兴趣，公民不去投票，不看报，也就是说公民对政治很消极。因此，请梅德韦杰夫总统回答如何看待民主的未来。梅德韦杰夫总统首先承认，在某种意义上说确实存在后民主阶段，或者称做非政治化的社会。说人们对政治生活不感兴趣，说人们只关心日常的家庭财富、娱乐、旅游，等等。但俄罗斯近10年来的发展却打破了这种说法。如果看一看网络，它不仅得到迅猛的发展，而且表现出高度的政治热情。现在实际上不禁止任何人上网，写博客，虽然网上的观点很激进，但不禁止，因为政治家、官员在其中看到了一些有用的东西。社会领域产生新的沟通形式，新的政治沟通形式。我们没有看到政治和民主死亡的威胁。相反，我们大家，政治家，首先是国家领导人、官员必须学会按新方式进行沟通，不要落后于这些社会趋势。梅德韦杰夫说几年前就开始尝试这种形式，人们可以通过总统网站提出任何要求。当然不能都看，但会把这些要求转给各种机构来回答这些问题。但是，网络是完全不同的沟通形式，它能即时带来许多有益的结果。因此，未来在等待着我们，民主将具有新形式。

俞可平教授向梅德韦杰夫总统提了三个问题。俞可平教授说，赞同梅德韦杰夫总统的观点：无论是俄罗斯，还是中国，都希望达成民主，但是采取不同的方式和途径。接着他向总统提了如下问题：俄罗斯政治民主化的主要内容是什么？在政治民主化方面俄罗斯采取了哪些主要措施？在俄罗斯的民主化过程中存在哪些主要困难？

梅德韦杰夫总统对俞可平教授的问题有选择地表达了自己的看法。他说，我这样觉得，我们在一个主要论题上看法一致。如果我没记错的话，您的一本著作叫做《民主是个好东西》。这是个内容很大的题目。因此我也由此出发，民主，的确是个好东西。我们的困难在哪里？我想，当然有困难，而且不少。第一，困难在于，我们总希望从民主那里得到好处，可却没有得到。1990年代就有这样的幻想，人们把"民主"同"福利"混同起来。这发生了概念上的冲突。"民主"一词长时间内实质上成了负面标签，现在形势才好转。第二，我国人民对完全接受民主还没有做好准备，也没有准备好使民主深入内心，没有感到民主既是参与政治过程，也是责任。我们理解，民主这不仅是表达意见的自由，不仅是在选举中决定把票投给谁的自由。这还是内心的责任感，每个人都应感到对自己、对自己的亲人、对自己的国家负有责任。第三，许多政治机制及其现状不能令人满意。我国的民主很年轻，很不完善。我们公开这样讲，不感到害羞。我们的政治机制远不完善，政党也不完善，因为我国的政党制度有许多苏联时期的遗迹。苏联时期入党的动机完全不一样。入党是为了升迁，而不是表现自己，表现自己的政治倾向和信念以及参与国家发展的愿望。当然，有些人可能有信念，但大部分人是为了升迁。现在应对此进行反思。第四，官员的工作如何，他们对待民主的态度如何，取决于他们有多少政治文化。广义的官员，我指国家公务员、警察，甚至司法人员。他们对所有民主机制抱无所谓的态度，甚至视而不见。我想再次重复说，我很乐观。简单地回顾我自己的过去，我的看法，我的信念，我20年前和现在的生活感受。甚至不在于我成为了国家的领导人。我改变了，人们也改变了，我们与过去完全不一样了。因此，民主在发展。最后，我想再强调一下。当代的沟通方式，如网络，在我看来，为俄罗斯和世界其他国家的民主发展创造了全新的条件。比如，代议制民主时代从某一时刻起很可能重新让位于直接民主。民主，通过直接投票，通过网络实现。因此，我认为，发展直接民主的空间必将扩大。这对我国来说既提供了新挑战，也提供了新的可能性。

中国问题是许多与会学者关心并经常向梅德韦杰夫总统提出的问题。如美国学者问，为什么俄罗斯不能走中国道路？梅德韦杰夫总统回答说，民主发展允许有另一种模式，比如中国模式。俄罗斯同中国的关系很好，是战略伙伴关系。中国有自己的道路。但俄罗斯不能走这条道路。不仅现在不能，20年前也不能。当时我们选择了自己的社会模式，这有许多原因：历史的、文化的、经济的。我们不能简单地走中国道路。我国有不少社会力量经常说，很遗憾我们未选择中国道路。我仍然认为不能走中国道路。苏联破产，这让人们确实经受了巨大考验，许多人认为这是悲剧，但我不认为我们有其他的替代方案。当然，可以做得和缓点、谨慎点。我们犯过大错误，也取得了很大的成绩。我们在向前进，这是绝对客观的事实。

有美国学者问到俄罗斯在世界民主发展中的作用问题。首先梅德韦杰夫总统认为俄罗斯的这个作用很重要。有一个简单的原因，他说，在俄罗斯实际上从来没有过民主，在千年的俄罗斯历史中从来没有过。沙皇统治时期没有，苏联时期也没有。我们有的是千年威权的历史。我国的民主发展只有20年。我们的民主发展带有很强大的威权趋势。因此，我想请那些要评判俄罗斯民主的人，第一关注我国的历史，第二关注我国近些年所走过的道路。不要过于苛刻地评判我们，要帮助我们，同时在各个问题上同我们进行友好的合作。我们需要改变。当然，不要教导。他强调，俄罗斯在世界民主发展中的作用特别重要，俄罗斯应该成为一个成功的范例，这个国家从没有民主到全方位地发展民主。他说他很难评价其他国家的作用。但他希望，选择民主作为统治形式和政治制度的国家将会不断增多。

俞可平教授最后鼓励局内研究俄罗斯问题的同志说，俄罗斯是个大国，非常值得研究，希望大家把研究工作深入地进行下去。

作者单位：中央编译局俄罗斯研究中心

梅德韦杰夫总统执政之路

高晓惠

钦点民选总统初登台

2007年底当普京钦点梅德韦杰夫为总统候选人后,备受关注的普京接班人问题终于尘埃落定。结果,梅德韦杰夫通过总统竞选程序毫无悬念地当选总统。作为一种回报,普京被新任总统提名并出任总理。由此,形成了俄罗斯历史上首次梅普组合执政机制。其实,所谓钦点民选本身是有很大矛盾的。这里钦点为本质,而民选只是形式。这也就是说,在梅普组合中,普京是主导,梅德韦杰夫为配角。

按中国的观念,前人提拔后人总要扶上马、送一程。而在俄罗斯的梅普组合中,新任总统不仅是被扶上马,而且还坚定不移地继续奉行普京的方针。在2008年5月7日总统就职仪式上,前总统告诫新总统说,"极其重要的是继续已经着手并证明正确的国家发展方针"。而且颇具象征意义的是,次日,在权力更替后,正是新总理而不是新总统向国家的精英们作国家发展报告,进一步确定了到2020年以前的国家发展战略。而且,正如有些分析家指出的,这仍是在普京的直接领导下进行的,因为如果说总统是负责确定国家发展战略的,那么总理就是具体实施这一发展战略的。而普京实施的正是自己总统任内确定下来的国家发展战略。新总统在总理普京就职仪式上表示保证继续普京确立的方针。当然,为了保证国家的稳定,新任总统继续既定的国家发展方针,这是完全自然的,也是可以理解的。

事实上，在梅普组合中，普京的绝对优势是很明显的。这主要是普京在他总统任内的8年中积累下来的干部资源、行政资源、政权党统一俄罗斯党的全力支持，以及强大的民众支持率，等等。值得注意的是，2008年4月，普京同意出任俄政权党统一俄罗斯党的主席，虽然普京并不是该党党员。普京身为总理成为政权党的领袖，是苏联解体以后的第一次。这种情形很有点议会多数党组阁的意味。由此，总理普京就与民选产生的总统梅德韦杰夫一样，获得了合法性。总理的这种身份与此前所有没有政党多数支持的技术型总理是截然不同的。

对此，梅德韦杰夫有清楚的认识。他在普京总理就职仪式上的致辞中预言，我们这对组合，我们的合作，将更巩固。梅德韦杰夫把梅普组合定位为合作。

总统执政小试锋芒

虽然梅普组合的主旨是合作，是配合，但至少在俄罗斯宪法中，总统权力最高。从不太长的俄罗斯历史经验看，总统和总理的关系冲突大于合作。而这一次，俄罗斯的总统和总理主谈合作和配合，这是前所未有的。梅普组合的形成确实是俄罗斯的新事物，受到舆论的格外关注，尤其是舆论更加关注梅德韦杰夫的表现。随着正常工作的开展，梅普组合的当事人双方的角色定位逐渐清晰。总统在国际舞台上越来越多地扮演着自己的角色，而总理则更多地投入国内事务。在国家的战略任务上，梅德韦杰夫在执政一年多的时间内，逐渐提出了自己的国家全面现代化的方案。

梅德韦杰夫的现代化思想集中体现在2009年9月10日他在自己的博客中发表的成为年度国情咨文基础的《俄罗斯，前进吧！》一文。这主要表现在经济和政治两个方面，也就是经济的现代化和政治的民主化。在经济现代化方面，梅德韦杰夫极力抨击现有的以原料为依赖的经济结构，主张利用现有的危机时机来调整经济结构，建立起以现代最新技术为主导的经济结构，提倡创新。他提出要在俄罗斯建立"聪明的"经济。同时，他认为国家的现代化是在民主价值和机制的基础上进行的。因此在政治民主化方面梅德韦杰夫的一系列动作引起了注意。首先在上任当年的2008年底签署了立法过程并不一帆风顺的《反腐败法》。该法明确了俄罗斯反腐败的一些基本原则,同时还特别明确了"国家公职人员应当申报自己、配偶以及未成年子女的财产和收入情况"。2009 年底,梅德韦杰夫又提出改革国家内务部,精减机关,提高效率;提出大力推进司法改革,消除司法腐败。为了扩大公民对政治过程的参与,梅德韦杰夫对俄罗斯政党制度和选举制度提出了一系列建议,如为了提高政党的地位,提出分阶段降低政党党员数量登记最低限;在不改变政党进入杜马 7% 这一门槛的条件下,建议允许得到 5% 以上选票的党可推选二三位议会代表;建议分阶段降低政党参加选举必须征集到的居民签名数;为各议会政党提供均等的利用媒体的条件,等等。这些建议很快得到杜马的审议,并分别于 2009 年 4—6 月间通过相关立法。有学者指出,这些促使政治民主化的措施,不过是稍稍松了一下拧得过紧的螺丝。对这一点,实际上梅德韦杰夫自己也不否认。他认为,对政治制度的改革不能匆忙进行。他在《俄罗斯,前进吧!》中说,"在我国政治改革的事业中,匆忙和轻率行事不止一次地带来可悲的后果",因此,"我们没有权利为了某些抽象的理论冒破坏社会稳定、危害我国公民安全的风险,没有权利为了最高目标而破坏稳定的生活",他甚至引用了孔子的"小不忍则乱大谋"来加以说明。他说,变化一定会发生的,但它应该是渐进的、深思熟虑的、分阶段的,当然也是坚定不移和彻底的。同时他强调,俄罗斯的民主制度不会机械地照搬国外的模式。这些思想实际上都是俄罗斯的主流观点,梅德韦杰夫所做的仍是在现有框架下的调整。

2012 年问题

所谓 2012 年问题,即指俄罗斯将于 2012 年进行的下一届总统竞选问题。谁当下一届总统,是普京重返总统职位,还是梅德韦杰夫能如前两任那样如期连任,这是自梅德韦杰夫当选总统以来始终如影随形无法回避的问题。这个问题不仅关涉权力的继承性,而且关涉国家大政方针的继承性。顺便提一下,2008 年 12 月 30 日,梅德韦杰夫签署宪法修正案,把俄总统任期从 4 年延长至 6 年。

有意思的是,俄国内一些激进反对派,无论左的,还是右的,以及一些自由派学者,国外主要的民主国家,大都批评普京,虽然没有追捧梅德韦杰夫,但认为梅德韦杰夫比普京更倾向自由派，持更自由主义的立场，同时也乐见新总统和普京发生冲突。如去年年初，梅德韦杰夫批评政府应对经济危机动作迟缓，以至于引起上述批评者热议梅普二人出现矛盾；有些学者刻意去渲染梅普二人的不同观点、不同风格：如普京对国内体制外反对派的态度强硬，而梅德韦杰夫则要缓和得多，认为体制外反对派只要不破坏国家的法律就有权存在；如普京对国有企业持支持态度，而梅德韦杰夫则对此批评有加，认为国有企业效率低下，没有前景；如渲染梅德韦杰夫通过一年多的执政实践，越来越表现出自己的个人风格，像利用因特网等高科技手段与社会建立联系，在国内近期所发生的几次事故中严厉处理渎职者，同时逐渐在建立自己的执政团队；如此等等。

然而，正如有学者指出的，国内外关于梅普组合有矛盾的猜测、判断皆归于失败。当事二人各司其职，相互配合。当然，这并非不承认，普京在各自的职责分工和各方利益协调的情况下保持着在梅普组合中的领袖地位。根据全俄社会舆论研究中心2009年12月26日的最新数据，梅德韦杰夫的支持率为47%，普京为58%。即使梅德韦杰夫的民意支持率在逐渐提高，但普京的支持率始终居于首位。而且，从梅普对这一问题的回答方式也能看出来。2009年9月11日，普京在与瓦尔代俱乐部成员会谈时回答记者是否会同梅德韦杰夫一起参加2012年总统竞选问题时以问题回答了问题。普京回答，2008年难道我们有过竞争吗？这也就是说，2012年我们也不会有竞争。我们将进行协商，因为我们有相同的秉性，相同的政治观点。到时候，他和梅德韦杰夫会根据2012年的现实情况、政治计划、政治力量的配置、统一俄罗斯党的状况等情况来"一起考虑"。而在随后的9月15日梅德韦杰夫在会见该俱乐部成员时表示，"我不对自己作任何预测，但一切也都不排除"。显然，如果说是两个人协商，不如说是普唱梅随，普京掌握着话语权。2009年底这一幕又再次上演。在12月3日普京参加"直线对话"节目时当有人再次就此提问时他说："我会考虑的，还有足够时间。"而不到两个小时后，正在罗马访问的梅德韦杰夫也表示对此不排除可能。然而正是这种含糊表态，实际上已经表明了普京的立场。因此，俄国内大多数人判断普京将重返总统职位。而有好事者已经在为2012年后梅德韦杰夫归于何处操心了。这似乎是个问题，难道梅普组合中的两位将再次互换位置吗？大多数人认为这不可能。不过，这还是未来之事。至少，对于梅德韦杰夫来说，不管怎样，他的这届总统任期还有两年多的时间，他还有时间来表现和证明自己。对于他的现代化方案，究竟要如何实施和实现，人们仍拭目以待。

资料来源：
① http：//www.kremlin.ru.
② http：//wciom.ru.
③ http：//www.ng.ru.
④ http：//www.politcom.ru.

作者单位：中央编译局俄罗斯研究中心

梅德韦杰夫总统论俄罗斯民主

李兴耕 摘译

2010年9月10日,在俄罗斯的雅罗斯拉夫尔举行了主题为"现代国家:民主标准和效率准则"的世界政治论坛。梅德韦杰夫总统在论坛全体会议上发表了讲话,阐述了他对俄罗斯民主问题的看法。现将其主要内容摘译如下。

这次论坛将讨论提高国家机关效率、加强全球安全、国家在经济现代化和促进技术创新中的作用、在许多国家的独特民主经验基础上形成民主的普遍标准的原则等问题。我不仅坚信作为管理形式的民主,不仅坚信作为政治制度形式的民主,而且坚信民主在实际应用中能够使俄罗斯数以百万计的人和世界上数以亿万计的人摆脱屈辱和贫困。《联合国千年宣言》宣布的"我们将不遗余力,促进民主和加强法治,并尊重一切国际公认的人权"对我们大家来说都具有实际意义。与人权一样,民主标准(实际上民主标准包括人权在内)也应该是国际公认的。只有这样,它才能成为有效的。重要的是,共同制定的标准不应是模糊不清和虚假的。因此,每一个参与制定标准的国家,都应该把这些标准运用到自己的国家,使所有国家都遵循这些标准,而不必担心它们会被用来限制主权和干涉内政,或者被用来作为一种欺骗的、施加压力的手段,为某些国家的经济利益和地缘政治利益服务,有时甚至只不过为某些领导人的陈腐偏见和野心服务。有些人曾经利用类似的理由批评俄罗斯。我们经常听到一些公正的批评,我们接受这样的批评。但是除此之外,我们有时也听到一些对我国政治制度不公正的、甚至是别有用心的评论。也许,我比任何人都知道这一制度的缺陷,因为我作为总统掌握更多的信息，我以前从事的工作和所受到的教育，使我具备了这样的能力。但是，我坚决不同意那些说什么在俄国没有民主、独裁主义传统在俄国仍然占统治地位的言论。这些说法是不正确的。毫无疑问，俄罗斯是民主国家。在俄罗斯存在民主。诚然，这种民主是年轻的、不成熟的、不完善的、经验不足的，但它终究是民主。我们正处在道路的起点。我们在这方面还有许多事情要做。但我们是自由的。

今天我想就21世纪的国家应该符合哪些标准问题谈谈自己的看法。换言之，民主的普遍标准是什么？当然，我并不认为这是终极真理。这只是我个人的看法，带有讨论和辩论的性质。

我认为有五个基本要求：

第一，从法律上体现人道主义价值和理想。也就是说，我们所遵循的价值都应该有法律界限，使这些价值具有法律的实际力量，从而引导所有社会关系的发展，也就是说，确定社会发展的主要方向。

第二，国家拥有保障和继续保持科技高水平发展的能力，促进科学活动，促进创新，最终生产充足的社会财富，使公民能够获得体面的生活水平。贫困是民主的主要威胁之一。显然，贫困者不可能是自由的人。把国外的民主形式移植到贫困社会的尝试往往导致混乱，或者导致专政。我国在90年代发生的事情就是这样。不久之前，在改革第一阶段所导致的大规模贫困期间，"民主"这个词本身在俄罗斯获得了消极的意义，在某种程度上甚至变成一种骂人话。现在，经过一些年的持续经济增长，我们获得了更高的生活水平，在这一背景下，俄罗斯民主变得较易理解了，或者成为有效益的了。它证明了自己的合理性，我国相当多的民众现在不再拒绝民主，也不再把民主当别人的东西了。为了使自由在我国发展的短暂历史继续下去，我们必须继续保持公民福利的增长，加强公民对民主制度的信任。自由社会的经济基础建立在提高劳动生产率、经营管理的市场原则、采用新的发明成果、提高生活质量、不断增加社会和公民的收入之上，建立在新的环境之上。经济现代化、科技化生产属于最重要的政治优先方向。我在一年前宣布了这个新方针，并在原则上得到了所有政治和社会力量的完全支持。没有人怀疑现代化的必要性。有争议的主要是关于制度、条件、力量和速度问题。我们当然希望尽快实现现代化，但是社会发展有规律，还有我们自己的条件，最后，每个国家有各自的精神。

第三，民主国家有能力保卫本国公民不受犯罪集团的侵犯。例如，恐怖主义、腐败、毒品交易、非法移民以及其他威胁我们的生活方式、我们的价值观和无视我国法律的现象。铲除这些现象是民主社会的直接任务。民主必须有效地、充分地履行自己的各种职能，包括警察的职能。欧洲安全与发展合作组织1999年通过的《欧洲安全宪章》号召建立政治和法制条件，使警察能够在符合民主和法律的条件下履行自己的职责。宪章把履行这些职能与支持强有力的、独立的司法制度和人道的惩戒体系结合在一起。所有这一切符合我们的立场。

第四，高水平的文化、教育、交流手段和信息沟通工具。人的教育和文化程度越高，在作出判断时就越自由，表达观点时就越独立。自由民主的社会——这毕竟总是受过良好教育、有教养、有文化的人的社会。我们经历过另一种时代，实际上所有国家都有经历过"另一种时代"。也许，这样的时代在我国刚刚结束不久。我国从前在很多世纪中，在千百年间，走的是非民主的发展道路。我国实行民主仅仅有20年。正因如此，我国的民主存在一些极为重要的问题，民主对我国和全世界的意义也在于此。

过去那种由"领袖们"向所谓"普通老百姓"指示应当如何生活以及为什么而生活的时代已经结束了。正是在20世纪，在帮助所谓"普通老百姓"的旗号下建立了最恶劣的专政。我相信，21世纪是有教养的、聪明的、也可以说"复杂的"人的时代，他们自己掌握自己的才能，他们不需要那些代替他们作出决定的领袖、保护人。当然，这应当是聪明的国家、聪明的社会、聪明的政策。现在，政治和法制文明、社会行为文明、公民对话文明具有特别重要的意义。公民们获得了更多的机会和更多的自由，应承担更多的责任。每个现代人都知道，民主与责任是不可分割的。民主国家减少对社会的调节和镇压职能，把维持社会秩序和稳定的部分职能转交给社会本身。而文明程度的低下以及与此相联系的不能宽容、不负责任和攻击性对民主起着破坏作用。因此，言论自由、集会自由在实践中是在明确规定的法律框架下实现的。将来也应如此。

民主制度不是民众处理事务时遵循的惯例，尽管这也很重要。它是一系列严格规定的准则和规章。只有严格执行这些准则和规章才能保证民主的效率。因此，民主不仅是自由，而且是自我克制。由于获得知识和交往达到了前所未有的程度，我们正在转向民主的新水平。显然，我们以后不仅要实行间接的或代议制的民主，而且要实行非间接的、直接的民主。在这种民主的条件下，人们可以立即表达自己的意志，表明他们希望达到哪些具体结果。现在通过公开辩论和非正式表决就可以了解社会上对所有各种最重要问题的意见。当然，现在这一进程还没有制度化，但它终将获得必要的制度化形式。事实上，它将成为人民意志的传播者。问题在于如何调节这种活动，如何表达这种积极性。

第五，公民们确信自己生活在民主社会。这也许是主观的、但却是极端重要的事情。须知我们没有给民主下任何定义，尽管我们多次说，我们实行的是民主，其中包括在俄罗斯。当然，每个人应该独立地对民主作出自己的判断。自由和公正不仅仅是政治口号，而且是哲学、社会学范畴，但最主要的——这是人的感情。可以把这些词写进宪法和其他法律，在学术讨论会上进行辩论，但是假如人们自己感觉不自由、不公正，那就是没有民主，或者是民主出了问题。在这一方面，任何社会都存在缺陷，任何民主都有缺陷，俄罗斯民主当然在一定程度上也是这样。政府可以不断地对自己的公民说，你们是自由的。但是，只有当公民本身认为自己是自由的，那时才开始有民主。令人欣慰的是，我国有越来越多的公民不仅寄希望于国家，而且首先依靠自己。这意味着，民主在我国是有前途的，就像民主在世界上有前途一样。这里，我要引用卡尔·波普尔的一段非常正确的话，这段话对目前俄罗斯来说可能比任何时候都更加重要："改善民主制度问题——这始终是摆在人的面前、而不是摆在制度面前的问题。民主制度不可能自动得到改善，民主制度的改善取决于我们自己。"

这就是我对现代的民主标准的看法。这些标准是否适合俄罗斯？我可以明确回答：只是在一定条件下适合俄罗斯，而不是完全适合。我在前面已经说过，我们正处在道路的起点。

资料来源：

①http：//news.kremlin.ru/transcripts/8887.

译者单位：中央编译局俄罗斯研究中心

梅德韦杰夫谈俄罗斯政治制度发展问题

高晓惠　编译

俄总统国务会议是一个咨议性机构，由各联邦主体领导人参加，必要时也可由总统决定参加人选，是讨论全国性重大问题的平台。2010年1月22日召开的国务会议首次把议题确定为俄罗斯政治制度发展问题。此次会议为扩大会议，除各联邦主体领导人外，还邀请了议会内外政党代表参加。梅德韦杰夫总统在此次会议上所发表的讲话及参会者的发言全文发表于俄总统网。以下是梅德韦杰夫讲话的主要内容。

今天我们举行国务会议讨论俄罗斯政治制度的发展问题。这个题目对于国务会议是不寻常的：可以说这是我们第一次在国务会议上讨论纯粹的内政问题、我国的政治制度发展和民主制度问题。此外，这也是第一次有俄罗斯所有政党领导人都出席的国务会议。我们将进行对话，我希望它是严肃的和坦率的。

实际上，每位出席会议的人每天都在从事政治工作，每位出席会议的人都对当今政治制度的建立作出过一定的贡献。在讲话开始时我要重申我多次表达的一个观点：我国的政治制度在运转，它的运转远不理想，但是在运转。各联邦主体领导人和各政党领袖为了使我国的政治制度和俄罗斯民主制度正常运转做了许多。政治制度在当代人的理解中是十分宽泛的概念。它把国家所有基本的机制都纳入其中，包括法院、护法机构、政府机关、各联邦的关系、公民社会结构，自然还有政党。

首先我想谈谈我在去年国情咨文中提出的我认为是很重要的一些思想，谈谈发展多党制宪法原则的问题与任务，以及提高政治竞争的水平和人民代表机构的质量等问题。

近几年通过了一些切实可行的决议来巩固和加强政党。政党得到了更多的机会,我甚至认为这种机会是前所未有的。杜马选举只按政党名单进行。地方立法会议至少一半代表同样是按政党名单选举的。政党从联邦预算中得到拨款,实际上靠着选民的钱活着。从去年起政党有权推举候选人来竞选联邦主体长官的职位并提名给总统。我们近几年共同工作的结果是,政党的数量变少了,但政党的影响明显提高了,包括在地方一级。所有政党,无论执政党,还是反对党,在组织上变得更强大了。2004年我们有48个党,现在只有7个。但是,地方议会中政党党团的数量却大大增加:从2004年的91个,发展到2007年的211个,2009年的248个。2004年统一俄罗斯党在56个联邦主体中拥有党团,到去年在所有联邦主体中都拥有了党团;相应地,俄共拥有的党团在2004年有17个,2009年增加到67个;自由民主党拥有的党团在2004年有6个,2009年达43个;公正俄罗斯党2006年拥有党团18个,2009年达50个。其他一些政党也在地方议会中拥有代表。这些数字本身就很说明问题。

社会和国家给予政党特别的权利。数量指标充分表明政党结构的发展。但现在发展并复兴社会和国家的任务要求政党高度关注民主机制的工作和特质,政党所选派的代表要符合公民的利益,政党要对所选择的政治斗争方式负责,政党的立场要诚信、要鲜明。这些要求不仅是直接向政党提出的,而且也直接面向地方长官,面向州长,因为他们中的大多数目前或者是统一俄罗斯党的党员或者是该党的拥护者。我希望,我们还有其他政党的代表。今天要发言的尼古拉·弗拉基米罗维奇·维诺格拉多夫是出席我们会议的唯一一位共产党人州长。

俄罗斯需要全面的现代化。我们必须彻底改变经济和技术结构,克服落后状态,使国家得到有成效的经济,变得更有竞争力,国家的公民变得更富有。我们需要建立在知识成就之上的经济,也即所谓聪明的经济,但聪明的经济只能由聪明人来建立。我们的社会更加复杂化,它不是单一的,而是多元的,它的各个集团代表各种生活方式,有各自的喜好和观点,包括政治观点。这样的社会不必企图去指挥它,而是需要与之合作。我们的任务是达到使政治治理的原则适应社会的多元性以及社会在思想上和文化上的多样性。政治应该变得更聪明、更灵活、更现代,而在实际上,当企图借助简单的、我甚至说是愚蠢的行政命令控制趋于复杂的社会进程时,很遗憾,我们经常同其他观点发生冲突。

俄罗斯各地区形态各异,有各自的传统和社会结构,每一个都独一无二,不能复制,而且任何一个地区的居民都不会拥有相同的政治偏好。因此,所有地区领导人无一例外地一定要和所在地区的所有政党建立协作关系,即使这些政党和政党分部的人数很少,即使只有50%的选民投票给这些政党,但这些选民是我们的公民,当局应听取他们的意见。正因为如此,我建议给非议会内政党的代表在地方议会中发言的机会。

地方议会的组成同样也是多样的。我国有的立法会议令人吃惊,在那里只有一个登记的党团,当然更多的情况是有2到5个党团。整齐划一是不可能的,选民自己决定什么样的政党应该或不应该在议会中工作。但各联邦主体的领导人应该分析政党选派的代表对应选民要求的情况。只有一个党团,对于任何一个地区来说我认为无论如何都太少。人各有自己的观点,由此才投票给某个党。也许,两个也不够。

近来,我国对上次选举(指2009年10月11日的地方议会选举——译者注)的结果议论甚多。请允许我说一下我的想法。比如说现有的两个党团,比如(我强调这只是个例子)在莫斯科市杜马中现有的两个党团,能否反映莫斯科人政治偏好的多样性?老实说,我对此表示怀疑,因为城市很大,很复杂,有各式各样的人,而党团总共只有两个。当然,这可能是莫斯科人不很乐意去参加地方选举的结果,要知道,选民参选率问题,或者选民参选率比较低,这些本身都是政治问题。我想强调的是,选民自己会决定将需要多少个政党。但是,要明白,为了真正听取选民的意见、不歪曲并充分考虑其意见,我们大家是不是像民主原则所要求的那样做了一切。

关于选举程序的透明性。地方选举的结果整体上反映了国内政治力量和社会情绪的实际对比关系,这是不争的事实。虽然有各种不同的意见,但对选区选举结果的争议要提交法院。总体上可以说,关于大规模舞弊的声明仍然未被证实。

我还要建议不要不加区分地指责选举制度。不指责破坏选举制度，而指责选举制度本身，这些应该被制止并受到惩罚，因为这也是法律虚无主义的变种：如果有这样的事实，应该诉诸法律；如果没有，任何指责都是站不住脚的。法院是可以解决这些问题的唯一机关。这是否意味着选举，包括最近一次地方权力机关和地方自治机关的选举可以无菌地进行？不，当然不。比如，杰尔宾特的选举结果日前就由法院取消了。还需要做许多事来加强对选举制度这一最重要的民主制度的信任。

因此，在国情咨文中我对加强地区一级的民主制度给予了特别注意。我认为最重要的是以现代电子投票和计票手段来完善选区的设备。在本月末，政府会同中央选举委员会一起提出这一建议。目前，安装这种设备的只有1%多一点的选区。此外，我已经向国家杜马提交了确定各联邦主体立法权力机关人数的程序的立法草案。今天我还要提交地方议会保证给得票率超过5%的政党代表席位的立法草案，因为我们在联邦一级已经这样做了。旨在提高人民代表质量的工作将继续。我想感谢统一俄罗斯党对我的所有倡议始终的支持，也感谢其他政党在一些问题上给予的同样的支持。我请求联邦会议上下两院在春季会期上审议所有立法草案，保证实施国情咨文所形成的建议，我请求地方领导人在必要时协助修改相应的地方立法。

如果说所有政党在某种程度上实际参与各联邦主体国家权力机关的形成，那么在地方自治一级的情形则不同。总共246000个市级代表机关中差不多一半的代表，是统一俄罗斯党人。这个结果不坏，这事实上反映了目前选民的实际好恶，但在地方自治代表中间，共产党人不超过2%，公正俄罗斯党人只占1%，自由民主党人也只占1%，甚至低于1%。这种情形表明我国的政党，首先是反对党，在市一级中的作用薄弱，在那里实际上没有实际的政治竞争。还有一个重要问题，从去年起，根据我的建议，选举各联邦主体最高长官的方式发生了变化。现在其候选人按照政党提出的人选而由总统确定。

我认为，评价地方领导人工作的主要标准过去是、将来也永远是该地区居民的信任度。这可以称之为支持率，或者其他什么。要让各联邦主体的领导人经常把自己的活动诉诸社会舆论，不要限于办公室。这里，必须同所有政党、大众媒体、各种社会组织和非政府组织建立联系。所有这些联系都是有益的和必要的。应该同人民交往，不应羞于到人民中间去。应该倾听人们在说什么，在争论什么，当局应随时同人民对话。我们大家深知，在任何情形下，这种对话从来不会是简单的。公民对地区领袖的信任度过去和将来都是在相应岗位上考察工作问题的一个主要标准。

社会争论，党际之间的竞争，在我国可能会越来越尖锐，但基本的价值对于我国所有人来说是共同的，不依赖于政党的属性和其他习惯而存在，这些价值是：俄罗斯的繁荣，社会的稳定，和平的生活，国家的完整，自由和公正，人的权利和尊严。我们大家是不同的人，生活在不同的地方，有自己的见解，还有各种政党，但国家只有一个，让我们大家记住这一点。

在所有政党代表及几位地方行政长官发言后，梅德韦杰夫对他们发言中涉及的有关问题作了简短的回应。

我认为，不存在绝对无菌的、哪儿都适合的政治制度。任何政治制度都在发展，我相信我们正走在正确的道路上。

在这里有人谈到回到苏联时期、落入权威主义以及复制我们邻国这样或那样的政治制度经验的危险。我深信，今天的争论充分表明，回到苏联时期的政治制度是不可能的。不仅是出于任何经济上的考虑，不仅是由于我们大家在近十年时间里特别积极做的一切，而且还由于一个十分简单的原因：对此，任何人都不想接受，也不会接受，无论是俄罗斯公民，还是坐在这里的地方行政长官们。我们不需要这个。我们已经选择了自己的道路，我们正在这条道路上行进。

我同样相信，在可预见的政治前景上，在极短的时间内，我们将拥有现代的政治制度，我们中的任何人都不会因这样的政治制度而感到羞愧，正是由于没有绝对的一成不变的模式，所以我们仍将会批评它。

一切政治制度都应该发展,我们的社会将同经济一起现代化。这就是我们近期要做的。

译者单位:中央编译局俄罗斯研究中心

俄罗斯政党发展的新变化

高晓惠

政党制度新政

2008年杜马选举是在新的选举立法下进行的。当时登记政党的最低党员数从1万增至5万;议会选举将完全转到按政党名单进行表决的比例代表制,废除原有的混合选举制;政党进入杜马的门槛由原来的5%提高到7%。这使当年具有参选资格的政党有所减少,共有11个。最终,统一俄罗斯党、俄罗斯共产党、自由民主党、公正俄罗斯党进入议会。统一俄罗斯党得票率达64.3%,占据新一届杜马450个席位中的315席,一党独大。

在按新立法完成此次议会选举后,俄罗斯政党开始进入新一轮调整,那些受党员最低数量限制的小党纷纷改组。其中,农业党并入统一俄罗斯党,社会公正党加入公正俄罗斯党,右翼力量联盟同公民力量党、俄罗斯民主党联合成立新党——正义事业党。结果,迄今为止,俄罗斯国内符合政党法规定的政党数量减至7个:前述4个议会内政党以及3个议会外政党:正义事业党、"亚博卢"、俄罗斯爱国者党。俄罗斯政党制度进入相对稳定期。

新总统梅德韦杰夫上任后,在其2008年11月5日的第一次国情咨文中建议对政党制度进行一系列改革。对总统这些建议,杜马反应迅速,2009年相继推出并通过相关立法。比如4月29日总统签署相关法律规定,从2010年1月1日起,政党最低登记人数从5万降低到4.5万;从2012年1月1日起,政党最低登记人数从4.5万降低到4万。5月12日总统又签署了新法律,其中规定,得到

5%—7%选票的政党可以获得杜马的代表名额。如果得到6%—7%的选票，可以推出2名代表。如果得到5%—6%的选票，可以推出1名代表。6月3日总统再次签署法律。根据该法律，在下一届即第六届杜马选举中，政党参加选举必需征集到的居民签名数从20万降低到15万，到第七届杜马选举时，则再降低到12万。

这些改革措施，在梅德韦杰夫总统的第二次国情咨文中得到充分肯定，比如他认为已经实际上把政党进入杜马的门槛降低到了5%。这就意味着真正在立法上予以确认只是一个时间问题。但有些学者评价说，改革的象征意义大于实际意义。比如把政党最低登记人数从5万降到4.5万，不会对政党产生多少实质性的影响，让得到5%以上选票的党推选出一两个议会代表，并不会影响议会的力量对比。实际上这表明一种趋势，一种要为政党活动创造平等条件、提升政党作用的意愿。另一方面，这些改革新政从某种程度上也表明俄罗斯政党制度还不够稳定。这些改革实际上改的是不久前才付诸实践的立法。这种自上而下推动的政党制度新政，不仅表明政党制度仍是可控的，而且表明俄罗斯仍在寻找适合自己的政党制度。

当前俄罗斯各政党状况

当前俄罗斯政党数量已经稳定在7个。4个议会内政党各自扮演着自己的角色。统一俄罗斯党居于绝对优势。从社会调查数据来看，该党的支持率始终保持在50%以上，不会受到任何挑战。但有学者分析，这种高支持率与该党的意识形态、该党在议会中的活动以及国家的经济状况之间的关系都不大。这主要是因为该党仍是一个官僚党，甚至是一个国家党，党的招牌是普京，虽然普京还不是该党党员。该党本来的政权党地位，因为国家总理普京成为其主席而有了执政党的意味，甚至总统梅德韦杰夫在统一俄罗斯党十一大的致辞中就直接称它为执政党。由于统一俄罗斯党在杜马中占据绝对多数地位，从而打破了以往俄罗斯政治结构中杜马与当局相冲突的局面。这种杜马与当局的高度一致固然有利于政令畅通，但同时也遭到议会内外反对派的批评，他们认为统一俄罗斯党垄断民意，不能真正表达人民的要求，尤其在经济危机时期统一俄罗斯党的反危机纲领遭到其他政党的普遍批评。

其他3个议会内政党的支持率也是相对稳定的，虽然都不很高。这是因为这些党拥有其核心选民。而经济危机可能给各政党带来机遇。如俄共，危机可能使其支持率上升。俄共批评当局应对危机不利，这可能会引起受危机影响的人的共鸣。但俄共的批评有时显得无力，比如它批评政府却支持总统的做法。2009年10月31日，俄共主席久加诺夫在其全会的报告中抨击俄罗斯的原料依赖型经济，这与梅德韦杰夫的观点一致。12月9日俄共举行新闻发布会解释自己的反危机方案，久加诺夫指出，梅德韦杰夫在国情咨文中提出的革新纲领没有得到政府和统一俄罗斯党的任何支持。自由民主党仍然积极利用一切宣传机会，大作政治秀，走自己的平民主义路线。同时总是扮演当局并不体面的支持者的角色。比如日里诺夫斯基在2009年1月31日的集会上宣称没有任何危机，有的只是个别部长、州长和官员的错误。公正俄罗斯党，虽然具有一定的选民基础，但关键还在于有当局的支持。该党领袖米罗诺夫是上院主席，与当局联系密切，例如他极力主张修改宪法延长总统任期。有消息指出，当局公开支持一个中右政党——统一俄罗斯和一个中左政党——公正俄罗斯。总的来看，在现有统一俄罗斯一党独大的框架下，其他议会内反对党都难有作为，不仅俄共这样的永远的反对党如此，自由民主党和公正俄罗斯党这样的当局的小兄弟更是如此。

除上述4个议会内政党外，俄罗斯还有3个议会外政党。在现有的政党制度范围内，这3个政党的活动空间极为有限。梅德韦杰夫总统上台后作出了与议会外反对派对话的新姿态。2009年6月11日，总统同议会外3个政党的代表举行会谈，梅德韦杰夫在会见时说，你们现在未进入议会，但迟早会进入或回到议会的。俄罗斯爱国者党的领袖谢米金说，"2008年国情咨文是新俄罗斯第一次关注议会外政党，而这种会见也是第一次。"他提出了议会内外政党在国家拨款、使用媒体、征集选举签名等方面权利不平等的问题。他认为，从权利的观点来看，各政党应该是平等的。对于这个问题，梅德韦杰夫回答说这是不可能的。因为议会内政党是通过政治斗争熔炉的锻造才得到这个权利的，因此它有权拥有更多的权利。实际上,各政党活动权利平等问题不仅存在于议会外政党,而且也存在于议会内政党。

俄罗斯政党发展的前景

2009年俄罗斯政党政治发展的一个特点是自上而下的积极推动,这表现在:第一,加强了国家首脑与各政党的互动,其中不仅包括议会内政党,而且也包括议会外政党。第二,国家首脑积极推进政治制度,包括政党制度的改革。不过,这些推动并不能解决俄政党本身存在的问题,而这些问题还将长期存在。

首先,是意识形态问题。统一俄罗斯党刚刚确立党奉行保守主义的意识形态,而同时又经常受到党实际上没有意识形态的诟病。正如有学者指出的,除了局部的共产主义缺口外,统一俄罗斯党几乎占据了所有意识形态的地盘,因为该党有3个俱乐部,分别是自由保守主义俱乐部、社会保守主义俱乐部和国家爱国主义俱乐部。在左派阵营当中,意识形态也是分化的。俄共代表正统的共产主义,但党的意识形态现代化问题是无法回避的;公正俄罗斯党的新社会主义思想首先遭到俄共的批判,这实际上说明了其意识形态的模糊性;俄罗斯爱国者党被认为是俄共的掠夺者,同时还带有强烈的民族主义色彩。自由民主党的民族主义过去和现在都只是选举的招牌,后来又把平民主义广泛用于实用目的。在俄议会内唯独缺少自由主义政党,虽然无论是"正义事业",还是"亚博卢"都自诩拥有明确的自由主义意识形态,但其意识形态的危机是显而易见的,不仅其党内存在意识形态纷争,而且俄社会由于1990年代自由主义改革的失败也不愿接受自由主义意识形态。

其次,是政党如何成为联系权力与社会的中介问题。统一俄罗斯党一党独大的状况,实际表明俄社会认同的不是政党,而是政党代表,也就是说那些加入或代表该党的高官,该党无法否认普京的魅力所带来的好处。这样的政党格局让人怀疑如何能体现代表性,如何代表民众利益。其后果是,选举变成了一种形式,实际上成为没有选举的选举,一些选民"用脚投票",不去参加选举。

再次，是各政党权利不平等问题。这个问题的严重性表现在，在2009年10月地方选举后，3个议会内政党罕见地一同向中央选举委员会上诉统一俄罗斯党选举舞弊或操纵选举的问题。在统一俄罗斯党十一大上，梅德韦杰夫总统就此事发表了自己的看法。他说，无论是统一俄罗斯党，还是其他党的基层组织都把政治活动当成机关的交易，当成游戏。选举应表达民众的意愿，表现各种思想和纲领的竞争，但有时却变成了民主程序和行政资源的交易。要学会在公平竞争的基础上赢得胜利。总统的这番表态在某种程度上说是有益的，或将对下一届杜马大选产生积极影响。

当然，还存在许多问题，如政党的发展空间问题、政党参与国内生活的积极性问题，而解决这些问题关键还是要取决于俄罗斯民主制度发展的程度。

资料来源：

①http：//www.kremlin.ru.
②http：//www.duma.gov.ru.
③http：//kprf.ru.
④http：//www.ldpr.ru.
⑤http：//www.politcom.ru.

作者单位：中央编译局俄罗斯研究中心

政党·政治 >>>

苏尔科夫在俄罗斯政党制度改革中的作用

李兴耕

要研究当代俄罗斯政党制度和意识形态的现状及演变过程,不能不提到弗拉季斯拉夫·苏尔科夫。俄罗斯媒体把他称为当今克里姆林宫的首席政治谋士和理论家。有的评论家甚至把他比做原苏共中央负责意识形态工作的苏斯洛夫。本文拟对苏尔科夫在俄罗斯政党制度改革中所起的作用进行初步评析。

一、苏尔科夫其人

苏尔科夫生于1964年9月。他的父亲是车臣人,母亲是俄罗斯人。20世纪80年代初,苏尔科夫就读于莫斯科钢铁冶金学院和莫斯科文化学院导演系,后来毕业于莫斯科国际大学,获经济学硕士学位。1991—1996年间,苏尔科夫在金融寡头霍多尔科夫斯基的"梅纳捷普"集团工作,1994年升任集团董事会成员。1996—1997年出任金融寡头米哈伊尔·弗里德曼的阿尔法银行第一副总裁。1999年春,苏尔科夫进入叶利钦总统办公厅工作,任总统办公厅主任沃洛申的助手,同年8月升任办公厅副主任。2000—2008年任普京总统办公厅副主任,其间从2004年起兼任总统助理。2008年5月起担任梅德韦杰夫总统办公厅第一副主任。2009年5月,苏尔科夫被任命为梅德韦杰夫总统直接领导下的俄罗斯经济现代化和科技发展委员会副主任。2009年7月起,担任俄美两国关于公民社会问题双边委员会俄方协调人。2009年12月31日,根据梅德韦杰夫总统的命令,成立了俄罗斯高科技园区专门工作小组,苏尔科夫被任命为该小组负责人。

苏尔科夫自1999年进入克里姆林宫以来，先后担任叶利钦、普京、梅德韦杰夫三位总统的政治智囊和高级助手，至今在那里连续工作了11年，是克里姆林宫决策机构中名副其实的三朝元老。

二、苏尔科夫与俄罗斯政党制度改革

苏尔科夫在俄罗斯政党制度改革过程中起了十分重要的作用。他直接参与了统一俄罗斯党的组建工作，促使在俄罗斯形成了一党独大、多党并存的政党体制；对公正俄罗斯党的建立也起了推动作用；积极参与了青年政治运动"纳什"的创建活动；协助自由主义的右翼事业党获准在司法部注册成为合法政党；最近又提出了今后俄罗斯政党制度改革的分权化设想。

1. 参与组建统一俄罗斯党

1999年9月，苏尔科夫参与发起组建统一俄罗斯党的前身——跨地区"团结"竞选联盟，在协助普京竞选俄罗斯总统的过程中发挥了重要作用。后来"团结"运动改组为"团结"党。2001年7月，在苏尔科夫等人的推动与协调下，该党与卢日科夫领导的"祖国"运动合并，组成全俄"团结—祖国"联盟，2001年12月该联盟改组为统一俄罗斯党。苏尔科夫对该党在2003年和2007年杜马选举中获得重大胜利功不可没。2009年11月，梅德韦杰夫总统在该党十一大的讲话中首次将统一俄罗斯党定位为"执政党"。苏尔科夫经常在统一俄罗斯党的干部培训中心和理论研讨会上作报告，阐述有关党的思想组织建设和意识形态问题，包括"主权民主"、金融危机、现代化、科技创新等问题，对该党的思想组织建设作出了极为重要的贡献。在苏尔科夫看来，统一俄罗斯党是一个"遵循俄罗斯式的自由主义和保守主义价值观"的右翼保守主义政党。2010年10月，统一俄罗斯党最高委员会共同主席之一、莫斯科市长卢日科夫被梅德韦杰夫总统解除职务。苏尔科夫完全支持梅德韦杰夫的决定。他指出，卢日科夫在政治上继承了90年代担任莫斯科市长的激进自由派波波夫的路线，采取了与中央对立的立场。苏尔科夫赞成梅德韦杰夫总统任命索比亚宁为莫斯科新市长，认为索比亚宁将会更好地贯彻总统和联邦政府的决策。

2. 推动筹建公正俄罗斯党

公正俄罗斯党是当今俄罗斯杜马中唯一的社会民主主义政党,党的主席是谢尔盖·米罗诺夫。苏尔科夫在该党的筹建过程中起了推动作用。2006年3月26日,苏尔科夫在会见俄罗斯生活党代表时说,俄罗斯现在缺少可供选择的第二大党,社会需要有"第二条腿",以便在第一条腿不管用的时候,把重心移到第二条腿上。当务之急是培育一支将来能够替代目前居于主导地位的政党的政治力量。2006年10月28日,俄罗斯生活党、祖国党和退休者党联合组成公正俄罗斯党。筹建该党的真实意图就是充当苏尔科夫所说的俄罗斯"第二大党"和"第二条腿"。该党宣称拥护普京的路线和方针政策,但反对统一俄罗斯党的政治垄断地位。据《独立报》2008年7月2日报道,苏尔科夫在一次会议上说,俄罗斯将建立两党制体系,将来会有一个政党成为统一俄罗斯党的竞争对手,这就是公正俄罗斯党,它很有机会成为第二大党。由此,公正俄罗斯党被俄罗斯媒体称为第二政权党,尽管该党自称是议会反对党。苏尔科夫关于两党制的设想在实践中遇到了不少障碍。公正俄罗斯党虽然有40多万党员,其数量高于俄共(该党只有15万党员),但在杜马选举和地方选举中的得票率低于俄共。它在2011年杜马选举中能否达到7%的得票率门槛,还不得而知。公正俄罗斯党一再呼吁与俄共结成联盟,甚至合并,以便建立一个强大的左翼反对派。但俄共对此反应十分冷淡。2010年11月,米罗诺夫在接受记者采访时表示,公正俄罗斯党的主要对手是统一俄罗斯党。他在谈到公正俄罗斯党与苏尔科夫的关系时说:"我们与弗拉季斯拉夫·尤里耶维奇·苏尔科夫经常会晤。我们每隔两周与他进行一次交谈。"米罗诺夫说:"苏尔科夫直接给统一俄罗斯党下达命令,而我们与他之间完全是伙伴关系。他从来不向我们下达命令,也不可能这样做,因为我们是独立的政党。"与此同时,米罗诺夫承认该党与苏尔科夫有时会发生意见分歧,米罗诺夫的上述言论表明,该党与苏尔科夫之间一直保持着经常的沟通渠道,但该党的地位与统一俄罗斯党不可同日而语,后者作为执政党,是克里姆林宫的主要支柱和基本依靠力量,而公正俄罗斯党仅仅是一支后备的政治力量。

3. 协助右翼事业党注册成为合法政党

右翼事业党是2008年11月由右翼力量联盟、俄罗斯民主党和公民力量党合并而成的自由主义政党，列·戈兹曼、鲍·季托夫和格·博夫特三人当选为党的共同主席。但后来季托夫宣布退出，该党至今未选出正式领导人。该党领导人之一鲍·纳杰日丁2008年11月17日在接受记者采访时透露，分管国内政党建设的总统办公厅第一副主任苏尔科夫在右翼事业党组建过程中充当了协调人。他认为，苏尔科夫采取这样的行动是完全合乎逻辑的，其目的是让右翼政党成为体制内的政党之一，从而使俄罗斯的政治版图具有完整的形式，而目前在俄罗斯议会中没有右翼自由主义政党。

4. 参与组建青年政治运动"纳什"

2005年，为了应对乌克兰等国的颜色革命对俄罗斯的冲击，苏尔科夫积极参与组建了"纳什"青年政治运动。他专门到莫斯科郊区谢利格尔湖畔的"纳什"夏令营营地给营员们上课。他强调，建立纳什就是为了避免俄罗斯年轻人被西方势力所操纵，纳什的战略任务和战术目标是不允许俄罗斯发生乌克兰式的权力更迭，捍卫俄罗斯的国家主权和完整，实现现代化。

5. 提出俄罗斯政党制度改革的分权化设想

2010年11月18日，苏尔科夫在会见美国大学生代表团时谈到俄罗斯政党制度改革问题。苏尔科夫表示，俄罗斯致力于建立世界新秩序——"全球民主"，为此必须制定全球的民主新标准。他声称："我们希望俄罗斯将来成为西方民主国家之一"。他对俄罗斯迄今为止缺乏有影响的自由主义政党表示遗憾。苏尔科夫预料统一俄罗斯党将在2011年杜马选举中获得胜利，但可能得不到宪法多数地位（即2/3以上的议席），因此它将不得不与反对派结盟，以便使一些重要决定在议会中获得通过。苏尔科夫不排除俄罗斯在今后十年内可能出现一支强大政治力量来替代目前的政权党地位。苏尔科夫认为，统一俄罗斯党在下一届议会中的多数地位必须体现"现代化思想"。该党的执政地位并不意味着俄罗斯不会出现现代形态的反对党，这些党将来可能获得政权。但它们必须是体制内的，而不是激进的极端主义政党。这些党在某一时刻可能与统一俄罗斯党结成联盟，然后把后者排挤出"政治奥林匹斯山"。苏尔科夫强调，反对派走向政权不应伴随着灾难性的变化和现有政治制度的崩溃。在他看来，在不久的将来，会有3—5个政党进入俄罗斯议会，各派政治力量之间的竞争将加剧，中央集权的管理形式将逐渐改变为温和的、富有弹性的管理形式。他表示深信，"谁能够完成这一使命，谁就会载入史册"。他强调，下一步的分权化和权力分解措施应取决于相应政治制度的成熟程度。苏尔科夫认为，总的说来，在最近十年间，俄罗斯将形成形式多样、富有弹性的、复杂的政治体制。苏尔科夫在讲话中没有提"主权民主"，而是强调"俄罗斯将成为西方民主国家之一"；也没有谈到他在2008年提出的"两党制"计划，而是预言政权党今后可能与某一个反对党（其中包括自由主义政党）结成联盟，逐步实现分权化的管理方式。他的这一讲话传达了克里姆林宫关于俄罗斯政党制度改革的总体思路。

作者单位：中央编译局俄罗斯研究中心

统一俄罗斯党对"俄罗斯保守主义"的解释

李兴耕

2009年11月21日,拥有200万党员的俄罗斯第一大党——统一俄罗斯党(简称统俄党)在圣彼得堡市召开第十一次代表大会,首次正式宣布"俄罗斯保守主义"(Российский консерватизм)是党的意识形态。本文简单介绍该党对俄罗斯保守主义的解释。

统俄党自2001年12月1日成立以来,先后使用过"中派主义"、"政治中派主义"、"实用主义"、"保守主义"等提法来表述党的意识形态,后来又把"主权民主"、"普京计划"和"2020—战略"作为党的指导思想和发展战略基础。俄罗斯许多评论家认为,统俄党是一个缺乏明确意识形态的党。该党内部围绕党的意识形态问题曾经展开争论,出现了一些具有不同倾向的流派,成立了"自由保守主义"、"社会保守主义"和"国家爱国主义"三个政治俱乐部。2008年10月20日,该党最高委员会主席格雷兹洛夫在十大上曾经说过"俄罗斯保守主义"是党的意识形态,但当时并未将此正式写进党的纲领。

2009年10月16日,在党的十一大召开前夕,格雷兹洛夫在统俄党官方网站上透露,在提交大会讨论的新纲领草案中,将正式宣布党的意识形态是"俄罗斯保守主义"。①

2009年11月21日统俄党十一大通过了题为《俄罗斯:保持并增强!》(《Россия: сохраним и приумножим!》)的纲领性文件,其中宣称:"党的意识形

---

① http://www.edinros.ru/16.10.2009.

态是俄罗斯保守主义。这是稳定和发展的意识形态，是避免停滞和革命，不断进行创造性的社会革新的意识形态。这是我国人民取得胜利、在我国历史、文化和精神的基础上保持俄罗斯并实行现代化的意识形态。与此同时，这种意识形态负有使国家摆脱根深蒂固的社会痼疾、克服进行创新和取得新成就道路上的各种障碍的使命。它的目的是在共同价值和利益的基础上建立新的、自由的、繁荣的、强大的俄罗斯。它的价值是：对祖国的热爱，稳固的家庭，健康的生活方式，高度的专业技能，公民的团结一致。"

纲领宣称，统俄党反对把各社会群体、民族和宗教互相对立起来，主张增强社会和谐。"我们的意识形态使统俄党不同于一切对手和敌人。党的指导原则是'保持和增强'。这是俄罗斯保守主义的基础。""我们把人放在最优先的地位。许多世纪以来，人的生命价值在俄罗斯曾经遭到严重扭曲，被贬低到微不足道的地步。对于我们来说，宪法和国际法准则所宣布的一切人权具有同样的、无条件的和最高的价值，无论是言论自由、迁徙自由、享有各种文化财富、拥有住房或社会保障的权利。"

纲领宣称："统俄党证明了能够保证国家的管理，社会和政治稳定。今天，在新的发展阶段，党承担了国家现代化，实现国家'2020—战略'的历史和政治责任。我们只有一个俄罗斯。建立新的，保持优秀的！珍惜俄罗斯——这是社会和谐的基础。"①

格雷兹洛夫在十一大的讲话中对党的纲领性文件作了说明。他表示，纲领性文件的基础是"2020—战略"优先方向、"普京计划"和梅德韦杰夫总统的呼吁书《俄罗斯，前进吧！》。在这一文件中，除了提出改善人们生活质量的任务和经济发展的计划外，还明确地确定了党的意识形态是俄罗斯保守主义。这是社会稳定和发展、始终不渝地进行创造性革新、避免停滞和革命的意识形态。俄罗斯保守主义建立在我国的精神传统、伟大历史、大多数公民的利益基础之上，其中包括：重视家庭的价值，关心儿童培育和关怀老年人，重视保健和教育工作，普

---

① http://www.edinros.ru/text.shtml？10/9535，110030.

及文化设施,保护私有财产,积极支持包括家庭作坊在内的小企业,加强对国家主权的维护,保证军人和安全部门享有崇高威信。格雷兹洛夫声称,俄罗斯保守主义是开放的保守主义,准备在党内进行讨论,同时也愿意与持有不同意见者展开辩论。只有准备接受新思想的保守主义才能够保证国家的现代化。可以用"我们创造新的,保持优秀的!"这样扼要的话来表述党的意识形态。俄罗斯保守主义是引导我们前进、而不是倒退的意识形态。因此,"俄罗斯,前进吧!"是俄罗斯保守主义的行动口号。[①]

2009年12月1日,格雷兹洛夫在《消息报》上发表文章,对党的纲领问题作了进一步解释,并回答了社会上的各种质疑。

格雷兹洛夫首先谈到保守主义与现代化的关系:"保守主义"来源于"保持"一词,而现代化则意味着变革。梅德韦杰夫总统在2009年国情咨文和呼吁书《俄罗斯,前进吧!》中都强调必须实现国家大规模的现代化。保守主义与现代化之间不存在矛盾。现代化是过程,是任务,而保守主义是意识形态。他写道:"正因为我们是俄罗斯保守主义者,所以我们关注国家的现代化。只有实现经济、社会领域和国家管理的现代化,我们才能保持俄罗斯价值和历史记忆,保持使俄罗斯作为一个伟大强国的所有一切事物。"格雷兹洛夫强调,梅德韦杰夫的《俄罗斯,前进吧!》中的许多思想与统俄党十一大的论述是一致的。

其次,格雷兹洛夫阐述了统俄党在俄罗斯和世界政党版图中的定位。他声称,俄罗斯保守主义作为统俄党的意识形态,回答了什么是发展的基础,什么是可能发生变化的事情,什么是在任何条件下都必须加以坚持的问题。统俄党早在建党时就把自己定位为保守主义政党。国际合作的实践,与世界上各类不同思想倾向政党的交流,均表明在国际政党格局中统俄党属于保守党。在统俄党内现有的三个政治俱乐部中,两个政治俱乐部的名称早就反映了这一点:社会保守主义和自由保守主义。而第三个政治俱乐部——国家爱国主义俱乐部也符合俄罗斯保守主义的原则。尽管党内存在不同观点,俄罗斯保守主义意识形态可以发挥团结

[①] http://www.edinros.ru/text.shtml?10/9267,110041.

和决定性的作用。在党的历次代表大会上都讨论过保守主义。党的十大也谈到过这一点。而党的十一大首次明确地在纲领性文件中阐述了党的意识形态,这是非常及时的,因为在全球经济危机背景下,不仅现有的世界金融体制,而且作为这一体制基础的那些意识形态原则都遭到了质疑。我们不仅应当用自己的意识形态来对抗强加给俄罗斯和其他国家的全球主义思想,而且抵制形形色色的极端主义思想。格雷兹洛夫强调,统俄党要研究俄罗斯保守主义的历史传统以及在保守主义价值观基础上实现现代化的世界性经验。无论是过去还是将来在俄罗斯社会上都存在各种不同意识形态的拥护者。宪法禁止把一种意识形态确立为具有强制性的国家意识形态,各政党有权在意识形态领域展开竞争。除极端主义之外,各种意识形态都可以在社会上并存,在社会对话中发挥各自的作用。俄罗斯应当在保守主义价值基础上完成现代化的任务。现代化不应该通过革命和损害公民利益来实现。二战后德国、日本和亚太地区的许多国家具有保守主义倾向的政党实行的就是这样的现代化,这种现代化的特点之一是保持行动的统一,由同一个政党长期执政并对现代化承担责任。必须反对通过大规模镇压和牺牲无数人的生命来实行苏联时期的"斯大林式"现代化,同时也必须反对全球主义者所鼓吹的现代化,后者号召抛弃本国的历史,在经济上向跨国公司敞开大门,实际上把本国经济置于其他国家的控制之下。俄罗斯保守主义的价值就是爱国主义、重视家庭、历史记忆、尊重传统、健康和民族繁荣、保护私有财产、尊重法律,就是民族和宗教信仰的和谐,就是对自己命运和家庭的责任,对国家未来的责任感。俄罗斯是俄罗斯,而不是中国,不是美国,也不是新加坡。我们需要自己的现代化模式,不能照搬别国的经验。①

作者单位:中央编译局俄罗斯研究中心

---

① Известия, 01. 12. 2009.

俄罗斯各界对"俄罗斯保守主义"的不同评论

李兴耕

俄罗斯各界对统一俄罗斯党将"俄罗斯保守主义"作为党的意识形态评论不一。有的表示坚决支持，有的提出质疑和反对。现将各种观点介绍如下。

表示赞成的观点

统俄党杜马议员、政治学者谢·马卡罗夫认为，统俄党宣布自己为保守主义政党，是党对自身定位问题的明确回答，是发展党的意识形态的重要步骤。要明确阐述保守主义的价值——健康、家庭、道德、人民团结（民族团结和世代团结）以及俄罗斯的文明特殊性。在俄罗斯进入新的发展阶段和走向现代化的关键时刻，统俄党作为国家的主导力量，必须提出自己的现代化纲领。俄罗斯现代化的特点是国家的巨大作用。另一个特点是把现代化与精神上的高度道德性结合在一起。[①]

统俄党的政治活动家尤·舒瓦洛夫认为，俄罗斯保守主义为俄罗斯提供了在全球化条件下稳定发展并保持国家身份认同（идентичность）的可能。统俄党的另一位政治活动家阿·恰达耶夫表示，俄罗斯在实现保守主义现代化过程中应以西方保守党人为榜样。他说："保守主义现代化的伟人包括了二战后世界上最著名的政治家——阿登纳、戴高乐、撒切尔、里根等人，他们都属于保守党。西方

---

① http://www.edinros.ru/er/text.shtml? 10/9148, 110031.

保守党人在民主制、多党制的条件下，经受各种困难和财政赤字，有时甚至在遭到战争破坏的国家里成功地建成了世界上先进的经济。"①

历史学副博士弗·沙波瓦洛夫认为，统俄党现在自我定位为保守党，事实上，几年来它就是这样的党。该党内部存在"社会保守主义"和"自由保守主义"俱乐部，这绝不是偶然的。统俄党在意识形态领域主张稳定和秩序，是典型的保守党。梅德韦杰夫总统几年前在《专家》（«Эксперт»）杂志上发表的一篇文章中曾经表示，他的思想观点属于自由保守主义，当时他担任副总理。统俄党公开宣布自己属于保守党，这标志着俄罗斯政党体制的建成。以前俄罗斯的政党光谱是不完整的，只有自由主义政党（右翼）和社会主义政党（左翼），没有保守主义政党。现在，这三种传统类型的政党在俄罗斯都有了。不应该把保守主义等同于停滞。像德国的联盟党、法国戴高乐派的党、美国共和党等保守主义政党的实践表明，当代保守主义完全可以同现代化以及政治经济革新相结合，也可以同"温和的自由主义"和"温和的社会主义"结合起来。②

表示反对或提出质疑的观点

俄共官方网站2009年11月28日发表了C. A. 斯特罗耶夫的文章，猛烈抨击统俄党的俄罗斯保守主义。斯特罗耶夫认为，统俄党起初自称中派主义政党，这种含含糊糊的中派主义在原则上可以适用于任何一种意识形态。统俄党自建立之日起就不是一个由公民在共同政治纲领基础上自下而上组织起来的政党，而仅仅是掌权的官僚集团的政治外套。从这一意义上说，统俄党从来不是真正的政党。当今俄罗斯的统治精英来源于苏联时期的党和国家官僚集团。他们抛弃了共产主义意识形态，在1991年摇身一变成为激进的市场主义者和自由主义派。后来又抛弃了资产阶级民主和自由主义意识形态，在长达15年间完全没有任何意识形态。现在，这个政治精英集团之所以炮制出新的意识形态"俄罗斯保守主义"，

---

① Независимая газета, 02. 12. 2009.

② http: //kommentarii. ru/theme. php? f = 3&t = 24095.

是因为他们觉得对自己有利。这是一种骗人的花招。政权党抛弃自由主义外套，换上保守主义外套，有其客观原因。1990年代掌权的犯罪精英集团的基本任务是掠取财产，他们需要在国内制造混乱不堪、破坏法制的局面。现今掌权的精英集团的任务则是保护和维持掠夺到手的东西，因此要求稳定局势，从混乱无序走向建立新秩序。统治集团改换意识形态外套的另一个原因是，政府当局在1990年代终于认识到自由主义思想已经不得人心。统俄党打起保守主义的大旗是为了在政治上剽窃其人民爱国主义对手（指俄共——作者注）的口号。保守主义与现代化这两个概念的词义是对立的。因此，持批评立场的政治家和评论家讽刺统俄党把梅德韦杰夫在国情咨文中强调的创新和现代化与统俄党的俄罗斯保守主义折中主义地结合在一起，这种批评是有充分理由的。统俄党的御用理论家把保守主义解释为稳定，把现代化解释为发展，这是蛊惑人心的说法。保守主义要求保持和爱护，但统俄党的俄罗斯保守主义所要保护的完全不是俄罗斯文明的精神文化价值，不是俄罗斯国家的领土完整、独立和主权。统俄党提出俄罗斯保守主义的唯一目的是保持他们在叶利钦时期肆无忌惮地掠为己有的全民财产，并使这种掠夺合法化，保持掌权的政治精英地位。①

公正俄罗斯党的官方网站也发表了一篇文章，题为《保守主义现代化的党》，对统俄党十一大提出批评，其中写道："政权党提出的'保守主义现代化'不仅在思想上，而且在实质上都是荒谬的。现代化的拥护者越是试图展开革新进程，反动派就越是会更加激烈反对，引起政治对抗。可悲的是，统俄党自愿地扮演着这种反动派的角色。"②

"亚博卢"党政治委员会执行书记、哲学博士加·米·米哈列娃在一篇评论文章中认为，俄罗斯保守主义可能有两种表现形式：一种形式是维持现状，也就是维持一种混乱不堪的大杂烩，这最明显地表现在把帝国时期的国徽、苏联时期的国歌和俄罗斯探索建立民主制时期的国旗结合在一起。第二种形式最危险，也

---

① http://www.kprf.ru/opponents/73401.html.
② Партия за консервированной модернизации. http://www.spravedlivo51.ru.

就是重新斯大林主义化,实行沙皇尼古拉一世的大臣谢·谢·乌瓦罗夫所鼓吹的东正教、专制制度和国民性"三位一体"的现代化。第一种表现正在进一步强化,第二种表现也显而易见。例如,教会与国家的接近,教会上层人物所发表的政治声明,实质上的君主制的管理方式,对"俄罗斯精神"("русскости")优越性的鼓吹,帝国综合症等等。米哈列娃认为,欧洲保守主义与俄罗斯保守主义毫无关系。在她看来,统俄党不是有意识形态和纲领的政党,只是一个官僚机关的政党,也就是统治集团保持其权力的工具。因此,根据形势的变化,它可以随意地自称某一类型的政党,无论是社会党,或者是保守党,或者是进步党都可以。标签没有任何意义。①

俄政治学者叶·明钦科认为,目前在全世界都可以看到保守主义的危机。世界正在发生急剧变化,大家过去所了解的世界已不复存在。在这样的背景下,统俄党却通过了一个保守主义纲领,这令人感到奇怪。统俄党对保守主义的解释别出心裁,它把这一概念与维护目前的精英集团结合在一起。② 政治评论家奥·巴甫洛夫对统俄党关于"保守主义是意识形态,现代化是过程"的说法提出异议。他认为,任何过程都具有意识形态。作为意识形态的"保守主义"的衍生词"保守"是过程;而作为过程的"现代化"的衍生词"现代主义"是意识形态。他针对格雷兹洛夫的一段话提出质疑。格雷兹洛夫说:"正因为我们是俄罗斯保守主义者,我们才关心国家现代化。只有经济、社会领域和国家管理的现代化才能够保持俄罗斯的价值和历史记忆,保持使俄罗斯成为伟大强国的一切。"巴甫洛夫问道:究竟是首先现代化还是首先保守?就是究竟是先有蛋还是先有鸡?统俄党现在引证西方保守主义的经验,说什么"西方有好的现代化经验"。也许他们是指西方不使用暴力手段实现现代化的经验。然而,西方怎么能够在实现现代化过程中不使用暴力征服全世界呢?巴甫洛夫指出,"统俄党的创新之处主要在于:处于掌权地位的政党接受了保守主义意识形态,企图用漂亮的、科学的形式

---

① http://kommentarii.ru/theme.php?f=3&t=24095.

② Независимая газета, 18.11.2009.

来包装自己的言论和行动。一个新阶段——建立'科学保守主义理论'的伟大阶段开始了。然而，不管他们如何兜圈子，统俄党意识形态的弱点目前依然如故。"①

作者单位：中央编译局俄罗斯研究中心

---

① http：//kommentarii. ru/theme. php？ f = 3&t = 24095.

俄罗斯自由民主党的意识形态

李兴耕 编译

2010年1月，俄罗斯自由民主党编辑委员会出版了题为《俄罗斯自由民主党的意识形态》的小册子，对该党的意识形态和纲领政策作了全面论述，提出了具有浓厚俄罗斯民族主义色彩的主张。这本小册子由该党主席弗拉基米尔·日里诺夫斯基任总编，共96页。现将其主要内容介绍如下。

一、党的奋斗目标

小册子宣称，自苏联解体以来，在俄罗斯形成了三种基本政治思潮：西方民主派、共产主义—国际主义派和爱国主义自由派。掌权的右翼民主派打着确立全民族思想的幌子，企图在国内实行思想垄断。在后苏联时代的最初几年里，大多数所谓的民主派政党或多或少地都采取亲西方的思想立场，带有明显的反俄色彩。而共产党人则继续鼓吹曾给俄罗斯（苏联）造成很大损害的国际主义。现在实际上所有政党的意识形态都朝着爱国主义（多半是假爱国主义）方向转变。俄罗斯自由民主党具有自己的意识形态，其中反映了国家在现今历史阶段的基本目标和利益，集中表达了国家历史文化中的一切宝贵遗产，确定了纲领及其实现道路和手段。

俄罗斯自由民主党宣称，党的意识形态目标是："联合俄罗斯国家的所有爱国主义力量，以实现国家的民族复兴，防止俄罗斯蜕变为西方的半殖民地，恢复俄罗斯的伟大强国地位"。党的基本理想是："爱国主义、自由主义、民主制、公正和法制"。这些基本理想的总和构成了党的意识形态。该党认为，为了实现这些目标，必须废除1917年以来非法地改变俄罗斯国家版图的所有决定。它宣称，把波罗的海沿岸地区、波兰的俄罗斯土地、芬兰和其他地区从俄国分割出去是非法的；在俄罗斯国家领域内建立苏联也是不合法的，因为它按照民族原则把俄罗斯国家分割成各个"民族共和国"，而这些"民族共和国"的居民多半是俄罗斯人；1991年别洛韦日协定也是非法的、甚至是犯罪的行为，因为它把苏联分割为一些"独立"国家，导致历史形成的俄罗斯国家四分五裂，在俄罗斯国家的一部分领土范围内建立所谓"俄罗斯联邦"，破坏了国家的统一。该党要求在原苏联版图的范围内通过和平方式重新建立俄罗斯国家。第一步是俄罗斯联邦、乌克兰、白俄罗斯、摩尔达维亚和哈萨克斯坦联合起来。波罗的海沿岸地区自古以来属于俄罗斯。该地区应成为俄罗斯的一部分。外高加索和中亚应当加入俄罗斯国家。所有加入俄罗斯国家的共和国具有"区"的法律地位（статус округов）。在俄国将不会用"主权民族共和国"的招牌来掩盖民族不平等。俄罗斯国家既不是苏联，也不是共和国联盟，也不是改头换面的独联体或欧亚联盟。俄罗斯国家应当主要由俄罗斯人来领导，他们应当担任国家的主要领导职务，从国家总统到地方行政长官都应该如此。在经济、科研、文化和意识形态领域也应这样。一般来说，少数民族的代表可以担任该民族集中居住地区的领导职务。这一做法不是沙文主义，不是极端民族主义，也不是法西斯主义，而是为了捍卫俄罗斯人（русские）、俄国人（россияне）、俄国（Россия）的国家利益，复兴俄罗斯的精神道德和文化传统，克服严重的社会精神危机。俄罗斯爱国主义一贯致力于捍卫自己的土地，而不是掠夺他人的土地。

俄罗斯自由民主党自称拥护自由主义，反对极权主义。与此同时，它声称，个人自由不是反俄活动的自由，不是无政府主义，不是犯罪活动自由。市场关系的自由并不是完全反对国家的调节作用。民主就是人民的政权（власть народа）、老百姓的政权（власть людей）、全社会的政权（власть всего общества），而不是某一个人的政权——既不是君主或是某个集团的专政，也不是委员会的专政或党（阶级）的专政。民主主义与一个党在社会和国家中对政权、对统治的垄断是不相容的。它认为，根据历史经验，如果没有强有力的中央政权，没有集中的国家机关，要管理像俄罗斯这样幅员辽阔的国家和维护国家统一是非常困难的。应当建立统一的、单一制的、而非联邦制的国家。国家元首应该拥有强大权力，议会也应是强有力的。俄罗斯应是真正民主的、社会的、世俗的和法制的国家，即自由主义的民主的社会国家，而不是社会主义国家，也不是资本主义国家。小册子宣称，"俄罗斯既不需要回到资本主义，也不需要回到社会主义。它应当建立一种社会、经济和政治制度，把资本主义和社会主义的优点结合起来，同时考虑到俄罗斯的具体条件、特点和传统"。

二、党的纲领主张

小册子提出了俄罗斯自由民主党的一系列纲领主张，其中包括：加强中央政权，把俄罗斯从联邦制改成单一制、议会民主制国家，实行一院制，把民族共和国体制改为省（州）体制。在统一的俄罗斯国家中，唯一的官方语言应是俄语，它是国家绝大多数居民使用的语言。该党要求对宪法作一些修改，建议在序言部分明确宣布："我们——俄罗斯人和俄罗斯联邦的其他民族……"，认为在宪法中不谈俄罗斯民族是对俄罗斯的侮辱。宪法提到了所有民族，就是不谈俄罗斯民族，而居住在国家中的大多数人恰恰是俄罗斯人。该党还建议解散现在的联邦委员会（议会上院），只保留国家杜马。在议员中不应有任何商人，只应有专家，经济学家和法学家。歌唱家、滑冰运动员和理发师不应该担任杜马议员。

该党主张多种成分的经济结构，各种所有制形式的企业具有同等权利和机会，但国家不应放弃对经济过程的管理。它主张把俄罗斯境内所有矿业部门转归国有，对原料部门实施国家监督，实行国有化。要提高工资和退休金，至少提高两倍。必须消除银行领域的混乱状况，加强对银行的监管，严禁投机行为。扶持中小型企业。实行有差别的累进税。小册子还对该党提出的克服经济危机的建议《如何摆脱危机》作了进一步说明。要求改善医疗体制，重视生态环境，保证俄罗斯的人口到2040年增加到2亿，调整移民政策，改革教育体制，反对滥用麻醉品，在俄罗斯东正教精神传统的基础上发展民族文化，打击犯罪活动，消除腐败等。

小册子宣称："作为战略前景，党呼吁在原苏联边界范围内，在历史形成的地缘政治区域里重建俄罗斯，恢复俄罗斯的伟大强国地位。党认为，解散苏联并在其领土上建立一些所谓的主权国家是非法的。俄罗斯自由民主党反对肢解俄罗斯联邦并把一些领土从联邦中分裂出去。与此同时，俄罗斯自由民主党也并不主张通过暴力方式把原先属于苏联的领土都合并到俄罗斯联邦中来。党反对把国家拖入与邻国的武装冲突和战争中。党的出发点是，这些地区的人民迟早会自己要求回到伟大的俄罗斯国家中来。但必须分阶段地实现这一目标。"

俄罗斯外交政策的优先方向是与独联体和波罗的海各国（即原苏联各个共和国）的关系，党致力于在原苏联版图的范围内实现并发展重新一体化的过程。俄罗斯自由民主党要求修改俄罗斯与乌克兰边界，把克里木和乌克兰的整个南部和东部地区重新归还俄国。该党坚决反对美国及其盟国在巴尔干的侵略行动，认为日本和中国在远东地区是俄罗斯的重要经济伙伴。但在与日本的关系中，千岛群岛的地位不容改变。在对华关系上，该党认为，俄国与中国有很长的边界。一方面，这使两国之间可以发展商务、经济和其他关系。另一方面，这可能导致出现数以百万计的中国人渗入俄国领土、把那里的俄国居民排挤出去的危险。该党声称："必须采取严厉的经济、行政和军事手段，制止和消除来自中国方面的'种族入侵'，决不允许他们把相当部分的俄国领土事实上分割出去。中国的劣质食品和其他商品贸易也令人担心。必须要求俄国商人在俄罗斯境内验收中国商品，商务活动应有利于俄罗斯。"该党对巴西、俄国、印度、中国"金砖四国"的合作持肯定态度，认为这四国可以成为与北约组织相抗衡的力量。

资料来源：

①ИДЕОЛОГИЯ ЛДПР. – М.：Издание Либерально-демократическ-ой партии России. 2010 г. -96 с.

译者单位：中央编译局俄罗斯研究中心

统一俄罗斯党的战略任务是在杜马选举中获胜

高晓惠 摘译

2010年6月15日统一俄罗斯党召开了总委员会会议，总委员会主席团秘书维·沃洛金作了题为《党在政治制度发展和政党竞争激烈情况下活动的新形式》的报告。现将报告的主要内容摘译如下。

政治形势的发展趋势

发展政治制度是党的活动的重要方向之一。革新的主要趋势是加强竞争和责任。在提高执政效力、加强执政责任方面出台了一些重大决定。政权更加向社会开放，公民参与政治的可能性有所提高，各种社会利益有望寻求政治表达。

加强政党作用能够提高政府工作的责任。在选举中获胜的党有权提名地方首脑。同时形成的地方权力体系在政治上更加严整，其逻辑是对公民更加透明，权力体系的相互作用也更加有效。地方自治的代表机关能更有效地实施监督，必要时可罢免市政领导人的职务。

新的政治形势的特点是政治竞争普遍加强，包括各级选举在内。最近几个月来政治气息明显浓厚，各居民群体，尤其是大城市居民群体的社会积极性明显增强。经济也推动了政治的活跃。

不仅当前突出的社会问题引发热议，社会现代化问题也经常成为关注的焦点。统一俄罗斯党尤其注意两个问题：第一，生活质量，城市发展的前景——道路、住宅、生态、生命安全、社会设施及其使用（幼儿园、学校、公共服务质量等）；第二，政权的责任和质量。

城市社会政治积极性的增强在很大程度上是由于"新选民"的出现，他们从前不大过问政治也很少参加选举。因此，党必须学会做新选民群体的工作，考虑他们不同于广大传统选民的利益。党在城市活动的主导方针还有年轻人参与政治活动的问题。

反对派人士经常对稳定和渐进式发展提出质疑。反对派的主要目的是要造成政治的不稳定。

统一俄罗斯党捍卫稳定、可靠和渐进式的发展，抵制政治上的混乱、不稳定、激进主义和革命破坏性思想，是当今一支绝无仅有的政治力量。

上述立场得到大多数公民的支持，但反对派却企图破坏这种局面，因此党必须采取更积极的立场捍卫国家稳定发展的方针，保护社会大多数的利益。

将于2010年10月举行的地方选举实际已拉开序幕。各政党积极开展活动，视此次秋季选举为国家杜马选举的预演。

没有进入议会的小党也将积极开展活动。得票率降至5%为小党争取地方议会和国家杜马席位提供了强有力的刺激。

反对派将继续对我们施压，包括搞"人人反对统一俄罗斯党"的活动。反对派为自己提出的任务是向社会舆论灌输统一俄罗斯党在选举中将一次比一次差的言论。

议会反对党和小党的活跃意味着，其动员选民的程度在未来的选举运动中会高出以往，新的，至少有一部分是对政权带有批评情绪的选民群体将参加选举。

即将举行的秋季和春季选举的另一个特点是，进行选举的地区对我们来说并非轻而易举就能获胜。这一点以及反对派的活跃使得加强动员并提高党组织的活动成效变得格外重要。

党在新形势下活动的主要原则

党从"聪明的政治"的立场出发。党的思想体系是渐进可靠的发展、持续的生产和不断的改善。在社会经济领域是推进市场经济下的社会公正。在社会发展上是不断创新、积累价值、人力资本和社会资本。在政治上是增进民主和对各种政治机制的信任，首先是对选举的信任。

党的目标是成为国家现代化的动力和面向未来的党。为了配合新任务，党应该首先自我改变，自身实现现代化。党要想保持住领袖地位，必须比对手更迅速地改变和发展。

党应该把社会现代化、提高生活质量、为人们创造新的机会等口号摆在政治活动的中心。

党要把重点放在政治效果和现代政治技术上。

党必须积极参与同对手的政治辩论，公开宣传我们的正确立场。

在政党竞争日趋激烈、政治制度日益复杂的情况下，党应高度发扬党内民主和自身机制的效力。

评估各级党组织的业绩应实行个人问责制。

必须大力加强干部工作，积极吸收党的拥护者、社会舆论领袖和新面孔，包括被"新选民"视为"自己人"的人在内。

社会大多数人倾听我们的声音，但我们要一而再地进行宣传，让其他社会群体知道我们的立场。要让新群体听到我们党的明确信号。注意在发展党的新的拥护群体、做"新选民"工作（尤其是在城市）的同时不应损害传统选民。

党在未来选举中对各种群体和利益集团要展开有针对性和区别性的宣传，要因地区而异。现在党的活动尤其需要有的放矢的宣传和鼓动。

主动性和技术性是党适应新任务的主要条件。

我们要灵活地构建党的战略，使之适合各种目标群体、地区和政治环境。要格外注意新的思想、新的口号和新的方法。打造更完善、更精准、更符合具体选民和社会群体特点的竞选风格。

要抢在对手前面。自己制定政治日程，并且不仅就我们熟悉的题目，而且就各种突出的、影响广泛的和社会意义重大的问题展开活动。

对党在选举期间和选举间歇期间的活动要及时进行信息播报。

党在传统的政治媒介（纸质媒体、电视、户外广告等）上历来有更多的机会和活动经验。这也就是说，反对派将力图借助其他政治媒介（互联网和"街头政治"等）打败我们。因此，党必须加强在新的政治领域，尤其是在互联网上的活动，互联网业已成为沟通最活跃的选民和开放舆论的最现代化的手段。

党必须加强同选民的直接接触，包括参与竞选辩论和一般政治性辩论等。

以上工作在城市尤为重要，因为这两种政治传播渠道在城市的作用特别大。

在议会内政党可同样利用媒体资源的情况下，首先要善于抓住媒体本身和人们的兴趣。

党活动的基本方向和形式

必须积极开展党的各项活动：

建立拥护者机制和大力吸引社会舆论领袖。可吸引新面孔参与选举活动，支持党的提案，加强党与社会的联系，提高党内竞争和预选成效。

必须积极利用党的俱乐部平台，讨论选举运动的重大事项。

必须大力推广党的提案，尤其是那些涉及提高生活质量、增进与城市阶层沟通的提案（住宅、保健、互联网、幼儿园等社会基础设施建设、生态和清洁的水源等）。

必须认真制定党的骨干、地方基层组织书记和各级代表的综合培训计划。

必须发展党内预选制度并提高其成效。要有目的地明确和规定预选环节，落实责任。

要首先发展党在市一级的活动并积极开展基层组织的活动。

党的基层组织要准备参与各级选举运动。

要有目的地优化地方政治委员会的书记人员。

要加强地方党支部的潜力。

要加强党团代表对选区内各级选举运动的责任，提高党的宣传和鼓动成效。

必须在各级选举中推进党的政治动员。

代表必须参加下一级选举。这应成为党的活动和考核各级代表业绩的必不可少的一部分。

在制定竞选名单时应广泛利用横向原则，借此提高党内竞争、选举成效和党在地方的竞争力。党应大力培养地区精英。

党要准备提出公开的政党名单参与选举，把社会舆论领袖列在这个名单的前列。

要积极开展制定地区发展纲领和战略的活动。

要大力培养后备干部并让他们参与制定地区竞选纲领。

要组织好能够在媒体上、在同政治竞争者辩论时和街头政治中有效反击的辩论团队。

积极利用"青年近卫军"竞选指挥部动员年轻选民。

互联网应成为党的优先政治资源和组织技术。

党内网站应成为党员之间交流、开展党内辩论、讨论政治形势、听取地区组织和骨干以及全体党员意见的主要快捷渠道。

最后要强调的是，统一俄罗斯党参加选举的主要目的是维护和巩固多数党的地位。党要积极开展活动，争取在 2010 年 10 月和明年 3 月的选举中在各地区获得多数席位。这一结果本身将成为国家杜马选举的良好开端。在 2011 年杜马选举中获得胜利是党的优先战略任务。

译者单位：中央编译局俄罗斯研究中心

俄罗斯社会转型中的政治文化因素

王秋文

社会转型是一个系统工程，不仅体现在政治制度和政治结构的变化上，更重要的还体现在深层政治文化的巨大变化上。俄罗斯是一个有着厚重历史文化传统的国家，在俄罗斯社会转型的过程中，政治制度和政治结构的变化是在短时期内迅速完成的，而转型政治文化的发展变化则是一个相对长期的过程，转型政治文化的社会认同更是一个相对长期的过程。因此，俄罗斯社会转型中的政治文化因素更加突出，政治文化与社会转型的关系更加复杂纠结，转型政治文化的发展变化直接影响着俄社会转型的未来走向和模式选择。

一、俄罗斯转型政治文化的基本内涵和内容界定

解析当代政治文化理论，对于政治文化基本内涵的界定国内外都有不同的看法。既有广义狭义之分，又有政治学社会学等不同的研究领域。美国政治学家阿尔蒙德认为，"政治文化"是指"一个民族在特定时期流行的一套政治态度、政治信仰和政治感情"。它是由本民族的历史和当代社会的政治经济活动进程所促成的。随后，政治学家派伊进一步阐述了这一概念，认为政治文化就是某一特定模式的政治行为取向。一般来说，所谓"政治文化"，是指人们在社会生活和政治实践中形成的各种政治思想、政治理论以及价值观念的总集成，包含着人们对于社会政治生活的认知、情感和评价。可以说，政治文化是政治活动中的一种主观意识，包括社会对政治活动的态度、信仰、情感。具体指政治意识、民族气质、民族精神、民族政治心理、政治思想、政治观念、政治道德等各个方面。这

是政治学中迄今为止最具代表性的解说。

从历史学与政治学相结合的角度来分析，政治文化主要是指人们在长期的社会生活和政治实践中所形成的各种政治思想、理论和价值观念的总积淀；它是与一定的政治制度或政治体系相适应的，代表着不同社会集团的政治观念和政治习俗，反映着不同社会集团的利益和要求。在俄罗斯20年社会转型的发展过程中，政治文化也同样处在这样一个相应的转型发展过程之中。

在这一过程中，政治文化因素不仅影响着社会公众对于政治生活的基本态度，而且也直接影响着他们在社会实践中的政治行为方式。政治文化既是发展变化的，又是有民族特性的。因此，俄罗斯转型时期的政治文化就是指社会转型过程中这一特定模式下的政治行为取向。俄罗斯社会转型中的政治文化问题，既包括广义的政治文化体系，例如政治理念、制度安排等，也包括狭义的具体的政治文化现象，例如价值取向、民族情感等，涉及的范围非常广泛。

综合起来，转型政治文化的基本内涵主要体现在以下几个方面：首先是转型过程中社会公众关于政治体系和政治问题的态度、信念和情绪的总体倾向；其次是转型过程中出现的各种各样的社会政治现象。这些政治现象直接反映着一定时期社会政治体系的基本特点，而且在特定历史条件下的政治文化总是与相应的政治制度和政治体系相适应的。可以说，俄罗斯转型政治文化经历了一个曲折发展的过程。

二、俄罗斯转型政治文化的基本特点

首先，俄罗斯转型政治文化在具体表象上的重要特点，就是其不确定性。这是由转型过程中的社会政治特点所决定的。传统政治文化与现代社会变革相互作用，使社会的政治文化产生了许多矛盾和冲突，使民众的心理承受力和政治认同感下降，固有的社会政治经济文化模式面临着挑战和冲击，社会上不断出现各种各样新的政治文化现象，这些都对转型中政治文化的发展和重塑产生着深刻的影响，转型政治文化的不确定性增强。

其次，俄罗斯转型政治文化的相对独立性和能动性表现得更加强烈。转型政治文化直接体现着特定时期的政治体系和社会价值观。在俄罗斯社会转型中，政治制度和政治体制的变化对政治文化的内容产生着决定性影响。一方面，传统政治文化在一定程度上维护和延续既有的社会政治体系；另一方面，新型政治文化的变化对现实政治体系和社会政治生活产生着巨大的冲击。

随着政治制度和政治结构的巨大变化，俄罗斯社会转型中的政治文化形态发生了巨大变化。代表着不同社会集团的政治观念、政治情绪和政治向往层出不穷，直接反映着他们的利益和要求，犹如一只看不见的手笼罩着整个社会。在这一过程中，政治文化的相对独立性和能动性表现得更加强烈，在政治社会化的过程中影响着人们的政治情感和政治意识，对现实政治体系和政治生活产生着巨大的冲击和影响。

第三，俄罗斯转型政治文化的大众传播性凸显，扩大和加速传播的需求更加强烈。在俄罗斯社会转型过程中，旧的政治文化体系被打碎，新的政治文化体系尚未建立起来。俄罗斯转型政治文化的传播途径就是通过各种政治文化因素影响各个社会成员的政治行为，进而对整个社会政治系统的功能发挥作用。在这个过程中，政治文化是一个将微观政治同宏观政治联系起来的重要因素。甚至可以认为，政治文化是政治系统正常运行并发挥功能的关键因素之一。俄罗斯社会转型中政治文化最重要的内容就是政治多元化和多党政治的建立，各个政党和组织通过各种手段宣传自己的政治主张，扩大影响，争取支持，尤其是通过参加选举扩大自己的政治影响力，参与国家政治生活。这一过程也是转型政治文化不断传播和形成的过程。

第四，俄罗斯转型政治文化的社会适应性问题更加突出，社会反应强烈。转型政治文化的最大问题，就是强烈的社会适应性问题。在一些发展中国家，虽然建立了现代的政治结构，但却未能获得相应的社会发展，究其原因，就在于政治文化形态与社会政治体系的不相适应。相对落后的政治文化形态对现代政治体系产生着极大的制约作用。在俄罗斯社会转型过程中，不仅要解决传统政治文化形态与现实政治体系的矛盾；另一方面，又要使现实政治文化形态重新影响整个社会，这种相互适应和相互制约是一个复杂而痛苦的过程，渗透在社会转型的整个过程之中。俄罗斯转型政治文化最典型的变化集中体现在社会发展理念的变化上：从全盘西化的激进民主主义到调整改革的中间路线，再到强国威权的爱国主义，无不体现出转型政治文化与社会发展的矛盾冲突和不断的适应性问题。

第五，转型政治文化与社会转型的良性互动是转型政治文化的最佳选择。

在俄罗斯社会转型中，相对于政治经济而言，政治文化是一个既表象又深刻的社会层面，在社会转型的实际运作中，政治文化往往相对滞后，又与社会转型直接互动。而且在社会转型中，政治文化因素往往是深层社会问题的直接反映，对社会发展产生着深刻的影响。转型政治文化的不断发展和调整，也正是寻求政治文化与社会转型良性互动的过程。应该说，俄罗斯目前仍然处在这个探索过程中，并且在这一过程中努力寻求有利于社会发展的政治文化因素，在政治文化与社会转型的良性互动中实现转型政治文化的最佳选择。

三、转型政治文化的价值取向直接影响着俄罗斯的社会走向和模式选择

如何实现转型政治文化与社会发展的良性互动，这是所有转型国家面临的共同问题，各国都在积极的探索之中。

首先要使主导性价值观与社会需求相结合；其次要使转型政治文化与社会转型的过程协调发展相互适应；第三，转型政治文化的社会认同是一个长期的过程。在社会转型国家，转型政治文化与政治制度、政府政策、政党建设和社会发展之间有着密不可分的联系。随着社会转型的不断进展，转型政治文化的社会认同仍将是一个长期的过程。俄罗斯也必然经历这样一个过程。在这一过程中，俄罗斯付出了代价，经历了痛苦，也积累了经验教训。俄罗斯激进的自由主义改革不仅摧毁了俄罗斯的经济实力，而且也导致了国民精神遭受重创，梦想破灭，整个社会的精神状态陷入低潮。各种社会发展理论的不成熟性严重制约着俄罗斯转型过程中的社会发展。各种社会发展理论的探索和变化也充分体现出了俄罗斯转型政治文化的不成熟性。

在经历了普京新政及梅普组合之后，俄罗斯重振大国雄风的愿望日益强烈。俄罗斯新一代领导人正在致力于加强和明确转型政治文化的基本理念和社会认

同,-这是俄罗斯重振雄风的重要条件,是影响俄罗斯社会转型的基本走向和模式选择的重要因素。

　　目前,俄罗斯正在积极探索能够成为国家发展支柱的共同价值取向。以思想意识分歧为基础的社会对抗的时代在俄罗斯已经成为历史。俄罗斯在经历了艰苦的探索过程之后,应该能够走出一条政治文化取向不断明确的转型之路。

资料来源:

①［美］阿尔蒙德、鲍威尔著:《比较政治学:体系过程和政策》,上海:上海译文出版社1987年版。

②［美］戴维·杜鲁门著:《政治过程——政治利益与公共舆论》,天津:天津人民出版社2006年版。

③［英］托尼·班奈特著:《文化与社会》,桂林:广西师范大学出版社2007年版。

作者单位:中央编译局俄罗斯研究中心

俄罗斯盛大阅兵的历史沉思

王秋文

2010年5月9日,莫斯科红场举行盛大阅兵纪念卫国战争胜利65周年。这是当代俄罗斯近20年来最大规模的红场阅兵和首次全国性阅兵活动。20多个国家的领导人和国际组织代表出席庆典,中国国家主席胡锦涛应邀出席。此次阅兵有三大看点:一是历史与现代并重;二是外国军队参阅;三是尖端武器首次亮相。阅兵展示了俄罗斯军事力量的实力与荣耀,引起了全世界的关注。

在65周年庆典中,参加红场阅兵的有1万多名军人,包括30个徒步方队,15个武器装备队,16个空中方队。共有161件重型装备,127架飞机接受检阅。

首先是在英雄旗帜引导下的历史部分徒步方队。卫国战争各方面军军旗方阵、功勋连队方阵走在最前方,接着是身穿战时军装、手持战时武器的海陆空方阵,美、英、法、波和独联体等外军方阵参加了历史部分的检阅。现代部分是分别代表俄国防部及内务部、联邦安全局和紧急情况部所辖部队的27个团级方阵。

在重型武器的展示中,最先出场的是9辆二战功勋坦克T-34坦克,接着是"虎"式装甲车、T-90坦克、"伊斯坎德尔"战术导弹、"白杨-M"战略导弹等。战时武器被统一喷涂成当年的深绿色,现代武器装备则被喷涂成黄、绿、黑三色迷彩。

空中展示的包括苏-27/34系列、米格-29等现役制空战机、战略轰炸机、强击机、运输机及直升机方队。其中米格-28直升机、图-160超音速战略轰炸机、图-95远程超音速轰炸机、安-124战略运输机、伊尔-78空中加油机、苏-27重型歼击机等悉数登场。伊尔-80特种指挥机最为神秘,核战时可用做国家要员的空中指挥所。

除了莫斯科的红场阅兵，俄罗斯还在全国70多个城市同时举行阅兵和群众游行，全国参加庆典活动的有1500万人，内务部出动了31万名警察和3万名内卫部队军人负责安保，活动支出超过10亿卢布。俄罗斯不惜重金打造65周年庆典，高调举行盛大阅兵，具有深刻的政治意义和战略意义。

第一，高调阅兵再现历史辉煌，激发民族发展新动力。

梅德韦杰夫总统在红场阅兵式演说中首先强调了苏联卫国战争的世界历史意义和苏联在对德战争中的重要作用。他说，卫国战争的胜利使俄罗斯成为一个伟大的民族。二战中的苏德战场是欧洲的主战场。卫国战争的胜利，苏联人民付出了巨大的牺牲，2700万苏联儿女献出了生命；共消灭德军600万，占二战德军死亡人数的2/3。俄罗斯如此高调阅兵，就是要强化苏联是"欧洲解放者而非侵略者"的历史结论。

卫国战争的胜利是俄罗斯民族史上的辉煌篇章。阅兵式上，二战时期功勋卓著的T-34英雄坦克首先轰鸣着开过红场，充分体现俄罗斯对伟大卫国战争胜利的自豪感。通过对历史的纪念弘扬俄罗斯民族不畏强权、敢于流血的铁血精神。俄罗斯的高调阅兵，就是让今天的俄罗斯民众了解，卫国战争的胜利是国家的胜利，更是民族的胜利。遥想当年，德军兵临城下，斯大林红场阅兵高呼：伟大的历史使命已经落在你们肩上！受阅红军高喊"乌拉！"直奔战场，这是何等的雄壮！经过艰苦卓绝的战争，苏联红军终于取得了卫国战争的伟大胜利！这是俄罗斯永远的骄傲。

卫国战争胜利的辉煌和苏联军人在战争中表现出的勇敢牺牲精神，是国家最宝贵的精神财富，也是国家复兴和发展的强大精神力量。俄罗斯实现国家复兴需要一个历史支点，没有比卫国战争的伟大胜利更具有英雄主义和爱国主义色彩了。苏联解体后，爱国主义成为俄罗斯社会意识形态中最重要的组成部分，也是俄罗斯各派政治力量争相高举的旗帜，现已成为俄罗斯社会普遍认同的政治理念。顺乎国情民意，爱国主义也将成为俄罗斯重新崛起的精神支点。2010年虽不"逢十",但俄罗斯空前盛大的阅兵,就是希望通过再现民族历史的辉煌,用卫国战争胜利的鼓舞力和感召力,激发当代俄罗斯重新崛起的力量。

关注历史还表现在重新关注二战老兵,莫斯科提出了一项专门针对二战老兵的福利计划,并一次性发放津贴共5亿卢布。二战老兵是俄罗斯的骄傲,重新关注老兵,不只是对老兵的尊重,更是对历史的尊重,对民族历史的认同。

第二,阅兵外交彰显俄罗斯国际地位和外交能力新境界。

红场阅兵是俄罗斯的传统,红场阅兵的不同内容和形式,是俄罗斯社会发展状况的缩影。苏联解体后,红场阅兵一度中断,1995年叶利钦予以恢复,红场阅兵重新成为展示国力的新舞台。

1995年新恢复的红场阅兵庆典活动分场进行:红场徒步阅兵,胜利广场武装阅兵。这是苏联解体后俄罗斯武装力量的首次武装阅兵。之后的1996年至2007年的红场阅兵都没有重型武器展示。2005年60周年庆典,普京举行了苏联解体以来俄罗斯最大的红场阅兵。2008年梅德韦杰夫首次在红场阅兵中恢复了重装武器的检阅。2009年照例举行规模宏大的红场阅兵。2010年红场阅兵,不仅是当代俄罗斯空前盛大的阅兵,而且首次邀请外军参阅。

独联体9个国家的军队参阅,表明俄罗斯加强独联体的团结和向心力,强化独联体成员国之间的历史联系,珍惜共同的历史记忆的强烈愿望。

最令人瞩目的是美、英、法、波4国军队的参阅。参阅外军有:英国威尔士近卫团第一大队,美军海军陆战队作战部队,波兰的荣誉警卫连,法国的"诺曼底—涅曼"空军团——二战中荣获苏联"红旗勋章",该部队已经解散,此次参阅是应俄罗斯要求临时组建的。

对于外军参加红场阅兵,俄罗斯国内也有不同意见。半数俄罗斯人表示理解,1/3的人表示不满,俄共强烈反对,并发起"不要北约皮靴踏足红场"的抗议。

对此,俄罗斯常驻北约代表罗戈津明确表示,受邀参加红场阅兵的是二战期间与苏军并肩作战的盟军部队,而不是北约军队。路透社评论,让北约军队参加红场阅兵是俄罗斯对西方友好的表示。《泰晤士报》文章说，英军与俄军曾组成联盟打败希特勒，但共同庆祝胜利的仪式却迟到了 65 年。梅德韦杰夫总统在这次的阅兵式演说中也表示，俄罗斯、独联体国家和反法西斯同盟国家的军人共同参加红场阅兵，证明我们是维护和平的，决不允许重新评价战争结局，决不允许发生新的悲剧。只有团结睦邻才能解决全球安全问题。

应当说，外军参阅一方面是为了纪念那个具有伟大历史意义的事件，是彰显盟军的二战胜利，并非北约军队涉足红场；另一方面，此次阅兵，梅德韦杰夫特别强调国际合作，充分体现了其团结合作的外交新构想，试图利用阅兵外交为俄罗斯创造安全的周边环境和理想的外交条件，开创外交新机遇。

第三，尖端武器全新亮相续写辉煌并对未来世界格局产生一定影响。

苏联解体后俄罗斯军事力量严重衰退，但其武装力量毕竟是在历史上最强大的军事大国的基础上建立起来的，先进性依然不可低估。阅兵就充分展示出俄罗斯武装力量机械化水平的坚实基础，以及新式武器作为未来发展主力的态势。2010 年阅兵式上首次亮相的"白杨－M"洲际弹道导弹和"铠甲－S1"防空系统就是苏联解体后俄罗斯首批配备的尖端武器。

"白杨－M"的最大特色是飞行速度快，抗干扰能力强，是对付导弹防御系统的有力武器。俄罗斯专家宣称它能有效穿透任何国家的反飞弹系统。这是苏联解体后俄罗斯装备的第一型战略导弹，可携带多枚分导弹头，射程超过 1 万公里。

而"铠甲－S1"防空系统是一种将导弹和火炮结合在一起的武器系统，可以打击射程内全纵深空中目标。配备地对空导弹 8—12 枚，最大射程 20 公里，最大射高 15 公里，能同时攻击 4 个目标，有效杀伤半径 15 公里，被称为应对高精确度武器的有效防御系统。

尖端武器的首次亮相，集中体现了当代俄罗斯的全新军事力量水平，表明俄罗斯武装力量已经度过后苏联时代的衰弱期，正在积聚力量重新崛起续写辉煌。

通过阅兵，展示国力，彰扬军威，这是永恒不变的主题。但 2010 年俄罗斯盛大阅兵的战略意义还在于，捍卫民族历史，维护国家尊严；遏制重评二战历史的各种思潮；彰显俄罗斯的国际地位和外交能力。俄罗斯重新崛起，将继续改变未来的国际关系和世界格局并将对未来的俄中、俄美关系产生一定影响。

俄中目前正处于战略协作伙伴关系的黄金时期，关系良好。梅德韦杰夫对胡锦涛出席庆典表示感谢，认为胡锦涛出席庆典说明中俄两国对二战历史有着共同的认识，中俄之间是战略协作伙伴关系。胡锦涛也表示在对待二战历史问题上，中俄两国立场一致。两国元首重申，中俄将继续发展战略协作伙伴关系。

俄美关系中，目前双方都在努力向好。6 月 24 日，梅奥第 7 次会面，奥巴马对到访的梅德韦杰夫展开"汉堡外交"，并表示俄美关系已"成功重塑"。但"汉堡外交"余味未散，俄罗斯间谍案被高调曝光，俄美关系的发展面临强大阻力。俄当局立即表示，希望俄美关系不会因意外事件受损，充分表明了俄罗斯的向好愿望。奥巴马也表示，将继续重启美俄关系。

未来的国际关系和国际局势如何发展，只能拭目以待。以联合国改革和 20 国集团峰会为核心的国际政治经济秩序变革正在加速发展，希望未来的世界和平友好地发展下去。

资料来源：

① http：//www.xinhuanet.com.

② http：//www.cyol.net/qnck.

③ http：//www.vz.ru.

④ http：//rusnews.cn.

作者单位：中央编译局俄罗斯研究中心

社会经济透视

2009：艰难的俄罗斯经济

徐向梅

深陷危机

2008年下半年以来，由于世界经济危机的发展和深化，外部资本来源短缺甚至本国资本大量外流，国际能源和原材料价格大幅且持续下跌，俄罗斯经济所受到的消极影响日益显现。与上年相比，2008年GDP增长从8.1%下滑到5.6%，固定资产投资增长从21.1%下降到9.1%，工业生产增长从6.3%下降到2.1%，居民实际工资增幅从16.2%降到9.7%。与此同时，失业和贫困人口大幅增加。

进入2009年上半年，俄经济形势进一步恶化，一些主要指标从2008年的增幅收窄纷纷转为较大幅度的下降。较2009年同期，GDP在2010年第一季度下降了9.8%，第二季度降幅达到10.9%。固定资产投资第一季度下降15.6%，第二季度下降20%。

经济危机引起国内外投资和需求严重不足，俄实体经济部门受到巨大伤害。工业生产整体来说2010年第一季度同比上年下降14.3%，第二季度下降15.4%。一些具体的工业部门则发生了更大的降幅，如加工工业上半年下降了21.3%，建筑业下降了19.3%，而电气设备、电子和光学仪器、交通运输工具、机械设备制造等行业都发生了近40%的下降。

外贸方面，在连续两年的高增长之后，从2008年11月，俄外贸月度指标出现了自2002年6月以来第一次同比上年和上个月指标的双降。进入2009年，随着需求的进一步萎缩，外贸形势变得更加严峻。俄央行和经济发展部的数据显示，整个上半年，俄外贸出口比上年同期减少了47%，进口减少了39.4%。其中石油和天然气出口的实物量大大减少。

主要建立在出口收入基础上的连续9年的预算盈余在2009年第一季度被打破，出现了504.8亿卢布的预算赤字，缺口并一路扩大。联邦预算赤字占GDP的比例第一季度为0.4%，第二季度和第三季度都达到4%。

居民实际工资也从2008年12月开始转入下降通道，当月降幅达到4.6%。2009年前三个季度同比上年降低了3.5%。拖欠工资现象明显增加，据11月份的数据，拖欠总额达80亿卢布。经济不景气，失业人口增长迅速，至2009年3月，失业总人口达到750万人，失业率接近10%。此前10年的经济增长，致使俄贫困人口率在2008年下降到13.1%。但受危机影响，这一比例在2009年第一季度又上升到17.4%，贫困人口增加到2450万人。

因为实施反危机措施特别是稳定卢布汇率，黄金外汇储备从2008年8月的5981亿美元持续减少，到2009年2月跌至3868亿美元。

应该说，由于俄罗斯经济的结构性特征，依据其对外部市场行情和外部资金的依赖程度，危机对各个行业的影响并不平衡。从俄经济发展部给出的影响GDP深度下滑的产业结构来看，"贡献"最大的要数加工工业，该部门的衰退大概引领了1/4的GDP下降，其次是批发和零售贸易，再次是建筑业。而这几个行业刚好是2007年和2008年上半年拉动经济的火车头，大体构成2/3的GDP增长。因为采掘工业这几年一直处于相对停滞状态，因此它对GDP下滑的带动作用不是很明显。农业方面尽管远远不如2008年这一丰收年，但是从前11个月的指标看，仍然保持了微弱的增长——0.2%（2008年同期是11%）。

曙光初现

2009年12月3日，普京总理在一年一度与俄罗斯国民的"直线对话"中宣布："尽管世界经济发展还存在着涡流，危机的后果在俄罗斯经济中依然存在，但可以信心十足地说,危机高峰已被克服。"

在对俄经济发展数据进行持续跟踪的基础上,我们发现在2009年总体艰难发展的形势下,经济在二、三季度之交的确出现了触底的迹象。国内生产总值以及工业、固定资产投资、外贸、资本流入等方面都体现了这一趋势。其中,GDP第三季度降幅略微回调到9.4%,比第二季度增长了13.9%。固定资产投资降幅19.0%,也略好于第二季度。工业下降趋势好转则比较明显,降幅回调到11%。前三个季度外贸总额的下降幅度(43.8%)略低于上半年(44.5%),贸易顺差从第一季度的191亿美元增加到314亿,全年可望达到1000亿美元。失业人口也减少到580万人。从9月份开始外资流入显著增加。随着国际能源和原材料市场的逐渐回暖,国家黄金外汇储备相应增加,到12月1日已回升到4478亿美元。俄官方预计2009年全年国内生产总值下降不会超过8.5%,工业产值年度预期下降11.5%。复苏其实还谈不到,各主要经济指标的降幅依然不浅,但衰退的速度的确是减缓了。

实际上,在这次世界性危机引发的衰退过程中,俄罗斯经济也不是全无亮点。正像普京在"直线对话"中提到的几个领域。比如说银行领域。尽管银行部门在这次危机中首当其冲受到冲击,2008到2009年有几十家银行因严重的流动性问题而被吊销,包括储蓄银行、外贸银行在内的许多大银行损失惨重,但是因为政府和央行及时和重点救援,加之存款保险体系的健全,结果正像普京指出的,俄罗斯在这次危机中成功地避免了类似1998年的经济崩溃后果,"我们保住了银行系统"。

通货膨胀问题曾经是困扰俄罗斯整个1990年代的梦魇,1998年危机后一年的通胀率达到84%。然而2009年通胀率不会超过9%,当然这与需求萎缩有很大关系。

在工业整体下降的背景下,由于国家采购的增加,国防工业实现了3.7%的增长,特别是宇宙火箭部门,实现了13%的增长。而且在这一年,俄军实现了将所有部队转为常备军、压缩军官编制、调整部队建制等方面的改革。

2009年12月24日，梅德韦杰夫总统接受俄3家电视台采访时说，2009年是"非常复杂"的一年，全体国民都不容易，但重要的是，俄罗斯克服了经济危机中的困难，经受住了考验并仍在发展。

一条影响增长、衰退与复苏的引线

考察俄罗斯前面10年持续而高速的增长，从横向上看，这反映的是一个相对普遍的趋势，那就是转型国家经济的高增长，而从苏联解体中独立出来也经历了深度衰退的独联体国家似乎都有一种经济恢复后的报复性增长现象，俄罗斯也并不比其他同类国家有更突出的表现。纵向比较的结果使我们发现，如果考虑到转型以来总的发展，俄经济达到2007年这样的结果也不特别值得夸耀，经济的一些主要部门甚至还没有恢复到解体前水平。通过对经济增长进行结构解析，我们不得不承认，俄出口创汇能力的提高及其相关的国际储备的增长，投资、居民收入和内需的扩大以至最终经济增长的实现，都对能源原材料部门以及国际市场存在相当大程度的依赖，在能源原材料部门之外，俄其他经济部门始终没有形成竞争实力。加上金融部门不够发达，许多企业面对本国银行机构资金额度、贷款期限限制和过高的利率纷纷转向国际市场，但危机时期外部市场的资本变得难于获得，而国内外需求又下降，更加重了企业的财务困难。

在全球化日益广泛和深入的今天，作为一个高度开放的经济体，受到这样大规模的国际危机的影响是不可避免的。但危机在什么程度上影响和伤害到国家经济，则取决于一国自身的经济发展模式及特点。俄罗斯这样一个强势增长的经济体面对突然而至的国际危机如此不堪一击，迅速从增长到危机甚至跌入衰退的危境，根源正在于此。

应该说，在危机开始的时候，联邦政府尽管有些估计不足，但还是比较快地作出了反应，相继推出了一系列反危机措施，包括：最大力度救助金融体系；实施外汇干预，防止卢布急剧下跌；利用预算、税收和货币政策支持本国实体部门；实施积极的就业政策，加大社会保障力度等等。第一批反危机措施的预算就达到3000亿美元。这些措施取得了一定的效果，卢布汇率实现了央行"平稳下跌"的目标，并随着石油价格的上涨逐步企稳回升，银行部门没有失守，军工部门依赖国家订货甚至实现了增长。俄罗斯经济在下半年出现触底回弹迹象。

但是我们不要忘记，俄罗斯经济从1999年起持续10年增长，到其后迅速陷入衰退，一个重要的引线就是国际油价从10美元的低位一路攀升至140多美元再一路走低至跌破40美元。2009年初，俄经济发展部在对石油价格进行重估（41美元一桶）的基础上重新修订了当年联邦预算，预计可能出现8%左右的预算赤字。然而，2009年，尽管世界经济仍处于危机和衰退之中，国际原材料和石油市场却逐渐回暖，至年底已攀升至近80美元。可能正是这条引线成为2009年俄实际预算赤字比预期减少，下半年经济衰退减缓的重要原因。

2010年前瞻

在艰难的2009和2010年岁末年初，各方对新的一年的预测纷纷出台。世界银行在其2009年11月份发表的俄罗斯经济报告中，预测石油价格还会继续上涨，俄2010年国内生产总值可能增长3.2%。但同时，受到国际环境改善和国际需求的局限，消费下降和信贷危机仍将严重制约其摆脱衰退的进程。在12月7日首届俄罗斯经济会议开幕式上，俄副总理兼财长库德林在致辞中表示，此次危机的底部将会延长。在俄国内，坏账、失业率和对外贸易等指标依然较弱，并"不是所有泡沫都被吹掉了"。俄政府2010年初预测的本年国内总产值增长率为3.1%，同时不排除石油价格上涨和解决银行借贷问题等可能带动更高的经济增长。总统梅德韦杰夫认可俄罗斯经济走势向好，不过认为现在"谈论持续增长已经开始还为时尚早"。

由此可见，尽管2009年艰难的一年已经过去，经济微露曙光，但即便是在对石油价格良好的预期下，俄罗斯经济要在2010年摆脱困境也是困难的。而更为重要的是，如果不实现经济结构的根本调整，不真正转变能源依赖型发展模式，俄罗斯经济就无法摆脱在危机中跌宕起伏的命运。正像梅德韦杰夫总统所说的，"不实现现代化政策，俄罗斯经济就没有未来。"

资料来源：
① Всемирный банк.
② Минэкономразвития России.
③ Институт экономики переходного периода.
④ Федеральная служба государственной статистики.

作者单位：中央编译局俄罗斯研究中心

资源之祸——俄罗斯能源依赖型经济模式的运行特点

徐向梅

20世纪中期以前，传统经济增长理论认为，资源富集国家可以从能源和原材料的开采和出口中获得巨额收入，弥补经济发展中资本不足的缺陷，从而推动经济的腾飞。但是拥有丰富的自然资源以及由此带来的丰厚收益往往使得一个国家的政府很难抵御获得和使用这种超额利润的诱惑，特别是需要利用这些收入去解决一些棘手的社会经济问题时。像俄罗斯这种处于转型时期的国家，"自然地租"对经济和社会的发展尤为重要。资源财富因而具有某种双面性，20世纪中期以后相继有一系列资源丰富的国家自觉不自觉地形成了对资源财富的依赖，选择了资源型经济发展模式。实证研究的结果表明，其经济增长的长期速度与资源财富之间出现了严重的负相关。资源财富不仅没有给这些国家带来繁荣，反而从长期上导致经济恶化，成为国家现代化的阻碍。这种现象因为20世纪60—70年代荷兰经济所呈现的典型特征而被冠名"荷兰病"，也被学者们称之为"资源诅咒"。

刚刚去世的俄罗斯前总理、著名经济学家盖达尔认为，"荷兰病"的实质就在于原料部门的经济收益刺激国民经济其他部门的工资和费用增长，而遭遇国际竞争的产品和服务部门在国内外市场上都变得缺乏竞争力，这样所形成的经济越来越严重地被原料的价格波动所左右。盖达尔认为近年来俄罗斯的发展完全可以说形成了相同性质的"俄罗斯病"。

经济的发展和稳定高度依赖国际市场

在俄罗斯国内生产总值构成中出口占近1/3，其中尤以能源和原材料产品为主。在增长最快的2007年，能源和原材料产品占出口商品的90.2%，仅石油和天然气两项就占出口总额的64.2%。两项指标在2008年都还有所上升，2009年受国际市场影响稍有下降。核算能源和原材料出口和内需所创造的产值，它创造了俄罗斯50%以上的国民收入。这还没有包括该部门在国内直接或通过产业链扩大投资和内需所间接创造的产值。

经济依赖能源和原材料行业，并非依靠的是这些行业自身的效率、产能和产量的提高，而是完全受价格因素的主导。从俄经济发展部公布的数据中可以看到，在俄近年出口增长结构中，出口商品实物量增加值只占很小的比重，效率的提高微乎其微。例如2004年在出口增长的35.9个百分点中，价格因素占到了24.9个点。在2005年1—5月，出口额同比上年增长37.6个百分点，其中价格因素就占了34个点。2007年和2008年上半年是国际油价飙升时期，俄经济也呈现积极增长的态势，但是随着价格滑坡，俄罗斯从2008年秋季以后至2009年外贸出口出现了大幅度下降，国家经济陷入深度衰退。

多年以来俄政府的预算政策都是根据对国际市场行情的预测，特别是对国际石油价格的预估来制定的，这也就必然导致国家经济政策的实施要受到外部因素的影响。对国际市场的高度依赖成为俄罗斯经济发展不稳定的重要根源。

投资严重不足

据俄国家统计局的统计，从1990年到2006年，俄罗斯一些基本类别的机器设备生产下降了几十到上百倍，如自动生产线下降111倍，纺织机车床下降106倍，转轨以来制造业领域一些重要的生产部门遭受严重的损害，甚至消失了。到2007年俄机器制造业的发展仅相当于1991年的58.7%。转轨以来的这种严重衰退，长期的投资不足是重要原因。

在俄罗斯2007年固定资产投资构成中，占最大比重的是铁路、管道和通讯等公共设施建设，其次是采掘工业，然后才是制造业，其中机器和设备生产只占投资总额的0.7%。外国直接投资在2007年有50%多集中于采掘部门，投向加工部门的不足15%。

资本追逐超高利润的资源行业，不只是造成其他实体经济部门的投资不足，对于教育和科研这样对国家发展具有长期和战略性意义的领域，投资也明显缺乏兴趣。苏联解体前的1990年俄罗斯有6000家科研机构，到2005年只剩下1500家，就是仅存的这些也多半过着拮据的生活，依靠有限的预算资金和租赁办公场所度日。这种状况无疑会对人力资本的积累过程以及国家发展的潜力产生负面影响。

经济竞争力低下

俄罗斯的机器和设备出口只占到出口总额的5.6%和4.9%，其他商品和服务出口占4.2%和3.2%。制造业代表着一国工业的发展水平，生产性劳动和服务都是与其他国家竞争的领域，也是长期支撑国家经济增长的基础，俄罗斯在这方面显然缺乏竞争力。而出口能源和原材料获得的超额收益，却刺激和支撑了这类商品的进口需求，机器设备和交通运输工具的进口在俄进口总额中占了一半。这不仅反映出俄制造业的落后，更重要的是对先进技术严重的外部依赖又反过来抑制着本国的技术研发和创新。

经济运行环境不良

俄罗斯经济呈现日益集中的趋势，一个重要的表现是500强企业的收入在国民收入中的占比从2003年的58%增长到2006年的80.8%和2007年的81%。而在俄历年500强企业名单中，排在前面的都是能源和原材料行业，如在2008年最大的前20家公司中，就有15家属于能源和原材料行业，榜上有名的其余几家公司从事的是铁路运输、银行和远距离通讯等垄断性强的行业。能源、原材料行业巨头是经济的基本主体，它们既是国家收入的主要来源，又是投资分配、外汇调节和财政政策的主导，应该说正是它们的利益主导甚至操控着国家经济政策的走向，使市场缺乏有效的竞争，经济运行环境更加恶劣，中小企业生存和发展的空间更加狭小。

此外，流入国家的超额"石油美元"对经济构成通胀压力。政府和中央银行在许多年间一直将反通胀作为货币政策和财政政策优先考虑的方面，也不自觉地对投资环境产生消极影响。

政府、企业和居民的惰性

超额"石油美元"的流入培养了政府、企业和居民的惰性。政府的主要经济职能似乎（或者说不自觉地）只是着眼于如何正确使用和分配通过原料出口获得的收入，延迟了早就应该进行的结构调整和劳动生产率的提高，全社会追求创新的动力不足。

事实上俄罗斯经济结构方面的问题由来已久，甚至在苏联末期就由于石油价格暴跌、收入锐减引起一系列经济和社会问题，可以说间接地导致了苏联的解体。普京从其总统第一任期就曾多次倡导进行结构转型，发展创新经济，但都没有采取实质性措施。多年来俄罗斯"重重轻轻"的产业结构非但没有改善，反而更加严重，能源和原材料在经济中的比例不是下降反而上升。从体现经济竞争能力的劳动生产率来看，尽管俄罗斯最近10年来呈现出一种积极的态势，但总体上还是相当低。按照麦肯锡全球研究所专家的估计，大概只相当于美国的26%。俄罗斯工业技术创新指数非常低。2005年的调查显示，在全部对象工业企业中只有9.3%的企业研发和采用了技术创新，这与欧盟包括从前的东欧国家、日本、美洲和澳洲国家相比都要逊色得多。

还有其他许多相关方面，如国家在经济中作用的加强、制度的不完善、官僚化和腐败、严重的社会分化等等，当然这些问题是多种因素促成的，资源型经济只是一个方面的因素。

"石油美元"导致国内生产总值的增加，居民收入的提高，国家财政状况的改善，解决了长期以来困扰政府的外债问题，同时也给实体部门和公共基础设施的改善创造了条件，俄罗斯1999年至2008年出现了持续10年的快速增长。普京在《俄罗斯 2020 年前的发展战略》中指出,"当然,发展能源业、增加原料开采没有什么不好。相反,建立世界上最好的现代化能源部门、设立从事原料开采和加工的高新技术企业,无疑是我们的重中之重。"但是,正如我们前面分析的那样,资源是要正确而适当地利用的,如果用得不好,或者说变成了一种资源依赖,就可能适得其反,甚至有可能造成更为严重的"资源诅咒"。正如普京接下来所说的,如果不能摆脱能源依赖型发展模式,俄罗斯就有可能会"沦为世界经济的原料附庸,在将来使我国落后于世界主要经济体,并被挤出世界领先国家的行列"。梅德韦杰夫在其 2009 年 11 月的总统国情咨文中提出,21 世纪俄罗斯现代化的任务是要建立聪明的经济来取代粗陋的原料型经济,改变立法和国家管理,发展文化和教育科研,使之"帮助我们整个经济向创新发展过渡"。意识到"资源之祸",力图摆脱能源依赖型发展模式,追求创新型经济成为今天俄罗斯最迫切的任务。

作者单位:中央编译局俄罗斯研究中心

结构之殇——从苏联到俄罗斯

徐向梅

从持续10年的增长到迅速陷入危机乃至衰退，俄罗斯经济发展的跌宕起伏受到关注。怎么看待这个问题，是什么原因让俄罗斯经济呈现出这样一种不稳定性和脆弱性。笔者试图从历史和现实双重视角去考察俄罗斯经济的一个本质问题——经济结构问题，希望能找到答案。

苏联崩溃的一个经济视角

谈苏联解体问题已近20年了，其中有关政治问题、经济问题、民族问题等等角度都涉及到了。从经济方面来说，我觉得有一个角度谈的还是不够。以往我们讲得最多的是计划经济体制的弊端是造成经济停滞乃至崩溃的根本原因，无疑这是对的。但是计划经济维持了几十年，为什么在80年代末出现了严重的危机以致维持不下去了呢？不只是苏联自身，就连西方的一些苏联问题专家都没有预料到苏联经济的崩溃会在这个时候发生，应该说基本的看法是苏联经济是稳固的。那么到底出现了什么问题？

我们都知道苏联经济结构严重不合理，重视重工业，轻视轻工业，抽取农业资源支持工业化造成农业发展长期滞后，比例严重失调。不过苏联就是在这种情况下实现了工业化和经济增长，取得了卫国战争的胜利，并能在战后和平时期依靠其强大的军事力量在世界范围内与美国争雄。应该说，在苏联经济相对封闭运行的年代，还能够维持自身的正常运转。但是进入1960—1970年代苏联与世界的关系发生了根本性变化，在封闭的表象下，苏联经济已逐渐融入了国际贸易体系。1989年苏联的进出口总额已达2200多亿美元，甚至超过了一些发达资本主义国家。苏联经济对国际市场的依赖也渐露端倪。

举两个方面的数据来简单说明。

一是粮食进口。苏联农业发展滞后最突出的表现就是粮农产品的生产供应日益严重的短缺，从而导致长期以来进口量持续增长。俄国在20世纪初曾经是世界上最大的粮食出口国，约占世界粮食出口总额的45%。1960年代起，苏联粮食产量变得极不稳定，勃列日涅夫执政18年间有10年粮食减产，1979年以后更是连续6年歉收。据西方估计，1981—1984年，苏联年均产粮1.71亿吨，而实际需求量为2.2亿—2.3亿吨。巨大的缺口促使政府大量进口粮食。在1980—1990年间，苏联已经成为世界上最大的粮食进口国，在世界粮食进口总额中占16.4%。苏联粮食进口需求大幅增长的时期，正遭遇国际粮食价格暴涨。小麦价格从1987年的每吨133美元涨到1989年的207美元。

二是石油出口。从1960年代苏联陆续发现大油田，石油开采量就处于持续上升态势。从年产不足2亿吨到6亿多吨，到1980年石油和天然气的出口已占苏联向经合组织国家出口总额的67%。在石油产量和出口量快速增长的同时，石油价格高企，在1973—1974年石油价格空前上涨，1979—1981年油价飙升。按照盖达尔的说法：苏联的"外贸平衡、收支平衡、居民的粮食供应、保持政治稳定，全都在越来越大的程度上取决于垦荒地的天然气怎样、石油开采的状况如何。"但从1985年开始，苏联石油开采量首次出现下降。而与此同时，石油价格开始先是缓慢而后快速下跌，甚至一度跌破10美元。

粮价上涨导致苏联的粮食进口出现困难，进而形成粮食供应危机，而用以支撑粮食进口的石油，开采量下降，价格大幅度下跌，这就造成了苏联经济空前的困难。当然如果在这个时候，苏联领导人能够作出准确和负责的决定，采取一整套必要的措施，减少损失，防止崩溃也不是不可能的，但遗憾的是没有看到。

在俄国历史上因为粮食和饥饿问题引发的各种运动和革命不在少数。1917年二月革命的发端甚至就是"面包骚动"，大概谁都没有想到，就是从"面包骚动"开始，短短八天之内就埋葬了存续300年之久的罗曼诺夫王朝。对苏联解体进行经济学分析,过于僵化的计划体制无疑是其经济停滞的本质原因,但是如果没有80年代中期以后的石油价格暴跌,如果还能有石油美元维持庞大的粮食进口,也许戈尔巴乔夫就不会如此紧张,也就不需要一再向西方货币信贷机构作出政治上的让步,苏联的历史要重新解读也未可知。无论是石油价格下跌还是苏联国内出现粮食危机都不能说是导致苏联解体的原因,而只是导火索,苏联崩溃固然是多方面因素促成的,但是这导火索所以能引燃,则正是因为苏联经济根本上存在的结构问题。

俄罗斯经济的增长与衰退

最近几年我在作俄罗斯经济发展的跟踪研究,特别是对1999—2008年10年的增长和接下来受国际危机影响出现的深度危机乃至衰退进行了深层次的分析。

首先我们不能否认俄罗斯最近一些年年均7%的高增长以及由此产生的国家实力的提高和居民生活的改善。但是,如果我们把视角放得更广一些,就会发现,俄罗斯最近一些年(2008年以前)的增长在转型国家中特别是在同样从苏联解体的阵痛中摆脱出来的独联体国家中并不显要,在能源净出口五国中连平均增长水平都达不到,甚至还比不上亚美尼亚、白俄罗斯、格鲁吉亚几个能源净进口国。在俄罗斯经济增长最劲的2007年,其工业生产和出口增长都达不到独联体国家的平均值。

而如果我们能把眼光再放得长远一些,不是只看增长的这10年,而是从转轨看起,也就是从1990年代初,从这样一个相对长的时段来考察,就会发现,俄罗斯的经济增长不只是不快,而且是缓慢的。许多重要的国民经济部门,如农业、机器制造业、固定资产投资等都远远没有恢复到苏联末期的水平。仍然以2007年为例,农业产值相当于1991年的3/4,机器制造业相当于1991年的58.7%,而固定资产投资只有56.6%。

横向和纵向考察的结果使我们得出结论,俄罗斯经济前面10年的增长不过是深度衰退之后的一种恢复性增长。

事情还不止于此,如果这样一种恢复性增长是建立在良性健康的结构基础上，我们就有理由期待其稳定和可持续性。对俄罗斯经济增长进行解构分析发现，尽管从三产比例上正趋向合理，但是苏联时期长期存在的重重轻轻的经济结构不但没有改善，反而更趋严重。而国民经济的主要甚至是唯一的支柱就是能源产业，这从对俄罗斯出口结构、GDP 构成、GDP 增长的价格因素等几方面的分析中都可以得到证实。俄罗斯经济依赖出口，出口依赖于能源和原材料（占到出口总额的 80%），而经济对能源和原材料行业的依赖却又并非依靠这些行业自身的效率、产能和产量的提高，而是完全受价格因素的主导。可得数据的 2004 年在出口增长的 35.9 个百分点中，价格因素占到了 24.9 个点。在 2005 年 1—5 月，出口额同比上年增长 37.6 个点，其中价格因素就占了 34 个点。2007 年和 2008 年上半年是国际油价飙升时期，俄经济也呈现积极增长的态势，但是随着全球危机的蔓延和石油等俄主要出口品国际价格的持续下滑，俄罗斯从 2008 年秋季以后至 2009 年外贸出口出现了大幅度下降，国家经济陷入深度衰退，2009 年 GDP 降幅达 7.9%。俄罗斯成为这次全球危机中遭受损害最严重的国家之一。

从持续 10 年的高增长到危机再到如此迅速地陷入衰退，是什么原因使俄罗斯的经济如此脆弱？实质上新探讨的却是老问题，这个老不只说是俄罗斯转轨以来，而是苏联经济由来已久的问题——经济结构问题。结构问题实质上是一个国家的经济发展模式问题。

俄罗斯经济从转轨之初到 20 世纪 90 年代末期，在长达 10 年的时间内都处于危机和衰退状态。不可否认，苏联解体所造成的原有经济联系的断裂及市场分割与转轨模式所带来的制度调整是造成经济震荡的最重要因素。但是需要注意的是，如果这个时期石油价格高企，无疑会对国家偿还外债、平衡收支、经济改革乃至社会稳定提供有力的支撑，但遗憾的是，这个时期也正是石油价格低迷的时期，基本上是在十几美元一桶徘徊。

普京担任总统以来在政治和经济秩序方面进行了大规模的整肃，这的确为国家政治和社会稳定，经济持续增长创造了条件。但不可否认的是，自普京执政以来，国际石油价格就走出了叶利钦时代的低迷，开始一路飙涨，从 10 美元的低位涨到 2008 年普京卸任、梅德韦杰夫继任后的 140 多美元的高位。俄罗斯的

GDP增长、居民收入的提高、外债问题的解决和国际储备的大幅度增加等等无不受益于此。无怪有人说普京是个福星。普京在总统卸任前发表的《俄罗斯2020年前的发展战略》一文中也承认，俄罗斯"还是未能摆脱惰性的能源型发展模式"。结构问题是苏联经济发展中困扰已久的问题，在俄罗斯转轨已近20年的今天，这一问题依然没有得到解决。

在分析这次国际危机的影响时，我们不得不承认，在全球化日益广泛和深入的今天，作为一个高度开放的经济体，受到这样大规模的全球性的危机的影响是不可避免的。但是危机在什么程度上影响和伤害到国家经济，则取决于一个国家自身的经济发展模式及特点。对俄罗斯来说，其独特的也是本质的因素是其长期以来没能解决的国家发展模式问题，是经济结构问题，是其经济种类的单一性即资源依赖问题。正是这样的特点使得俄罗斯每次在危机来临时不只是无法躲避，而且总是深受其害。

长久以来学界对转轨问题都有比较高的关注，但是以往的研究常常缺乏一个历史的视角，研究转轨及其后经济改革问题的视野基本上局限于苏联末期到俄罗斯时期。要知道转轨转的正是苏联的发展轨迹，因此不把这个轨迹研究透彻，就难以真正搞明白俄罗斯目前存在的发展问题，不能真实地评价俄经济衰退和增长的水平与质量，也弄不懂俄罗斯转变发展模式，进行经济的结构转型为什么如此艰难。今天，俄罗斯经济已经处于危机后缓慢的恢复阶段，但是如何解决长期以来积重难返的结构问题，转变发展模式，建设创新型国家，这无疑是其经济发展摆脱危机模式保持可持续增长的关键所在。对这个问题，也需要我们从历史看到现在、看到未来。

作者单位：中央编译局俄罗斯研究中心

俄罗斯经济：增长、衰退与不稳定的复苏

徐向梅

一、俄罗斯经济增长、衰退与复苏的基本情况

1998年危机后，俄罗斯经济从1999年开始恢复增长，历经10年，其中2007年更是一个高峰年，经济增长达8.1%。此间俄经济恢复，居民收入提高，国力大幅提升，国际地位发生显著变化。

但2008年下半年到2009年以来，由于世界经济危机的发展和深化，外部资本来源短缺甚至俄罗斯资本大量外流，国际能源和原材料价格大幅且持续下跌，俄罗斯经济遭受重创，陷入深度衰退，2009年GDP降幅达7.9%，这与前面的高增长形成鲜明对比。GDP只是一个总的数字，衰退涉及经济的各个重要领域，如金融、实体经济；涉及社会层面，如失业问题；涉及地区问题，如俄罗斯单一城市面临的困境；等等。

随着国际经济形势的和缓，主要是油价提升，从2009年下半年俄罗斯经济显示走出谷底，2010年总体上呈现复苏的态势。2010年上半年与去年同比，GDP增长3.1%，工业增长10.2%，其他主要部门也都有不同程度的增长，特别是外贸增长幅度很大，达41.5%。

不过自2010年夏末以来又出现一些消极因素，卢布再次遭遇贬值的压力，通胀加强，实体部门增速纷纷减缓。而且尽管央行一再放宽货币信贷政策，银行部门贷款量都没有显著增长；投资需求严重不足；内需复苏的速度依然较慢。就是说，这一轮的经济复苏呈现一种不均衡特点。

基于国际油价波动剧烈和国际经济复苏的速度减缓,针对俄罗斯2010年经济复苏的不稳定状况,不论是俄罗斯官方还是国际组织都对其2010年经济复苏的预期多次作出调整。世界银行在3月份提交的《俄罗斯经济报告》中预计俄罗斯会出现稳定的经济增长,2010年将增长5.0%—5.5%,在6月份的报告中已经将增长预期调低到4.5%,在11月份的报告中再调低至4.2%。俄罗斯经济发展部9月的一份未来三年社会经济发展预测,预计2010年GDP增长为4%,且不排除增速下降,最终为3.5%—3.7%的可能。可见复苏需要一个过程,不过复苏的趋势是显然的。

二、俄罗斯经济发展的评估与分析

需要对俄罗斯前面10年持续而高速的增长作多角度分析。

从横向上看,这反映的是一个相对普遍的趋势,那就是转型国家经济的高增长,苏联解体后,同样经历了深度衰退的独联体国家似乎都有一种经济恢复后的恢复性或者说报复性增长的现象,俄罗斯也并不比其他同类国家有更突出的表现。

长时段纵向考察的结果使我们发现,如果考虑到俄罗斯转型以来总的发展,俄罗斯经济达到2007年这样的结果并不特别值得夸耀。经济的一些主要部门甚至还没有恢复到解体前的水平,像加工工业特别是机器制造业和投资、农业等重要部门都只达到苏联时期的一半到3/4。据俄罗斯经济学家 Д. 索罗金的统计,俄罗斯1989—2007年GDP总共增长了2%,18年的年均增长0.11%。而与此同时,无论是世界总体还是俄罗斯的地缘政治竞争对手都超过了它的增长速度。

对俄罗斯国内生产总值进行结构分析表明,出口收入在国民收入中占很大比重,2005年占31.9%,2006年占30.8%,2007年占27.7%。具体到出口结构,近几年来能源原材料产品出口都占总出口的80%,而其中仅石油天然气两项就占到出口总额近70%。应该说,在能源原材料之外,俄罗斯其他经济部门始终没有形成竞争实力。

观察多年来俄罗斯宏观经济发展的主要方面发现，从总的GDP指标到资本流动、通胀、汇率、证券市场指数等，传统上就是随着国际油价的曲线波动，具有明显的伴随性。俄罗斯经济从1999年起10年的增长，到其后迅速陷入衰退，一个重要的引线就是国际油价从10美元的低位一路攀升至140多美元再迅速走低至跌破40美元。复苏过程依然体现出这种伴随性，甚至可以说2010年俄罗斯经济复苏的态势和稳定性依然受制于国际油价的波动。

当然，我们不能否认联邦政府实行的一系列反危机措施，特别是预算刺激和社会扶助政策在经济复苏中的作用，但更重要的还是油价上升的结果。

回溯历史，其实经济对能源的依赖由来已久。苏联后期农业歉收，国际粮价大幅上涨，而苏联赖以维持庞大粮食进口的国际油价暴跌，这也是戈尔巴乔夫对西方国家不断作出政治让步以获取经济援助的一个重要原因。

资源是个好东西，但是利用不好它也能成为一个国家经济长期陷于衰退和停滞的祸根，这从20世纪60—70年代以来已经被一些国家的发展所证实。

三、应从这次危机中吸取的经验教训

说到经验，从危机以来俄罗斯政府实施的一系列反危机措施的效果来看，特别是预算刺激和社会扶助政策在平缓危机促进复苏中发挥了一定的作用。如以注资、贴息贷款、降低税费、扩大国家采购等方式对金融系统、实体经济的支持，如加强国家对居民的社会保障义务，进行有针对性的社会扶助，实行一系列劳动市场扶助措施等等。危机治理过程中预算政策作为宏观经济稳定的工具的重要性问题，危机时期一些临时性的社会援助计划在后危机时期的完善问题等，都是值得思考和关注的。

其实俄罗斯这次能够相对平稳地度过这样一场严重的经济危机，还有一个重要因素就是政治稳定。普京以前的俄罗斯经济危机往往与政局动荡相伴随。但是最近10年来俄罗斯政局稳定，居民的心态和预期都有明显的好转，对政府的信任度增强。

说到教训，比如说银行和企业部门过度举借外债，本国实体部门贷款利率过

高，危机来临之初国家领导人和政府部门的盲目乐观等等，都值得记取。但我认为最重要的还是调整经济结构，实现增长方式转变，加速经济多样化改革，这应该成为俄罗斯摆脱危机发展模式刻不容缓的任务。

不过这说起来容易做起来难，一方面是几十年的老毛病积重难返，一方面一个处于转型和发展期特别需要资金的国家很难摆脱丰富资源的诱惑和从经济机制上对其的依赖——不只是国家收入，更严重的是整个经济运行机制已经产生了严重的资源依赖。因此尽管梅德韦杰夫总统把现代化提升到国家发展战略的高度，但直到目前为止也基本上仅停留于战略层面。

作者单位：中央编译局俄罗斯研究中心

俄罗斯经济转轨面临的主要难题

陆南泉

俄罗斯经济转轨已有19年,其间经历了叶利钦与普京时期,后进入梅普时期,或者说后普京时期,出现过严重的经济转轨危机与经济快速增长的不同阶段,先后发生两次大的金融危机,即1998年危机与2008年开始的、现正在应对的危机。对俄经济转轨,值得研究与总结的问题甚多,这里仅就经济本身的转型问题谈点看法。

一、转变经济体制未能和转变经济增长方式、经济发展模式与调整经济结构结合起来

苏联经济是粗放型的经济发展方式,即靠大量投入劳动力、资金与耗费大量原材料来保证经济的增长,其质量与效率低以及高浪费问题长期得不到解决。在20世纪70年代末,苏联每单位国民收入用钢量比美国多90%,耗电量多20%,耗石油量多100%,水泥用量多80%,投资多50%。1971年召开的苏共二十四大正式提出经济转向集约化发展道路,但一直到1991年苏联解体,其经济增长方式仍是粗放型的,形成这种状况的主要原因是经济体制没有发生根本性变革。应该说,落后的经济增长方式从一个重要的方面反映了苏联经济的脆弱性,亦是苏联与资本主义国家在竞争中被击败的一个重要因素。转轨近20年来俄罗斯粗放经济增长方式并未发生实质性变化。梅德韦杰夫总统在《俄罗斯,前进吧!》一文中指出:"我们大部分企业的能源有效利用率和劳动生产率低得可耻。这还不是很糟糕。最糟糕的是,企业经理、工程师和官员们对这些问题漠不关心。"

"低效的经济，半苏联式的社会环境……所有这些对于像俄罗斯这样的国家来说，都是很大的问题。"2010年1月13日，俄罗斯联邦工商会会长叶夫根尼·普里马科夫在一次会上讲："俄罗斯每生产一吨钢，要比比利时、法国、意大利多消耗两倍的电力，每生产1吨化肥要比阿拉伯国家多耗费5倍的电力。"

至于经济发展模式，俄罗斯独立以来一直在努力从资源出口型向以高新技术、人力资本为基础的创新型经济发展模式转变，但并未取得多大进展，梅德韦杰夫总统在上面提到的那篇文章中指出："20年激烈的改革也没有让我们国家从耻辱性的原料依赖中摆脱出来。""简单的依靠原料出口来换取成品的习惯导致了经济长期的落后。"他还提出了一个严肃的问题："我们应不应该把初级的原材料经济……带到我们的未来？"目前，俄罗斯能源等原材料出口占出口总额的80%左右，高科技产品出口不仅数量少，而且逐年下降。俄罗斯要改变经济发展模式与经济结构，面临着一系列的制约因素，这将是长期而复杂的历史过程。

研究像俄罗斯这样的国家的经济转轨，不能仅局限于计划经济体制向市场经济体制的转轨问题，而应该深入研究在这一转轨过程中，如何解决经济增长方式、经济发展模式的转变与经济结构调整的问题。这三方面的问题俄罗斯没有很好解决，因此在研究俄罗斯经济转轨问题时，就会对不少问题产生疑问。譬如说，俄罗斯先是出现严重经济转轨危机后又出现快速增长，现在又面临严重经济滑坡，2009年俄罗斯经济下降7.9%，它与转轨或体制改革究竟是什么关系，体制因素对不同时期的俄罗斯经济有多大影响，具体表现在哪些方面？又譬如，经济增长方式的转变，主要依赖于经济体制的改革，苏联时期实行指令性计划体制是阻碍其经济由粗放转向集约化发展的主要障碍，这是人们的共识。但俄转轨19年来，并没有解决这个问题，依然是高消耗、低效率的经济发展方式。1994年中国提出在体制改革过程中如何转变经济增长方式的问题。当时为何提出这个问题，是因为感到改革必须与增长方式的转变结合起来才能取得良好的经济效益。再譬如，这次金融危机对俄罗斯经济影响缘何特别严重，甚至有人说，应把俄从"金砖四国"中开除出去。当然，还可以提出不少类似的问题。鉴于上述思考，当今在研究经济转轨问题时，必须深入探讨以上三个既相对独立又相互紧密联系的重要问题。

二、俄罗斯经济的主要问题是要着力解决由资源型向创新型转变

不论是普京还是梅德韦杰夫，都一再强调俄罗斯现代化是社会经济发展的总目标。为实现这一目标，必须使俄罗斯经济从当前的资源型向创新型转变。普京在其离任前的2008年2月8日提出的《俄罗斯2020年前的发展战略》中明确指出：

1. 经济实行创新型发展。这是俄罗斯"唯一的选择"，"创新发展的速度必须从根本上超过我们今天所有的速度"。

2. 增加人力资本投入。"要过渡到创新发展道路上去，首先就要大规模地对人的资本进行投资。""俄罗斯的未来，我们的成就都取决于人的教育和身体素质，取决于人对自我完善的追求，取决于人发挥自己的素养和才能。""因此，发展国家教育体系就成了进行全球竞争的一个要素，也是最重要的生活价值之一。"为此，俄罗斯计划用于教育与医疗卫生的预算支出占GDP的比重分别由2006年的4.6%和3%增加到2020年的5.5%—6%和6.5%—7%。同时，普京强调科研的重要性，要为科研活动创造良好的环境。另外还要着力解决住房问题，提高医疗卫生水平。

3. 积极发展高新技术，因为这是"知识经济"的领航员。普京认为，俄罗斯今后重点发展的高新技术主要是：航空航天领域，造船业和能源动力领域，还有信息、医疗和其他高新技术领域。

4. 调整经济结构。普京说，尽管俄罗斯在最近几年取得了一些成绩，但经济并未摆脱惯性地依赖于能源原料的发展模式。俄罗斯也只是局部地抓住经济的现代化。这种状况将不可避免地导致俄罗斯不断依赖于商品和技术的进口，导致俄罗斯扮演世界经济原料附庸国的角色，从而在将来使俄罗斯落后于世界主要经济体，并被挤出世界领先国家行列。

普京在2009年的政府工作报告中谈到，"后危机时代的经济发展应当首先与

技术更新联系起来。因此，新阶段的税收改革将致力于支持创新。"梅德韦杰夫任总统后，更加强调俄罗斯经济由资源型向创新型转变的迫切性。他在《俄罗斯，前进吧！》一文中说："除了少数例外，我们的民族企业没有创新，不能为人们提供必需的物质产品和技术。它们进行买卖的，不是自己生产的，而是天然原料或者进口商品。俄罗斯生产的产品，目前大部分都属于竞争力非常低的产品。"俄罗斯"依靠石油天然气是不可能占据领先地位的"。"再经过数十年，俄罗斯应该成为一个富强的国家，它的富强靠的不是原料，而是智力资源，靠的是用独特的知识创造的'聪明的'经济，靠的是最新技术和创新产品的出口。"

实现上述转变的必要性十分明显，但将是一个缓慢的过程。俄罗斯现代发展研究所所长伊戈尔·尤尔根斯在2010年4月14日的《俄罗斯报》上发表的一篇文章中指出：俄罗斯"现代化、摒弃原料经济向创新型经济发展的过程过于缓慢"。之所以缓慢，有多种原因。

第一，俄罗斯企业缺乏创新的积极性。目前只有10%的企业有创新积极性，只有5%的企业属于创新型企业，只有5%的产品属于创新型产品。产生上述问题的原因是，俄罗斯现在的经济"还没有创新需求。倘若企业家投资原材料贸易可获得50%的年利润，而创新收益仅有2%—3%，起初甚至会赔钱，你会选择哪个？"

第二，与上述因素相关，俄罗斯在实行由资源型向创新型转变时，面临着难以解决的矛盾：一方面反复强调要从出口原料为主导的经济发展模式过渡到创新导向型经济发展模式；另一方面，发展能源等原材料部门对俄罗斯有着极大的诱惑力与现实需要。要知道，俄罗斯国家预算来源中几乎90%依赖能源等原材料产品，燃料能源系统产值占全国GDP的30%以上，占上缴税收的50%与外汇收入的65%。而俄罗斯高新技术产品的出口在全世界同类产品出口总额中占0.2%都不到。

第三，设备陈旧，经济粗放型发展，竞争力差，这既是老问题，又是需要较长时间才能解决的问题。不少学者认为，俄罗斯自2000年以来，经济虽然一直在快速增长，但仍是"粗糙化"即初级的经济，工艺技术发展缓慢，主要工业设施严重老化,目前至少落后发达国家20年,生产出的产品在国际上不具竞争力。设备不更新,技术落后,已成为制约俄罗斯向创新型经济转变的一个重要因素。十多年来这一状况并未改变,在向创新型经济转变的条件下,俄罗斯更感到这些问题的迫切性。

第四,投资不足。为了优化经济结构,就需要大量增加在国际市场上有竞争能力的经济部门和高新技术部门的投资。梅德韦杰夫总统成立了俄罗斯经济现代化和技术发展委员会,并确定了国家经济现代化与技术革新的优先方向,这涉及医疗、信息、航天、电信、节能等领域。发展这些领域都要求有大量的投资。解决这些问题,俄罗斯学者认为有三种选择:首先是优化预算支出;二是让以石油天然气企业为代表的国家自然资源垄断企业增加对科技创新的投入;三是调整税收政策,减轻高新产业区的税负。

第五,俄罗斯科学院副院长涅基佩洛夫认为,在金融危机发生前,俄罗斯犯了"非常严重的错误",即没有利用国家已有资源加速推进现代化进程。

第六,目前俄国内对现代化与建立创新型经济持有不同看法。有人认为,只有四分之一的人赞同梅德韦杰夫式的现代化即更新产能与发展创新型经济。因为在目前的俄罗斯社会经济条件下无法建立创新型经济,而当前第一步应该是消除腐败与提高国家管理效率。

创新型经济发展缓慢,经济发展摆脱不了能源等原材料部门,这必然使俄罗斯经济难以保证稳定和可持续发展。

作者单位:中国社会科学院俄罗斯东欧中亚研究所

经济转型与俄罗斯经济现代化

陆南泉

一、梅德韦杰夫在2009年提出国家经济现代化的背景

2009年梅德韦杰夫在国情咨文中比较全面地提出了国家现代化的理念，内容涉及政治、经济、意识形态、法制等各方面内容。提出的主要背景是：第一，1992年叶利钦上台后搞经济体制转轨，近20年来经济转轨虽然取得成效，市场经济已经形成，私有化基本完成，但是在这一过程中没有解决三个基本问题——粗放型经济增长方式、资源型发展模式和落后的经济结构。第二，2008年金融危机发生后，俄罗斯2009年GDP下降7.9%，损失严重，而2010年1—9月经济增长了3.4%，主要原因是能源价格上涨，俄罗斯已经将这种资源型的经济带入了21世纪。第三，经济全球化是不可逆转的，你中有我、我中有你的全球一体化趋势已经很明显，世界各经济体之间相互影响。在这样的背景下，梅德韦杰夫提出，再不搞国家现代化，不搞经济现代化，俄罗斯就危险了。因此，俄罗斯提出的国家现代化概念是带有战略性、政治性意义的。

二、俄罗斯经济现代化的主要方向

在今后一段时期，俄罗斯经济要集中解决的问题是要由资源型经济向创新型经济发展。回顾历史，苏联在勃列日涅夫时期就提出过，经济不能长期依靠大量消耗资源、增加投资的方式，而是要转变经济增长方式，但这种努力一直未能取得成功。如今，普京和梅德韦杰夫都认识到，俄罗斯要搞现代化，根本

问题是要把资源型经济转变为创新型经济，当然要采取很多措施，例如人力资源的投入、教育和科技的发展。资源丰富对俄罗斯既是好事、也是坏事，这些丰富的资源使得苏联和俄罗斯长期依赖资源消耗，吃老本，不愿改进经济增长方式，导致苏联经济长期处于落后状态。2009年，俄罗斯占世界创新产品出口总额的1.17%，而美国占23—25%，日本占13%。因此，俄罗斯必须转变经济增长方式。

三、俄罗斯经济现代化过程中可能遇到的问题

资源型经济转向创新型经济主要困难有：第一，俄罗斯不可能在短期内完全摆脱对资源的依靠。其中存在矛盾，一方面希望能摆脱依靠能源的状况，另一方面国家财政、GDP增长、出口、国家储备等又必须依靠能源，而且能源部门本身存在技术落后、资金投入大等问题。第二，企业创新能力差。只有2%的企业有创新积极性，旧的经济体制制约创新性的发展。美国近50年的经济增长中有5%是依靠科技创新得来的。第三，政治体制的束缚。政治腐败、法制建设难以解决，经济垄断问题制约创新。

四、面对俄罗斯的国家经济现代化，中国应当思考的问题

第一，我们需要正确认识到，中国在经济转型过程中，也同样遇到上述三个问题。结构调整，发展模式，我国单位GDP的能源消耗都远高于西方国家，很难实现可持续发展。十七届五中全会提出，加快转变经济增长方式，这是我国目前面临的主要问题，是涉及中国未来的问题。我国的经济增长方式转变已经落后，到目前为止仍没有解决。

第二，根本是要解决30多年来改革过程中出现的三大问题：腐败、垄断和贫富差距过大。这些问题的解决需要依靠改革，特别是政治体制改革。目前影响中国政治体制改革的主要问题是既得利益阶层垄断了公共资源。该阶层由大部分垄断企业的领导层、少数行政官员和有地方政治背景的民营企业主组成。这三大问题不解决，我国的经济现代化难以实现。

第三，正确的改革发展的基本方向是人类的共同文明，这是国家的未来所在。

第四，应该继续扩大创新领域的投入，包括教育、科技。2007年我国在创新型领域的投资占GDP的1.5%，投资绝对额仅次于美国和日本，据世界第三位。

第五，扩大与加强同俄罗斯的科技合作。中俄之间的技术合作尚处于起步阶段，过去很长一段时间，中国只是单向引进俄罗斯的技术，现在我国在高速铁路、高精尖的计算技术等很多方面发展很快，应当在这些方面与俄罗斯加强合作。创新型经济的发展关键依靠技术创新、依靠高科技，因此我国应当下大力气研究如何加强同俄罗斯的科技合作问题。

作者单位：中国社会科学院俄罗斯东欧中亚研究所

社会经济透视 >>>

俄罗斯的现代化之路：迷雾中的困境

门小军

俄罗斯的强势"回归"引发西方社会专政复兴主义理论的鹊起，该理论认为俄罗斯的专制资本主义已经成为实现社会现代化的一种新的制度选择。与西方社会的认识不同，民主激情过后的俄罗斯国内社会对秩序和稳定的渴求远胜于对民主的热情。基于民意支持而成型的主权民主论虽为俄罗斯的经济发展提供了政治保障，却也带有明显的过渡性质。普京体制所面临的挑战，以及俄罗斯国内自由主义复兴的机会微乎其微，这些都清楚地表明了专政复兴与铁腕治理在实现秩序和稳定之时所面临的困境。迷雾之中，"没有目的地的转轨"仍将主导俄罗斯政坛很长一段时间。

俄罗斯强势崛起的西方映像——专政复兴主义

20世纪原苏联和国际共产主义阵营轰然倒塌后，走上资本主义道路的俄罗斯并未朝着单一的自由民主政治走向"历史之终结"，许多西方观察家和思想家在俄罗斯身上看到了实现资本主义经济现代化的不同道路：专政政治体系也能适应资本主义经济。以色列历史学家阿泽尔·盖特在其2007年发表的《独裁大国的回归》一文中指出，俄罗斯的崛起标志着"获得资本主义经济成功的专政大国的回归"，并"代表了实现社会现代化的一种新的制度选择"。[①] 专政复兴主义

---

① [美]丹尼尔·杜德尼、约翰·伊肯贝里：《专政复兴主义理论评析》，载[美]《外交》杂志2009年1/2月号。

就是近些年来西方社会某些学者对俄罗斯政治现状的一种最新解读。

美国共和党新保守主义思想的理论大师、卡内基国际和平基金会高级研究员罗伯特·卡根在其《历史的回归与梦想的终结》一书中也认为,世界面临反自由主义思潮的挑战,西方民主阵营和专政阵营之间的激烈对抗将再次笼罩全球,而俄罗斯乃是专政复兴主义思潮盛行的典型例证:弗拉基米尔·普京领导的俄罗斯政府不仅抛弃了业已取得的民主成果,还实行铁腕政治,变得愈加专政,"俄罗斯毅然决然地从尚未完成的自由主义转向了专制主义"。[①]

然而,美国普林斯顿大学学者丹尼尔·杜德尼和约翰·伊肯贝里在《外交事务》杂志 2009 年 1/2 月号撰文指出,如今的专政复兴主义浪潮同冷战结束时西方媒体大肆鼓吹"历史之终结"一样,仅仅是学术界的夸大其词而已:它的许多理论观点都很模糊,比如认为专制制度已重新焕发青春与活力,并逐步成为当今资本主义体系中另一种可行的政治选择;再如认为同过去相比,如今的专政国家在各方面都有长足进步,且更能适应资本主义经济体制。两位学者进一步指出,这些专政国家虽然取得了巨大的经济成就,但这也并不能成为批驳自由民主派观点的例证:它们的经济成功并非基于统治阶层的聪明才智,而是在很大程度上得益于现行国际秩序,并严重依赖国际经济的投资与贸易往来。最为重要的是,专政复兴主义国家并非试图放弃或退出现有自由主义国际秩序,而是重新定义和巩固它。

专政复兴主义理论认为,冷战的骤然结束和政治经济制度的剧烈变革使人难免对未来产生不切实际的幻想,随后而至的失望心理让专政复兴主义思想乘虚而入;目前专政在俄罗斯的盛行也有其特定原因,其在历史上曾遭受外敌入侵,且是一个多民族国家。实际上,专政复兴主义理论的一个重大特征就是承认民主政治与自由市场在特定条件下的不同步性,集权政治与资本主义经济结合的社会模式并不是社会发展过程中的一个过渡阶段,而是对弗朗西斯·福山所谓的西方民主政治与资本主义结合的社会模式的一种有效替代,世界民主发展的前景黯淡。

[①] [美] 罗伯特·卡根:《世界分裂,民主遭围攻》,载 [英]《泰晤士报》2007 年 9 月 2 日。

与专政复兴主义的此种论调相左，丹尼尔·杜德尼和约翰·伊肯贝里认为没有迹象显示俄罗斯的资本主义经济已与专政政权达成某种稳定平衡，并成为一种可实现社会现代化的新型社会模式；民主政治的具体表现形式固然会因不同国家的历史和经验差异而有所不同，但专政并不是一条现实的现代化之路，它只是社会发展过程中的一个必经阶段；俄罗斯虽称不上是民主国家，但与从前相比已经民主很多了，并且许多实现民主政治所需的必备条件业已逐步形成。①

政绩合法性——秩序和稳定也是政绩

逝去的前总统鲍里斯·叶利钦照搬西式民主，进行脱离国情的政治改革，导致社会动荡、信念丧失、民族失去凝聚力、国家失去前进方向、民族分裂主义和地方分离主义猖獗。一言以蔽之，失序的民主和失控的市场乃是叶利钦执政时期的真实写照，用普京的话说就是：苏联解体后头十年是"俄罗斯三百年来最黑暗时期"②。失望情绪弥漫的俄罗斯在普京的铁腕治理下，终于走向了秩序和稳定。而与此同时，普京的铁腕治理也被西方贴上"专政"的标签。

为何国内外反差如此巨大？在发展中国家享有盛誉的已逝美国学者塞缪尔·亨廷顿的强大政府论可谓是见解独到。该理论认为，发展中国家的现代化进程会引起动乱和不稳定；而要消除这种不稳定，首先必须建立起强大政府，必须强化制度化建构。③ 俄罗斯虽不是严格意义上的发展中国家，但由于其现代化尚未完成且存在动乱和不稳定隐患，因而亨廷顿的理论对俄罗斯来说也具有很大的解释力：苏联解体后前十年和后十年的发展对比乃是亨廷顿强大政府论的最好注脚。然而，亨廷顿同时又认为，强大政府若想存续下去，就必须有意识形态合法性、程序合法性和政绩合法性的三重支撑，其中尤以政绩合法性最为重要，一旦政绩出现问题，民众就会质疑这个政权所赖以建立的价值基础（即意识形态合法性）

---

① ［美］丹尼尔·杜德尼、约翰·伊肯贝里：《专政复兴主义理论评析》，载［美］《外交》杂志 2009 年 1/2 月号。
② 宋鲁郑：《西式民主得了什么病》，载《北京日报》2009 年 4 月 20 日。
③ 张桂琳：《民主与权威的平衡》，载《政法论坛》2002 年第 3 期。

和这个政权在建立过程中所依据的程序（即程序合法性）。

民主是个渐进的过程，需要社会的成熟发展作为根基，更需要财富的积累和秩序的维持。正如美国前国务卿亨利·阿尔弗雷德·基辛格所说，"不公平"还比不上"脱序"糟糕，因为即使出现不公正，影响的只是某些遭受不公平待遇的人，而"脱序"会导致全盘崩溃，正所谓"国将不国"，民主何存？"人类可以无自由而有秩序，但却不能无秩序而有自由"，"秩序与无政府之间的分野比民主与独裁之间的分野更为根本"，亨氏语录仍掷地有声，对于俄罗斯来说，秩序和稳定乃是俄罗斯当前政治体系的最大政绩。

亨廷顿在其1968年出版的《变化社会中的政治秩序》一书中断言："国家之间最重要的政治区别不是它们的政府形式，而是政府的地位。与其看它是民主还是专制，不如看它是否体现了共识、合法性、组织、效率和稳定。"① 若以此视角来观察俄罗斯的国内现实，普京的铁腕治理已然实现了稳定和共识（秩序优先于民主），政治架构（组织）也在选举政治（合法性）的磨砺下逐步成熟起来，经济的高速增长（效率）也使政府解决社会矛盾的信心大增。

与西方社会关于俄罗斯专政复兴主义论辩的热闹气氛相比，俄罗斯人民对西方民主已不再狂热和盲目迷信，民主激情燃烧过后的普通老百姓对秩序和稳定的渴望之情溢于言表。为回应西方国家对目前俄政治体制的指责，基于"民众对普京的高支持率"，俄国内"主权民主论"开始成型。该理论认为，民主和主权同等重要，民主原则和民主标准不应导致国家解体和人民受穷，而应使国家更加安定团结，人民生活水平进一步提高；达成民主政治属于一国内部的自决事务，要根据本国历史、地缘政治、国情和法律由本国人民自主决定民主的模式和实施路径。②

---

① [美]塞缪尔·亨廷顿：《变化社会中的政治秩序》，耶鲁大学出版社，1968年。
② 范建中、徐宝鹏：《俄罗斯的"主权民主"：由来、争议及前景》，载《俄罗斯研究》2007年第4期。

俄罗斯未来怎么办——没有目的地的转轨

普京虽将主权民主论作为政府的主导意识形态，但也面对外界"极权民主"的诟病。为此，普京不得不再三表明他并不打算追求所谓"俄国式的民主"，俄罗斯接受所有文明世界都接受的民主原则，"在俄罗斯的土地上培植与巩固民主不会使民主概念本身遭到玷污"。① 可见，普京通过不否认民主具有普适性而小心谨慎地给民主在俄罗斯的"独立"发展留下空间。俄现任总统德米特里·梅德韦杰夫也表示，21世纪俄罗斯现代化将以民主的价值观和体制为基础。② 主权民主论固然符合俄罗斯的传统文化，且适应转轨时期俄罗斯社会发展的需要，但普京奉行主权民主论的目的很明显主要不在于巩固个人权力，而在于为进行大规模社会改造创造有利条件，而其背后则体现了俄罗斯当局深刻的忧患意识：在国际竞争中俄罗斯已经落伍并面临严重危机，唯有放弃不切实际的民主幻想，建立强有力的国家政权体系，并使之成为"秩序的源头和保障"，成为"任何变革的倡导者和主要推动力"。这也就是说，普京的主权民主论在理论和实践当中都带有过渡性质，而最终的发展目标仍不可知。

其实，即使是让俄罗斯当前的政治秩序持久存续下去至少也面临两大挑战。其一，一旦上文提到的大规模社会改造付诸实施，普京执政集团面临的风险将随之增大：社会改造必然会损害一部分人的利益，他们会质疑政权的合法性并起而反对。其二，俄罗斯当前政治体制的有效性在很大程度上极度依赖普京的个人威信，在许多俄罗斯人的眼中，普京代表了一种稳定人心的力量，有资力和能力重新维护长期处在西方阴影之下的俄罗斯国家利益。这种信任是维持一个脆弱国家并使社会团结凝聚在一起的关键因素，一旦失去这种信任，就可能会引发社会骚动。更为重要的是，美国企业研究所苏联问题专家安德斯·阿斯伦德还注意到，普京的一些"治国方略"也具有"摸着石头过河"的特点，其实也缺乏可持续性。

---

① 冯绍雷：《俄国式民主》，载《东方早报》2005年2月28日。
② 梅德韦杰夫：《俄罗斯现代化基础是民主价值》，http://gjgy.1949w.net/Article_Showasp?ArticleID=86

普京体制的存续依赖民意的支持，俄罗斯执政集团向民众提供一定水平的"丰衣足食"来换取他们的忠诚，这实质上是建立了一种社会契约关系。① 普京社会契约的瓦解固然现在还看不到任何迹象，但即使此种社会契约瓦解了，自由主义复兴的机会也非常渺茫。正如在押的米哈伊尔·霍多尔科夫斯基所说，令人不安的真相是：普京"比70%的人更自由化、更民主化"。② 俄罗斯民意测验机构"列瓦达中心"2008—2009年的调查显示，认为国家处在正确轨道上的人一年来从59%下降到41%，而认为俄罗斯方向错误的人则从27%上升到39%，③ 但这在美国企业研究所俄罗斯研究中心主任利昂·奥隆看来，可持续的自由主义化的前提条件在俄罗斯可能更难铸造，打破普京体制创建自由主义化的基础条件是一项"雄心勃勃的复杂而冒险的工作"，单纯的经济改革远远不够，必须要有一个突出市民社会培育、注重保障个人政治自由的新社会契约的创建。利昂·奥隆认为这虽然不可能是俄罗斯政府的首要任务，但俄政府也的确"忽视"了此种选项民意支持过低的现状。英国《经济学家》杂志驻莫斯科办公室主编阿卡迪·奥斯特洛夫斯基更是指出，一旦普京体制瓦解，俄罗斯面临的情况可能会更糟。

总之，俄罗斯虽放弃了苏联式的计划经济而步入市场经济轨道，但坚决排斥来自外部的"目标管理"模式。当前的普京体制面临执政风险加大和普京个人威信下降的双重挑战，政府的主导意识形态主权民主论也带有明显的过渡性质，而俄罗斯国内自由主义复兴的机会也非常渺茫，"没有目的地的转轨"可谓是俄罗斯未来一段时间发展前景的唯一可能路径。

作者单位：上海社会科学院国外社会主义研究中心

---

① [美]利昂·奥隆：《俄罗斯21世纪的违禁言论》，载[美]《外交政策》杂志2009年7/8月号。
② 阿卡迪·奥斯特洛夫斯基：《财富的逆转：俄罗斯何去何从》，载[美]《外交政策》杂志2009年3/4月号。
③ [美]利昂·奥隆：《俄罗斯21世纪的违禁言论》，载[美]《外交政策》杂志2009年7/8月号。

俄罗斯共产党的社会主义现代化方案

黄登学

近年来，俄罗斯政府提出要在俄罗斯构建创新型社会，全面实现俄罗斯的现代化，此后，围绕俄罗斯的现代化战略问题，俄罗斯社会掀起了一场激烈的争论，就俄罗斯实现现代化的可能性、现代化战略的模式选择等问题提出了不同的看法。俄共网站 2010 年 4 月 15 日发表了俄共中央主席 Г. А. 久加诺夫的文章《社会主义现代化——俄罗斯走向复兴的道路》，对俄罗斯提出了社会主义的现代化战略构想。现将其主要观点介绍如下。

俄共认为，1991 年强加于俄罗斯的资本主义"改革"已经导致国家陷入最严重的动荡之中，俄罗斯已经蜕变为 18 世纪野蛮资本主义模式复辟的试验场。俄罗斯脱离现代化进程已经将近 20 年之久，而脱离现代化发展进程的社会注定没有前途。正是在这种背景下，俄罗斯总统梅德韦杰夫提出了所谓的"现代化战略"。然而俄共认为，不仅梅德韦杰夫总统提出的现代化战略不够明确和缺乏切实的政治、技术及社会基础，而且更为严重的是，现政权既没有落实全国性方案的经验，也没有治理国家的真正的雄才大略思维，同时也缺乏现代化所需要的诚实、能干的干部。今天俄罗斯精英"贪得无厌的价值取向"无法团结和激励国民解决最尖锐的问题，因此，俄罗斯不进行深刻的政治与社会变革，现代化只能流于虚无的幻想。

俄罗斯哲学博士、俄共中央主席久加诺夫指出，真正现代化的实质在于，它从若干"增长点"开始，其后通过这些"增长点"的革新辐射到周边领域，从而最终将创新进程扩展到整个社会。世界经验表明，成功的现代化决不是单个领域的现代化，而必然是在全国范围内同步展开，遍及生活所有领域——经济、政治、文化与社会。就类型而言，现代化战略主要有两种：第一种是"追赶型"，苏联工业化时期斯大林采用的就是这种战略。当时国家尽管发展速度极快，但总体上还是在"重复"此前主要西方国家做过的东西。第二种是"超越型"，即转型社会相当程度上不是重复先进国家的老路，而是汲取世界最新、最有前景的经验，然后运用这些经验跑到前面去。苏联的集体化就是一个例子，它没有重复西方的做法，而是快速地把苏联农村引向完全另外一种更高级的发展道路上去。

当前，俄罗斯需要实现可以确保全体俄罗斯公民幸福和实现俄罗斯国力复兴的社会主义现代化，这是由以下客观原因所决定的：第一，美国式的全球化彻底破产，投机资本主义不能解决人类面临的任何一个重大问题，资本主义每一轮新的危机都具有越来越严重的破坏性；第二，正是由于被强加的强盗式资本主义模式，俄罗斯国家才遭受了经济危机的最严重打击，抛弃这种模式是国家生存下去的基本条件；第三，自由资本主义对于俄罗斯来说是致命的，俄罗斯需要基于新政策的现代化，这种新政策不仅建立在科学技术成就基础上，而且建立在爱国主义、公平正义以及集体主义基础之上；第四，野蛮资本主义对资源以及人类居住环境肆无忌惮的掠夺，已经激起大自然本身的"反抗"，大自然要求得到人类公平而人道地对待。现实表明，在市场资本主义的框架内，俄罗斯的现代化是不可能实现的，国家需要的是社会主义的现代化。

俄共所说的现代化有其特定的涵义。其中的技术现代化是指在先进技术基础上的生产革新，政治现代化是指为了能更加敏锐的领悟人民的愿望和适应国家发展需求而对政权体系所进行的改革，社会现代化意指社会精神和智力的完善以及生活质量的提高。正是在对现代化的涵义严格界定的基础上，俄共提出了在俄罗斯实现社会主义现代化的战略设想。

1. 社会主义现代化的基础是将俄罗斯的自然资源以及下列战略部门收归人民所有：电力、交通、军事工业综合体、石油天然气综合体以及被非法私有化的厂矿企业等。国有化以及累进征税制应成为科学发展、技术革新与社会改革的主要资金来源。

俄罗斯转向创新式经济发展的最便捷、最有效的途径，是依靠俄传统高技术和创建龙头部门企业发展整个国民经济的现代化；大力发展加工业，从出口原料转向出口深加工产品；加大国家预算对农村的投入，实现农村的现代化；重建对国民经济进行集中管理的机构以及科技进步的协调机构，制定十年期俄罗斯经济现代化国家综合性发展计划，大幅度增加对先进工业部门的投资。

2. 立即制止彻底破坏俄罗斯科学院的图谋并振兴专业学科，增加对基础研究以及科学研究与试验设计工程的预算投资，用于科学的支出至少要提高到国内生产总值的4%；实施激励私营部门向科学研究与试验设计工程领域投资的税收政策；划拨部分利润用于企业创新基金以鼓励创新投资，同时推动科研成果的产业化；建立能够支持生产革新的国家银行，以优惠汇率向企业出售外汇以获得国外的最新技术。

3. 大力培养能干和懂行的干部。立即停止对中、高等教育体系的破坏，抛弃国家统一考试制度以及博洛尼亚教育体系；实行人人都可享有的免费教育，保持教育的世俗性及发展性，同时重建全国职业技术教育体系；坚决制止"人才外流"现象，为年轻科研人员创造应有的生活与工作条件，确保年轻学者的工作威信与收入，提高科学与教育工作者尤其是年轻专家的工资收入；向年轻的大学教师和学者提供用于购置住房的贷款保证，在取得高水平成果的情况下，由学术机构为其偿还贷款，该资金用国家预算进行弥补；实施科研机构技术成果奖励制度，鼓励它们将成果应用到生产中去。

4. 改革俄罗斯的社会政治制度，这是实现现代化的主要条件。必须从寡头集团的胡作非为与独裁专断转向实行基于法制和向人民提供稳定社会保障的新制度——社会主义制度。政治现代化主要涵盖以下几个方面：

建立以民主政治为原则的政治制度；

实行选举制度民主化，杜绝资本与权力对选举进程的压制，拆除伪造选举结果的官僚机器；

在多数选举制与比例代表制二者相结合的基础上，重建地区及地方权力代表机关和自治代表机关代表的选举程序；

恢复议会批准政府成员、审议政府报告以及对整个政府和某些部长提出不信任案的权利，实施《议会监督法》；

构建统一的代表机构体系，由代表机关或者居民选举地区行政和地方自治机构领导人，并监督他们对于选民委托事务以及竞选纲领的落实情况，实行代表定期报告和定期接受选民咨询制度；

恢复公民、政党以及社会组织举行全民公决、集会与游行示威的宪法权利，实施《反对派活动保障法》；

完善处于社会与国家监督之外的司法体系，恢复审判员选举制。

5. 保护俄罗斯文明这一俄罗斯多民族国家统一的基础，保护国家各民族文化和精神传统，因为没有俄罗斯精神，没有民族文化与正义，没有各民族友谊，不依靠千百年来所形成的传统，俄罗斯就无法走出今天的漩涡。民族精神的腾飞是在竞技舞台取得新胜利的沃土。俄罗斯需要在社会主义基础上拯救文化，社会主义能够确保人民团结、社会平等和公平正义。在社会主义条件下，可以实现人与社会利益的和谐，为确保国家改革成功的个人发展创造条件。

改革社会关系并重建稳固的社会保障与道德基础，从而振奋人们从事伟大事业的信心并恢复国家的真正独立和昔日的实力。在俄罗斯，主要有两种思想总是能够激励公民建功立业和取得胜利，这就是爱国主义思想和社会正义思想，两者在社会主义的旗帜下融合在了一起。只有高举社会主义旗帜，俄罗斯才能顺利走上真正的、拯救性的现代化之路。只有在俄共领导下，俄罗斯才能真正走上符合国家及其人民利益的改革之路，只有在俄共领导下，也才能调动起社会的全部力量，从而实现深刻的现代化。

作者单位：山东大学政治学与公共管理学院

俄罗斯反腐缘何"越反越腐"

陆南泉

俄罗斯是存在严重腐败的国家。2008年,它在世界180个国家透明国际清廉指数排行榜上排名第147位。腐败已成为阻碍俄罗斯社会经济健康发展的一个重要因素,它对俄构成了最大威胁。为此,俄一直把反腐作为政府的一项重要任务。

梅德韦杰夫上台后,提出了不少严厉的反腐措施。2008年7月31日,梅德韦杰夫签署了《反腐败国家计划》。以《反腐败国家计划》为基础,2010年4月13日,梅德韦杰夫签署了《反腐败国家战略》与《2010—2011年国家反腐败计划》的总统令,这表明,在俄罗斯已从国家发展前途的战略高度来对待反腐问题了。2010年7月22日,俄罗斯总统下令成立国家反腐委员会,梅德韦杰夫亲自领导。

俄高度重视反腐,一再表达反腐的政治意愿与决心,还采取了不少严厉措施,但俄政府的反腐行动收效甚微。据俄有关学者前几年估计,腐败所涉及的金额几乎与国家财政收入相当。俄反贪污组织2010年8月17日发布的最新材料显示,俄官员贪污金额总数已占GDP的50%,这与世界银行公布的48%相差不远。那么,俄罗斯反腐缘何"越反越腐"呢?

俄罗斯腐败已带有制度性、普遍性与合法性的特点

2008年5月19日,梅德韦杰夫总统在反腐败会议上指出,在当今俄罗斯"腐败已变成一个制度性问题,我们应该用制度性的对策来应对"。制度性因素表现在很多方面：一是行政机关系统办事效率低但权力大，对经济干预多，使得公司、公民要办成一件事就靠行贿去解决。对此，普京早在2002年的总统国情咨文中就指出，国家机关的工作助长了行贿之风，它们限制经济的自由，其结果是："人们都在用贿赂来克服种种障碍。障碍越大，贿赂数额就越大，收受贿赂的人的级别就越高。"① 企图参政的金融寡头虽受到打击，但那些"忠诚"的寡头依然存在，他们与官员结合，营私舞弊，成为腐败的一个重要温床；二是存在不少垄断性的国家大公司。梅德韦杰夫批评俄罗斯近几年来过度重新国有化的做法。他在2009年的总统国情咨文中指出，目前俄政府控制着40%以上的经济，这些企业效率低，其领导人又是指派的，这容易形成官商一体的垄断组织，也是滋生腐败的重要因素。在上述体制因素的影响下，在俄罗斯企业、公民个人与官员之间发生关系时，就难以避免出现贿赂。据2010年8月17日俄报纸网公布的一份报告说，俄企业界人士表示，行贿支出占到企业总支出的一半。

　　腐败的普遍性在俄罗斯显得尤为突出。据俄罗斯总检察院2004的初步估计，俄80%以上的官员有腐败行为。俄社会舆论基金会2008年9月提供的一份调查数据显示：有29%的俄罗斯人曾被迫行贿，经常被迫行贿的企业家更高达56%，而且，即使是在那些从未行贿过的人中，也有44%准备向俄政府公职人员行贿。梅德韦杰夫总统指出，2009年查明的国家公务人员职务犯罪数量达到4.3万起，这比2008年有所增加，其中涉及审判机关滥用职权的刑事犯罪与官员收受贿赂的犯罪均上升了10%，但俄媒体与学者普遍认为，实际上尚未破获的此类案件要比已破获的多10倍甚至百倍。据俄内务部统计，2009年俄罗斯受贿金额高达3000亿美元。② 2010年8月2日俄《每日商报》报道，根据"干净之手"社会组织的报告材料，俄商人被腐败掉的金额几乎要占其收入的一半。从地区来说，莫斯科居首位，莫斯科州居第二。因为这两个地区集中更多的现金渠道，有发达的金融业。腐败几乎涉及所有领域，普京有一次讲话中提到，一个孕妇分娩找产

---

① 《普京文集》，北京：中国社会科学出版社2002年版，第607页。
② ［俄］《观点报》2010年7月15日。

科医生亦要行贿。在俄罗斯1/4的学历是伪造的。在大部分教育机构，80%的流动资金是不走账的。警察的腐败已惹民怨。拿交警来说，俄报刊是这样描述的：他们经常"埋伏"起来，抓到违规司机后，如果不严重，司机"反应快"就会"私了"。俄司法系统的腐败也是尽人皆知的（下面将论述）。在俄罗斯不少腐败行为已是合法化或半合法化，如各种小费、向医生送红包与向老师送礼等，已司空见惯，在客观上人们默认了其存在。

俄民众对腐败的容忍度高，有些人甚至不希望惩罚行贿行为

在俄罗斯之所以出现上述情况，有以下的原因：

一是作为苏联继承国的俄罗斯，在叶利钦执政时期的经济社会转轨，出现了严重的混乱与制度缺失，特别在私有化过程中，腐败大肆泛滥，而在普京执政8年，在反腐方面又未取得明显成效，腐败成为十分普遍的现象，有人认为，腐败在俄罗斯已成为社会的一种顽疾，无法根治。甚至还有人认为，腐败在俄罗斯已发展成为人们的一种生活方式。在此背景下人们对反腐失去了信心，所以，笔者认为，俄民众对腐败的容忍度高，实际上是对惩治无所不在的腐败丧失信心的表现，是一种无奈。正像俄学者说的：俄罗斯人对普遍存在的腐败现象也怀着复杂的情怀，一方面，他们对此深恶痛绝；另一方面，他们也默认了腐败的存在，认为它是不可根治的。

二是由于在普京时期经济高速增长，人民生活水平大幅度提高，这大大提高了人们对腐败的容忍度。普京执政8年，坚持实行居民收入超前增长的政策。从1999年到2007年，俄GDP增长了68%，而居民实际收入与退休金都增加了1.5倍，失业率与贫困率下降了50%。同时，普京还特别注意解决俄罗斯最紧迫的问题，提出实行让老百姓买得起房、看得起病与上得起学的社会政策。另外，普京还提高了俄罗斯在国际社会的地位。这些因素，对缓和广大俄罗斯民众对腐败问题的不满起了不小的作用，提高了对它的容忍度。对此，俄有学者指出，"俄罗斯政治稳定在很大程度上是靠金钱买来的。""普京个人及其政府的社会支持率是靠给老百姓钱换来的。一旦钱没了，拿什么来维持社会支持率。"

三是由于行政机构官僚化，使得人们通过行贿来解决问题，并由此提出不要惩治腐败的观点。2009年5月20日，俄罗斯司法部长科诺瓦洛夫在国家杜马汇报工作时坦言，有25%的俄罗斯人希望官员腐败，愿意让腐败继续存在下去。他还认为，这是个被大大压缩的数字，实际上有更多的人不希望惩罚受贿行为，希望通过腐败机制获得非法好处，容忍官员的索贿行为。在俄罗斯之所以出现上述情况，这与俄行政机构办事效率低下，故意失职不作为，不给好处就不办事有关。据2007年列瓦达分析中心的民意调查结果，39%的俄罗斯人认为，俄罗斯腐败不会根除，因为腐败比法律途径更能解决各种日常生活和生意上的问题，而且速度更快、成本更低，所以，人们宁愿选择腐败而不是法律途径。[1] 据民调材料，有53%的俄罗斯人曾通过行贿解决个人问题，其中19%的人经常这么做。年龄在25—44岁的人群中，有61%—64%的人有行贿的经历。

以上情况告诉我们，如果民众对腐败持宽容态度，甚至默认腐败存在的必要性，并视为生活的一个内容，那么腐败是不可能根除的。更为糟糕的是，俄一项调查报告得出一个结论说：俄有相当一部分民众认为："能够中饱私囊成了工作体面和稳定的标准。"[2] 笔者认为，俄民众对腐败的这种心态，就成为反腐的一个羁绊。这对一个国家、一个民族来说也是极为可怕的。正如俄律师根里·列兹尼科夫所指出的，在俄"反腐之所以没有效果，主要由于行贿对俄罗斯人来说已习以为常，这种现象并没有遭到整个社会的谴责，因此必须要首先解决社会的深层问题。"[3]

俄罗斯司法弱化与严重腐败

1993年俄罗斯通过了新宪法。该宪法第10条规定："在俄罗斯联邦，国家权力的行使是建立在立法权、执行权和司法权分立的基础之上。立法、执行和司法权机关相互独立。"从宪法来说，规定和保障了司法的独立性。但从俄罗斯的

---

[1] 《俄罗斯中亚东欧市场》2009年第11期，第46页。
[2] 俄罗斯报纸网，2010年8月17日。
[3] ［俄］《观点报》2010年7月15日。

实际情况看，一直存在两个问题：一是司法独立性不强，其力量在三权中最弱；二是司法腐败严重。

人所共知，司法是维护社会公正和正义的一个重要机构，它又是反腐败的主要机构，但在俄罗斯，司法腐败成了一个十分尖锐的问题。俄罗斯报纸网2010年8月17日公布的一份报告指出：俄"司法系统的受贿现象尤为普遍"。司法的不公与不能救助民众正义，一个重要因素是司法腐败。司法腐败主要表现在：一是个人腐败，系指法官索贿、受贿、敲诈勒索等徇私枉法行为；二是出于政治考虑或受握有经济权人士的影响，不能公正执法。这里特别要指出的是，俄司法受地方权力机构干预十分严重，这是难以行使司法独立的一个重要因素，也是至今存在"电话审判"的原因之一。据调查，在俄腐败机构排名中列在首位的是地方政府。据透明国际的调查，俄罗斯法院及其司法人员已经成为俄高腐败人群。在俄罗斯有这样一种说法："当诉讼缠身时候，最好的解决办法是和解。我们不害怕审判，但我们害怕法官，因为法官最容易被贿赂。就像鸭子的肚子，法官的口袋很难被填满。进入法院时你穿着一身衣服，出来时你会一丝不挂。"[1] 根据俄罗斯智库的调查，在俄罗斯，当事人要赢得诉讼所花费的额外成本为9570卢布（相当于358美元）。而根据俄某基金的调查，一个州法院院长每次办案平均收贿1.5万到2万美元，一个市法院普通法官办案的平均受贿金额也达4000美元。[2] "在司法系统，决定职业威信的标准不是执法工作，而是能否持续腐败。肥缺岗位本身就成了买卖对象。'就业'已经变成护法机关的摇钱树。例如，一个区检察长助理至少值1万美元，而到交警支队工作可能需要花比这多4倍的钱。"[3] 司法腐败造成了极其严重的后果：一是使人们对司法机关失去信任，普遍认为不能依赖司法求得公平与正义。2010年6月10日俄罗斯科学院社会学所一项调查报告说："连幼儿园的儿童都不相信法律面前人人平等"。二是给国家造成重大经济损失，俄官方公布的2007年司法腐败案件中造成的损失为4300万

---

[1] 《俄罗斯中亚东欧市场》2009年第11期，第45—46页。
[2] 《俄罗斯中亚东欧市场》2009年第11期，第46页。
[3] 俄罗斯报纸网，2010年8月17日。

美元，但根据俄检察院下属调查委员会的调查，实际损失是它的 2000 倍。三是司法腐败助长了政治腐败，试想，腐败的法官会去追究腐败的政府官员吗！四是，司法的腐败导致破案率低，俄罗斯有 90% 的受贿者都没有受到法律严惩。这一情况，亦是造成俄腐败猖獗的一个原因。

俄罗斯腐败是非常严重的，俄有人甚至认为反腐是"越反越腐"。治理腐败将是一件十分艰巨与复杂的事，腐败能否得到遏制，关系到俄罗斯国家发展前途的问题。

作者单位：中国社会科学院俄罗斯东欧中亚研究所

俄罗斯未来十年的风险

李宏梅 译

基里尔·弗拉基米罗维奇·罗季奥诺夫，过渡时期经济研究所研究员。2010 年 7 月 7 日俄罗斯《独立报》网站上发表了他撰写的《未来十年的风险》一文。文章内容如下。

"2012 问题"是近几个月以来热议的话题之一。关于下一轮总统选举结束后谁将荣登总统宝座，目前的政权组合能否继续保留，双头政权还换位置能否带来新变化等问题，专家们提出了各种预测。不无重要的是另一个问题：2012 年后国家将走向何方？新（或重新当选）的国家首脑的任期将到 2018 年，就是说他将决定国家接下来十年的发展前途。俄罗斯未来十年内会面临哪些战略性挑战呢？在此列举的种种风险总的来说对国家是极其危险的。如果政治精英不给出合理的答案，那么在下一个十年末俄罗斯将面临严峻的制度危机。

一、养老金分配制度危机

2010 年养老基金赤字达 11660 亿卢布，几乎占俄罗斯国内总产值的 3%。弥补俄罗斯养老基金赤字的拨款是目前预算中一项巨大的支出。由于预算中用于支付养老金的资金严重短缺，政府不得不提高课税（由统一社会税转为缴纳保险金），并且停止为财政拨款人员再次增加工资。这些措施的实施为俄罗斯经济走出危机增加了难度，且不能解决养老制度的长远问题。这些问题的深层原因在于，国内现行的养老金分配制度只有在在职人员与退休人员的比例为 3∶1 的情况下才能保证养老金达到合理的水平。在当今俄罗斯，这个比例为 1.7∶1。在这种形势下，唯一的出路大概只有全面过渡到养老金积累体系。俄罗斯可以效仿挪威，设立一个全球养老基金，将石油出口税收、国有企业股票的超额利润以及国有资产大规模私有化所得的收入交给这个基金管理。全球养老基金的资金投资收益将用来为那些由于年龄原因不够条件参加积累体系的退休人员支付日常养老金。养老金积累体系本身将是一个养老金个人账户体系，由公民和企业向这个账户缴费。养老金积累体系还包含为吸纳养老金账户中的资金而展开竞争的各种所有制形式的养老基金，投资的效益愈高，吸纳的资金就愈多。

显然，养老金深化改革的难点不仅在于纯技术层面（完成改革需要整整十年时间），还有政治方面的原因。过去十年内，政治稳定，经济增长，原料市场形势看好，俄罗斯向养老金积累体系过渡相对容易。但遗憾的是，错过了这个良机。在接下来的十年内进行这样的改革将艰难得多，但改革势在必行，否则政府将再次被迫提高税收。

二、兵员补充编制制度危机

军队征兵危机是近20年内俄罗斯固有的国情特点。这不仅由于当兵的前景日渐暗淡、军队经费不足，还有人口形势变化的原因。征兵制是那些尚未完成人口转型、处于工业化初期阶段的国家的典型特征。比如在中国，服兵役对于在农村多子女家庭中长大且想摆脱贫穷的年轻人来说，是相当不错的跳板。在发达国家，通常城市家庭中仅有一个儿子，他至少接受了中等教育，所以征兵危机是客观现实。首个取消征兵制的国家是美国（1973年）。所有西欧国家都效仿美国人。我国虽然算不上发达国家，但是根据人口指数，俄罗斯已步入后工业社会，而后工业社会的通则是志愿兵。2009年的征兵危机就是一个鲜明的例证：由于服役期改为一年，所以每年需要征70万年轻人入伍，而当时年满18岁的年轻人只有80万多一点。难怪从那以后总参谋部提议将服兵役的年龄上限从27岁提高到30岁，并且征收新兵的工作全年进行，要求应征者无刑事诉讼记录。不过，提高兵役税是社会绝对不能接受的。

也许问题只有靠建立职业化军队来解决。必须提高士兵工资，让志愿服役的人生活有保障，那样根据合同服兵役才具吸引力。毫无疑问，取消征兵制将获得俄罗斯社会各界的广泛支持。要实行改革，必须排除来自想保留义务奴隶制的国防委员会和总参谋部的各权势集团的反对。

三、世界能源市场的变化

近些年可以说俄罗斯是"能源强国"。这个地位似乎无人能够动摇。2009年俄罗斯石油开采总量占据世界第一位（49400万吨）。不过今天，石油行业出现了不景气。如果说1997—2005年（该领域私有化以后），由于私人资本的注入使石油开采量上升（从30000吨到48500吨），那么2006—2009年，国家在该行业里的地位急剧提升后，开采量实际上并未增长。由于商业风险的提高，很多矿区未投入生产。石油开采量停止增长，是该领域重新国有化的结果，是石油行业形势恶化的证明。

天然气领域的发展前景也不容乐观。7年来美国首次超过俄罗斯（5820亿立方米）成为最大天然气生产商（6240亿立方米）。就在前不久，俄罗斯（以"俄罗斯天然气工业股份有限公司"为首）还幻想占领美国至多20%的天然气市场。现在美国完全停止进口天然气，并且有成为最大天然气出口商的威胁。原因在于页岩气。开采页岩气在不久以前还被认为耗资巨大，技术复杂。不过，天然气居高不下的价格使页岩气的开采具有经济价值。美国在几年时间内完善了垂直井工艺技术，使这一资源得以开采。从前不被看好的页岩气产地成了优良商业资产。美国2007年开采了340亿立方米页岩气，2009年的开采量则达到了900亿立方米。据初步评估，加拿大和美国的页岩气储量极为丰富（占世界储量的23%）。另外，欧洲也有页岩气。波兰在春天宣布，国内发现13600亿立方米页岩气储量。荷兰、法国、德国和瑞典也开始开采岩层。如果欧盟国家探明页岩气储量，俄罗斯将失去近三分之一的天然气出口量。这将削减以"俄气"为代表的"民族优势"。

译者单位：中央编译局俄罗斯研究中心

人力资本及其在当今俄罗斯的发展

鲁·马·努列耶夫 著 李宏梅 编译

鲁·马·努列耶夫,经济学博士,俄罗斯国立大学高等经济学院教授,俄罗斯普列汉诺夫经济学院国民经济教研室主任。俄《社会科学与当代》杂志 2009 年第 4 期发表了他撰写的《人力资本及其在当今俄罗斯的发展》一文。文章谈了俄罗斯人力资本发展的现状及存在的问题。现编译如下。

俄罗斯人力资本的水平和结构

在市场经济条件下许多现象和进程都获得了商品和货币形式,可以视为能够给人们带来经常性收入的资产。人本身也不例外。人力资本,从广义上说是体现在人身上的一种独特的资本形式。它是人所拥有的健康,知识,技能,天赋,能够促进其提高劳动生产率、为其带来薪酬收入的动机。人力资本通常包括:天生禀赋,文化素质,基础知识和专业知识,习得能力,技能和经验,适时适地对其加以运用的能力。近年来甚至人的遗传、生理和心理特点、精力、相貌和机智都被当做物质资本的一种特殊形式。

谈到俄罗斯的人力资本发展情况,还要从人类发展指数说起。所谓人类发展指数(Human Development Index),它由以下三个指标构成:健康长寿,用出生时预期寿命来衡量;接受教育,用成人识字率(2/3 权重)和小学、中学、大学综合入学率(1/3 权重)共同衡量;生活水平,用人均 GDP(购买力平价美元)来衡量。具体指数可以用下列公式来计算:分子为实际值减去最小值的差,分母为最大值减去最小值的差。

经过计算，俄罗斯人类发展指数为 0.802，处于第一组高人类发展指数国家的榜尾。并且，俄罗斯各地区人类发展指数也不尽相同。指数稍高一些的地方是金融中心和富裕的采油区。只有 26% 的俄罗斯居民生活在人类发展指数高于平均值的发达地区，而 68% 的俄罗斯居民生活在人类发展指数低于平均值的地区，还有 6% 的居民生活在远远落后于俄罗斯平均指标的地区。

俄罗斯的劣势首先并且主要在于人均寿命低（排第 119 位）。在小学、中学和大学综合入学率（排第 31 位）和用人均 GDP 来衡量的生活水平（排第 58 位）这两项指标上，俄罗斯与发达国家差距不如人均寿命那么大。并且出现了一种反常局面：俄罗斯的人均 GDP 优于人类发展指数。

20 世纪 90 年代俄罗斯出现了人均预期寿命下降的趋势：从 1990 年的 69.2 岁下降到 2001 年的 65.2 岁。其中，男性寿命从 63.7 岁下降到 58.9 岁，女性寿命从 74.3 岁下降到 72.2 岁。有数据表明，俄罗斯的人均预期寿命低于发达国家 15—17 年，目前令人担忧的是俄罗斯男性寿命仅为 59 岁，甚至落后于很多发展中国家，如印度、埃及和中国。形势相当严峻，因为一个民族的人均寿命的增长速度是非常缓慢的。同时，俄罗斯用于卫生事业的开支无论绝对数量还是相对数量都比发达国家低得多。2003 年，俄罗斯用于卫生事业的开支比瑞典低 33%，比德国低 50%，比美国低将近 66%。

人类发展指数的第二个指标是接受教育。俄罗斯教育取得的成就有目共睹，但近些年发生的变化却喜忧参半。俄罗斯的初中基本为公立，非公立教育机构数量依旧少得可怜。在所有非公立全日制普通教育机构学习的学生总数不及俄罗斯联邦所有在校生的 0.5%。高等教育机构也发生了较大变化：1990 年只能在公立教育机构中接受高等教育，到 1995 年非公立教育机构容纳了 5% 的在校大学生，2000 年达到 10%，2005 年达到 15%。因此，1990—2005 年俄罗斯在校大学生数量增加了 1.5 倍。私立大学学生数量逐年增加的原因是较为低廉的学费和对学生较低的要求。近些年教育商业化席卷了俄罗斯，客观上使俄罗斯历来很高的教育质量明显下滑。

影响俄罗斯人力资本发展的因素

检验人力资本投资成效的一项重要内容是国民工资水平。2004年俄罗斯工业部门每小时工资为1.7美元,虽比中国、印度和印度尼西亚高出2倍,但比与俄罗斯劳动生产率水平相当的中东欧国家和拉丁美洲低了28.6%,比七国集团(23.3美元)和北欧国家(31.5美元)要低得多。"七国集团"每小时工资是俄罗斯的13.5倍,全员劳动生产率是俄罗斯的2.3倍,北欧国家每小时工资是俄罗斯的18.2倍,全员劳动生产率是俄罗斯的2.6倍。由此至少得出两个结论:俄罗斯有提高劳动生产率的巨大潜力,可以通过增加工资来刺激提高劳动生产率。

居民收入水平下降、收入分配不均日益加剧是俄罗斯市场改革初期的衍生物。如2000—2001年10%工资最高的职工和10%工资最低的职工,其平均工资相差34—40倍,而2002—2003年差距为30倍。而且,由于不同行业不同地区劳动报酬的差别而产生的工资差距越来越大。根据俄罗斯国家统计委员会数据显示,燃料能源企业、有色金属和金融领域职工的工资最高;农业、轻工业和预算部门职工的工资最微薄。21世纪初,约1/3俄罗斯居民领取的工资与最低生活标准相当,仅莫斯科和秋明州天然气采掘区居民人均货币收入水平可观。

俄罗斯各联邦主体之间**居民就业率相差悬殊**。2002—2003年俄罗斯就业率平均水平为59.4%,总体水平在埃文基自治区的74.3%至印古什共和国的22.4%之间摇摆。男女就业率差距依然明显。40—44岁群体中男女就业率差距最小,55—59岁群体中男女就业率差距最大,这主要源于妇女过早退休。近年来生育和抚养子女对就业率的影响大为减小:20—34岁之间男女就业率仅差10个百分点。

总之,俄罗斯公民工资结构不适应科技革命时代。而且,业已形成的教育体制不能促进形势好转。高等教育成了一种不能同步反映能力高低的社会标准。而与此同时西方却在提高教育水平以促进劳动报酬的增加。比如,在美国每提升一级学历,家庭年收入就会随之提高,并且提高幅度非常大。通过博士论文答辩的美国人比12年制中学9年级没毕业的美国人收入高5倍；中学毕业的收入为中学肄业的2倍；取得学士学位后的收入为中专毕业生的2倍。

俄罗斯现有高等和中专教育体制却不能解决上述问题。俄罗斯当前多数教育服务是国家免费提供的，接受教育是一种社会福利。私人收益的增长远远大于私人成本的增长，而社会收益和社会成本之间的关系却相反。目前中专教育（假定为N年）达到了最大社会效益，当然这个值各国都不同。但是当前俄罗斯中专教育不如高等教育发达。

当前俄罗斯的**劳动生产率不高**，与罗马尼亚、保加利亚、乌克兰和白俄罗斯接近，这并非偶然。我们知道，基础和应用科学研究的发展是劳动生产率提高的必要条件。俄罗斯科学昔日成就斐然，但最近11年科研领域从业人员锐减。当然，论科研领域从业人数俄罗斯仍排世界第三位，但是，论国内科研经费则降到第九位。如果计算一下科研领域一个从业人员的科研经费，那么2004年俄罗斯为人均1.7万美元。而同年波兰为3.4万美元，捷克为6.7万美元，中国为8.2万美元，美国为13万美元，韩国为14.6万美元。科学界的主要资金来源为从事科研的企业。但企业投资科研有利有弊：一方面能加速科研成果的应用，另一方面将导致基础研究处于落后地位。如果这个趋势继续下去，那么俄罗斯不久以前在基础科学领域获得的相对优势将遗失殆尽。检验投资科研是否有成效的标准是国内创新水平。从创新性来说，俄罗斯综合排名为第35位，但各项指标参差不齐。按学者和工程师指数，俄罗斯排第9位；按集群环境指数，俄罗斯排第41位；按与大学的相关度，俄罗斯排第44位；按创新政策，俄罗斯排第58位；按公司行为和战略，俄罗斯仅排第63位。各项创新性之间如此参差不齐，大大降低了总体效果，使俄罗斯在向国际市场输出专利方面远远落后于印度、中国。

因此，俄罗斯在科技发展、人才资源、物质技术基础和集群发展方面并不逊色于其他国家，甚至在某些时候处于领先地位。但是需求状况、不发达的资本市场、不充足的市场激励，以及现有的组织管理办法和程序，这些都削弱了俄罗斯的竞争力，并妨碍国家工业和整体经济竞争力的提高。这种削弱竞争力的因素并非技术经济性的，而是体制性的。

近年来在俄罗斯教育成了拉大贫富差距的因素。收费教育是始作俑者。涌现出一批精英学校和精英大学，同时出现了低收入阶层接受的二等教育，这加大了提高职业技能机会的不平等。在俄罗斯有一种现象叫"滞留"贫困，指的是那些收入低于最低生活水平超过5年的居民。经济发展部最乐观的指标显示，最近20年（2000—2020年）内滞留贫困的数量在最好情况下将减少一至两个百分点；而据悲观预测，其数量将为现在的2倍。

由此产生了经济不平等的社会根源。论基尼系数，俄罗斯现在与美国水平相当。但是美国各阶层之间的流动性很高：某人不久前还是个穷光蛋，现在跻身中产阶级，一些中产阶级人士成为富翁；相反，一些富人破产沦为中产阶级的一员。遗憾的是，俄罗斯暂时还没有上述情况，在可预见的未来也不会出现上述情况。不过我希望我的预言不会成为现实。

译者单位：中央编译局俄罗斯研究中心

俄罗斯矿产资源现状

彭晓宇 摘译

2010年9月16日俄罗斯《一周论据》刊文对俄的矿产资源状况作了总体说明,并对矿业发展的现状和行业中存在的主要问题提出了自己的看法。文章主要内容如下。

从资源角度看,俄罗斯是超级大国:俄罗斯拥有全世界天然气储量的26%,煤储量的20%和石油储量的8%,以及世界上2/3的金刚石,1/4的镍和锡,1/10的金和银。

但哪个国家更依赖能源是有争议的。挪威原料出口贡献了GDP的25%,新西兰贡献了14%,澳大利亚和加拿大是10%—12%。最近8年来,俄罗斯的这一指标一直占GDP的11%到17%。2009年,原料为联邦国库注入了53%的收入,为3.92万亿美元。

尽管有人说形势危险。但每逢困难时,俄政府还是可以指望石油天然气。而且,也没人想到石油天然气会出什么问题。但实际情况是:一方面是国际能源价格的猛涨;另一方面,俄罗斯最大的矿产地正在走向终点。

据俄自然资源部的数据,俄探明的黄金储量将在2014年枯竭。到2025年,铀、铜和原生金也将用完。此外,西西伯利亚的石油和东西伯利亚的天然气都要开采完。天然气的主要产地、俄罗斯最大的储量所在地萨莫特洛尔已经开采了80%。石油"麦加"苏尔古特在20世纪80年代就达到了开采巅峰。

目前俄罗斯还没有新的大型矿产地。这不是因为自然界中没有,而是因为没有去找。俄罗斯自然资源部资源司司长奥列格·马伊切夫斯基说,"目前俄罗斯经济中在建的工程，都是依靠苏联时期的投入。1992年前，发现的自然资源的产地数量超过了开采量。但是，此后就开始雪崩似的下滑。"

石油的情况最差，从1994年起，石油储量就在有规律地下降。彼得堡矿业学院院长、工程学博士弗拉基米尔·利特维年科说："2002年，探明的石油比开采的少1.51亿吨。2004年，更是创了纪录，少了2.23亿吨。"

20多年来，官员们在吃苏联时期发现的矿产地的老本。把资源逐渐分发出去。结果，一些人有了上亿身家，而国家的地质储备已经空空如也了。矿业专家说，目前，石油、镍和金刚石探明储量的90%、天然气探明储量的80%、黄金和铂金探明储量的70%都被分了。剩下的谁也不搭理，都是些小产地。甚至没有一个算得上中等的矿产地。

现在，俄罗斯必须要为未来谋划了。是该大规模研究地下矿藏的时候了，但这并不容易。首先，没有人去勘探……俄罗斯科学院副院长拉韦罗夫说："1989年苏联有11万地质勘探人员，有50万人为能源综合体工作。现在整个地质勘探系统只有4500人，且很多都是退休人员，工作人员的平均年龄从1980年的35岁提高到了2010年的65岁。"

其次，地质勘探是很亏本的活动。比如，开采俄罗斯的大陆架需要5200亿卢布。其中，直接用于修建塔台、运输船和管道就需要1900亿卢布，而3300亿卢布是用于勘探工作的。即使涉及很小的项目，也花费巨大。

但主要的问题不是钱，也不是缺少人员。9月初，石油天然气领域最权威的国际机构瑞弗雷泽研究所公布了64个国家的"矿业投资吸引力排名"。俄排最后一位。原因是，官员们设置重重障碍。一些矿业官员尽其所能，限制人们了解地质信息。据专家们称，使用20世纪30—80年代考察中收集来的旧的钻孔数据和资料，能把勘探工作的费用降低40%—70%，全世界都免费提供这些资料，而俄罗斯却不是。

按照俄罗斯的《地下矿藏法》，地下矿藏资料是有偿提供的。而在该法律通过的13年来，国家都没有想好，怎么处理这些财富和卖多少钱。另外，根据一些制度要求，最有价值的地图和报告是受限制的。

结果可以预见。在一些官员紧紧守住地质秘密时，黑市的地质情报交易却热火朝天。所幸一个月前，俄罗斯彻底取消了地质信息的收费，解决了这个问题。

另外还有一些进展。根据原有法律，私人公司在进行勘探时，如果无意间找到了很大的产地，国家有权收回。这阻止了大部分的投资者。现在，投资者们有了一个很好的"降落伞"。根据新规定，即使产地被国家收回，私人公司也能从国家预算中得到所有勘探费用的补偿，还可以加上100%的风险费。

俄罗斯自然资源部编制的《地质业发展战略》说，要在2020年把大规模地质勘探恢复到苏联时期的水平。据俄科学院地质研究所的估计，俄罗斯的地壳内还蕴藏着1000亿吨的"标准燃料"，是探明储量的两倍。这足够全世界取暖一个半世纪。

译者单位：中央编译局俄罗斯研究中心

<<< 俄罗斯问题研究（2010）

俄罗斯联邦政府 2010 年反危机措施纲要

徐向梅 摘译

俄联邦政府 2010 年 1 月 1 日在其官方网站公布了《俄联邦政府 2010 年反危机措施纲要》，文件分三个部分，第一部分是导言，概括性总结了俄罗斯 2009 年的经济发展情况，指出成绩与不足；第二部分是《纲要》的重点，规定了 2010 年政府反危机措施的优先方面；第三部分是对 2010 年经济发展的预期。现摘译如下。

导言：2009 年的俄罗斯经济

从 2009 年第三季度的结果看来，俄罗斯经济从 2009 年下半年走出危机的谷底，开始恢复增长。政府采取的反危机措施改善了劳动力市场的状况，降低了失业规模，促进了农业部门的稳定。工业生产从第一季度下降 14.3% 到第四季度下降只有 5%，全年预期下降 11.5% 。GDP 全年降幅不会超过 8.5%。与此同时，能源和俄罗斯其他主要出口品国际市场价格的上扬、世界经济首先是东南亚经济的复苏也成为俄经济复苏的重要因素。由于实施反危机政策，社会领域保持了稳定，成功地预防了社会紧张局势的加剧，失业水平从第一季度的 9.1% 回落到 11 月底的 8.1%，处于可控状态。

不过，这些积极的态势还具有不稳定性，一些部门的增长伴随着另一些部门的下降。稳定增长的主要动力——投资和信贷都还继续处于萧条状态。对国际原料市场行情的依赖、内需不足、本国工业的能力不足、虚弱的金融体系以及经济中缺乏长期资金，这些导致经济快速而深度衰退的因素依然在经济中居主导地位。政府第一阶段（2008年底到2009年）的反危机政策主要着眼于缓和危机对国民和国家经济产生的后果，预防危机给工业和技术潜力造成不可挽回的损失。

在现有经济模式下继续实现恢复增长还存在如下问题。首先，增长将是不稳定的，因为俄罗斯经济的内部风险在短期内难以消除。其次，增长速度将变得越来越慢，因为这将受到世界经济恢复的刚性制约。第三，俄联邦政府在危机前着力要摆脱的经济模式将重新出现。同时，也将无法保障实施经济现代化，无法实现《俄联邦2020年前社会经济长期发展构想》以及《俄联邦政府2012年前基本工作方针》所提出的目标和任务。必须把侧重点从扶持经济部门、企业和居民转移到形成新的工业潜能、现代化、创新、提高人力资本的质量上来。

不过，这并不意味着停止实施反危机措施，政府通过的决议在2010年内都将付诸实施。而且，支持经济的复苏，保障刚刚出现的经济增长的稳定性是政府工作重要的优先方面。联邦政府也会在必要时采取新的措施，为此预留了1950亿卢布的预算。失业、居民的社会扶持、养老保障和解决单一城市①问题将受到重点关注。

2010年反危机措施的优先方面

1. 维持社会稳定，保证充分的社会保障

从2010年1月1日起，提高国民养老保障水平，对穷困的退休者实行新的定向社会援助，确保退休者的物质保障总额不低于各联邦主体确定的退休人员最低生活保障金。提高社会援助计划实施效率。继续实施针对处于困难生活状态儿童的援助基金计划。

缓和劳动力市场的紧张局势，完善居民就业支持机制。为此2010年联邦预算计划拨款363亿卢布。力求2010年登记失业人口维持在2009年的水平（220万人）。为了保障本国居民的就业，继续控制外来劳动移民数量。对此将用立法

---

① 指依赖一家或几家大企业而存在的城市。俄政府以一家或几家大企业的工业产值占该城市工业产值过半为标准统计，全国有这类城市335座。这些城市在经济危机中受损严重。——译者注

予以规范。

2. 支持经济复苏，保障刚刚出现的积极趋势稳定下来

继续实施2009年那些最行之有效的特别是具有长期性的措施。预算将为此支出2330亿卢布。保证在大幅压缩用于反危机措施的预算资金的情况下取得最大效应。2010年反危机措施旨在保障经济中刚刚出现的积极趋势的稳定性，主要包括：1）放宽企业信贷，重组实体部门债务。2）刺激内需。加大对汽车工业、药品生产和住宅市场的支持力度。3）发展中小商业活动，扩大经济增长的基础。建立中小企业贷款保障机制，鼓励企业创新活动。4）重组单一城市的经济，创造新的工作岗位，实现其经济的多样化。

3. 现代化措施

2010年政府活动不只是日常工作，而且其预算和货币信贷政策都必须侧重于实施现代化计划，形成新的经济结构。主要内容包括：1）经济多样化，支持内需，组织新的合乎现代水平的生产。2）刺激经济中的创新积极性。3）发展关键的高技术和基础设施部门。包括飞机制造，国防工业综合体，电子技术，发展交通运输体系。将制定发展汽车工业战略。加强国家在战略部门重组、发展该领域的竞争环境和促进其产品出口中的作用。4）建立经济中的长期资金来源。5）金融体系的现代化。6）发展人力资本。7）重组国有企业，实行私有化，实施预算系统改革。8）宏观经济政策的现代化方向。2010年将修正宏观经济政策的主要方向，从"减震"危机后果、扩大流动性、大规模的预算刺激经济逐渐过渡到"后危机"政策——为长期的经济发展创造稳定的宏观经济条件。预算政策方面强调发展和现代化，工作重心从反危机转向形成未来增长的潜能，奠定知识创新型发展模式的基础，同时继续降低预算赤字。

2010年的经济发展

2009年下半年的石油价格高于预期，世界经济也更快地恢复。在2009年下降2%的情况下，2010年全球有望实现3.3%的经济增长。有利的外部经济形势和政府实施的反危机措施使得俄罗斯经济在2010年有可能巩固积极的趋势，保

持大多数宏观经济指标良好的动态。

2010年固定资产投资可能重新增长，达到2.9%。原料价格高企将不只是使出口商收入增长，也会在总体上降低风险，刺激投资愿望。2010年下半年有望放松贷款条件。除原料部门投资会增长，预计农业、交通运输和通讯部门的投资也会增长。

投资和外需的增长将成为工业生产指数恢复的支柱，这一指数在2010年可望增长2.8%。通胀速度将继续维持下降的趋势，2010年上半年可能只有6%—7%，这与需求仍然不足和预期卢布汇率坚挺有关。2009年粮食收购价格的下降也是通胀的抑制因素。不过随着经济恢复和需求上升，消费品价格可能重新开始上涨。不过年内通胀仍然可能维持在6.5%—7.5%。

由于2010—2012年间通胀增速将减缓，经济增长将更强劲，居民实际工资在此期间将增长6.5%，居民实际可支配收入2010年有望增长3%，特别是退休金会增长。2010年失业人数会维持稳定，比2009年略有减少。消费需求将开始恢复，年内消费需求可望增长3.3%。今后几年工资增长和贷款恢复将支持需求继续增长。

这样，在业已形成的外部经济发展趋势下，2010年俄罗斯国内生产总值预计将增长3.1%。同时，如果能有效地实施反危机计划和现代化措施、解决短期经济问题（克服银行贷款停滞问题，在卢布汇率坚挺等情况下改善大部分产品的竞争力），俄罗斯经济有可能更快地回复到5%—6%的增长轨道。

译者单位：中央编译局俄罗斯研究中心

美国学者谈西方对俄罗斯经济改革的建议

詹姆斯·R. 米拉 著 张文成 编译

詹姆斯·R. 米拉是美国著名俄罗斯和苏联经济史学家，2008年11月30日去世。为了纪念他，《后共产主义研究》2009年1—2月号刊发了他的文章《谢格老爹谈俄罗斯经济改革》。作者借用其曾祖父谢格的民间智慧，对西方经济学家和一些国际组织对俄罗斯和其他转轨国家的经济改革建议提出批评。

用事后聪明重新审视西方对俄罗斯和其他转轨国家经济改革的建议，并没有多大挑战性和启发性，用先见之明来评价乍一看似乎也不可能。不过对这个问题的琢磨，让我想起我的曾祖父谢格老爹（Papa Schaeg）。他教给我们很多成语、格言和谚语，帮助我们避免了许多不好的决定和判断错误的行为。这些成语、格言和谚语凝聚了数百年的民间智慧，它们可以在决策者行动之前发出劝告和警告。下面我完全依据谢格老爹的民间智慧，对转轨国家经济改革过程中推行的实际政策作一些评价。

一、战略：应当干什么？

1. "如果你不知道上哪儿去，什么路都可以把你带走。"

叶利钦政府对它应当采取什么经济改革政策并不清楚。1991年底，当戈尔巴乔夫被推到一边，苏联被分解为15个共和国时，政治目标是主导，即把戈尔巴乔夫永远赶下台。我从和俄罗斯主要经济学家的私人谈话中了解到，叶利钦要找一位能"清除"苏联指令性经济的经济学家。盖达尔就是愿意承担这个任务的经济学家,这也是他把自己和同僚比做"神风敢死队队员"的原因。后来他声称,这种清除是休克疗法的首要目标。激进改革也被当做一个吸收大笔家庭剩余现金以防止恶性通胀的手段。回过头来看,休克疗法似乎是一个心血来潮且准备不足的政策。

例如,把它同"向市场经济过渡"的计划加以对比。后者是根据戈尔巴乔夫和叶利钦的共同指示,由斯·沙塔林领导的一个工作班子在1990年8月拟定的,整个计划长达两卷。第一卷解释了拟议的改革的"概念和规划",第二卷是为新的市场经济奠定法律基础所必需的"法律草案"。沙塔林与合作者(包括列·阿巴尔金、格·亚夫林斯基、鲍·费奥多罗夫)提出了三个选择。第一,可以继续维持现状的渐进改革;第二,体制可以"反弹",恢复到过去的中央管制经济;第三个选择是建立市场经济基础的"500"天计划,"以满足人民的需要"。戈尔巴乔夫在1990年4月1日否决了激进计划,因为他不能让自己放弃社会主义,或者实行该计划所要求的私有制。当叶利钦雇用盖达尔在1991—1992年冬天实行休克疗法时,他得到保证说经济形势到1992年9月将会好转。就像第一个五年计划在四年时间里完成了一样,500天计划只要300天就可以完成。

2. "不要跳出油锅又落入火坑。"

休克疗法实施后,恶性通胀接踵而至。盖达尔的激进改革不是按照沙塔林计划进行的,相反,它是一个标准的宏观经济一揽子计划,目的是消除通胀,恢复市场经济的宏观经济稳定。价格放开被认为导致了价格水平的一次性跳跃,一次在冻结货币工资和极度紧缩货币政策限制下的跳跃。结果证明,因为政治原因货币工资和退休金不可能冻结,政府得不到国家银行行长的必要配合。老的指令性经济被彻底破坏,俄罗斯经济开始了长达七年的衰退。

3. "不要贪多嚼不烂。"

一个经济体可以在500天内转变为市场经济,这当然根本是不现实的(而且沙塔林私下告诉我他也知道这一点)。加快改革速度有政治原因,但是企图在非常短的时间里实现转变的一个首要原因,来自西方经济学家思考经济问题的方式。将市场经济描绘成一个供求之间的二次方程是20世纪经济学最重要的思想之一。它的意思就是在经济系统内每一种物品的数量和价格都在某种程度上依赖于其他所有物品的数量和价格，也就是说，一切取决于一切。这就是西方经济学家包括一些最杰出的经济学家认为任何改革都必须全面推进的原因。局部改革注定要失败，因为老的计划经济制度和习惯会抵制改革，回到一种制度均衡。出于同样的原因，实行资本主义制度也明显需要采取一种整体性做法。如果要有效地作出关于投入和产出的个人决策，就必须让价格在竞争的市场上自由波动，达到平衡。企业必须实行私有，才能作出反映资源稀缺的决策。在这些市场上竞争是必要的，等等。由此看来，所有价格必须放开，企业必须私有，竞争必须确立，执行合同的法律制度必须建立，等等，所有这一切要同时进行。

生物进化是渐进的、一步一步发生的，有人提出了相反的观点，但证据是：复杂系统能够逐步地、渐进地进化，灵长目动物眼睛的进化就是例证。换个角度想，俄罗斯改革者贪多而没有嚼烂。

4. "一个鸡蛋不能既做煎蛋又孵小鸡。"

据说，列宁曾经用这句话来说明他对激进社会变革的社会代价的态度。谢格老爹的另一句话比这还简单，他说：两个结果相互排斥。煎蛋代表的是资源消费，孵小鸡代表的是投资。自从激进改革开始以来，为了私人的直接利益而消费和出口自然资源的现象非常惹人注目。没有指导国内投资的产业政策，而外国投资者也不愿意在俄罗斯投资，因为风险太大了。

改革战略假设，如果价格合适、工资合适、利率合适、汇率合适，实际变量会自动生效，市场经济会合理运转。具有讽刺意味的是，叶利钦的改革战略完全依靠货币变量，就像过去的苏联指令性经济完全依靠数量变量一样。两个极端体制在现实世界中都失败了。

二、策略：应当怎么干？

1. "如果你不知道自己在哪儿，就不可能从这儿到那儿。"

许多西方顾问错误地认为，如果一个人知道他到哪儿去，那么他就有足够的信息到达那个目的地。但是知道一个市场经济如何建构、如何运转，还不足以画出一条走向市场经济的路线。如果你有一张世界上最详细的地图，一张告诉你所有可能的目的地的地图，但是如果它没有标明"你在此处"，这张地图也是没有用的。

忽视俄罗斯经济的初始条件决定了西方学者和机构建议注定失败的命运。许多西方顾问被价格放开后消费品市场作出回应的迅速程度误导了，因为他们没有认识到这些市场在改革前的情况。当时，消费品市场定价太低，造成商品购买时的排队现象，一旦允许价格上涨到平衡水平，排队现象会消失，家庭储备现象也自然会消失。

苏联社会主义经济没有投资品市场、金融市场，或者存在生产性资产的市场，因此，即使放开价格，它们也不能恰当地对价格信号作出回应。劳动力市场的表现略好一点，但是公司城镇①的遍布大大限制了劳动力流动和供求回应模式。

2. "不要准备不周仓促上阵。"

举例来说，国际货币基金组织在改革初期的所作所为就是这样。该组织没有对俄罗斯实际情况有必要了解的学者和分析家。例如，一位高级官员确信俄罗斯国家银行可以像真正的中央银行那样运转，即使它在历史上从未担当过这些责任，而且它的领导人是一个保守的苏联经济学家，对中央银行的规则和责任一无所知。

3. "三思而后行。"

当休克疗法开始讨论和实施时，它的捍卫者常常打比方说："一个人不可能跳两跳跨过一个峡谷。"这句话的意思是说实际上最好是一大跳。然而，谢格老爹的建议是：先看一下，如果一次跳不过去，那就别跳了。建座桥或绕段路好了。

4. "欲速则不达。"

休克疗法特别是私有化是以极其仓促的方式进行的，导致了浪费和不公平。企业私有化了，资产被夺走了。创造苏联经济资产的居民大多没有实际机会索回

---

① 公司城镇指随着某个公司或厂矿的建立而兴起的城镇，居民多为公司或厂矿的职工。——译者注

他们的股份。他们对生产性资产市场、市场工具和市场行为一无所知,很容易成为各种诈骗活动的受害者。

5. "最好的政策是诚实。"

俄罗斯仓促实施激进改革的一个主要原因是改革者担心广大居民不愿意承担经济改革的代价。因此,改革是自上而下强加的,没有向老百姓解释,也没有征得他们的同意,尽管与此同时在进行政治民主化改革。俄国人民在诱导下以为改革的代价在范围和时间上是有限的。他们后来对市场改革感到希望破灭并不令人惊讶。经济复苏直到人均 GDP 连续下降七年后才开始。在此期间,一小撮精英聚敛财富,把数以百万美元计的金融资产转移到国外。改革政策诚实可能会放慢改革进程,但其结果会不会不同呢?按照谢格老爹的话来讲,不论结果如何,诚实都是最好的政策;而且他也认为,如果做事诚实,结果一般会好转。

6. "慢一点但要稳一点。"

美国和大多数发达国家的改革是以立法、法院判决和行政命令的逐步渐进改变为特点的。那么,为什么西方顾问对俄罗斯市场改革的态度如此像布尔什维克呢?在英美传统中,经济改革模式是渐进主义的。正如凯恩斯在《通论》中所表明的那样,成功可能性大的温和改革比成功可能性小的全面改革好。

7. "聊胜于无。"

我们美国人试图修理自己的社会保障制度有多久了?每次修理都只能进行一点,因为人们对可能是一次激进的"永久修理"达不成一致意见。就在 2009 年春天,设立个人权益账户(individuals equity accounts)来取代或补充社会保险本身的想法还大受欢迎。可是现在,在股票市场下跌了几个月后,这个想法也不大受欢迎了。不幸的是,俄国的激进经济改革使很多俄罗斯人"所剩无几了"。

译者单位:中央编译局

俄罗斯和中国发展路径的新模式

彼得·拉特兰 著　王新颖 编译

本文是美国卫斯理大学政治学系教授彼得·拉特兰于2008年11月提交印度新德里尼赫鲁大学"全球化与欧亚"研讨会论文的最后部分,论文题目是《后社会主义国家与一种新的发展模式的演变:俄罗斯与中国的比较》。

作者对比了俄罗斯和中国在过去20年的经济体制演变,分析了两国改革的初始条件、领导人的政策选择和改革的路径,发现在政治转型和经济改革中,两国经验的不同之处远多于相似之处。但是,俄罗斯和中国作为向全球资本主义转轨的大国,都没有完全采纳"华盛顿共识"的价值观和机制,而是逐渐在一种可以被称做"北京共识"的模式中趋同。这是一种什么样的趋同和模式?它对于国际经济新秩序的发展将产生怎样的影响?这篇论文的最后部分回答了这个问题。

俄罗斯和中国不同的轨迹说明,全球化对单个国家的影响是不可预测的。两国虽然都面临着全球经济竞争的压力,但是领导层的选择和历史演进的偶然性还是起着作用。中国和俄罗斯为全球化理论家提供了一条普遍的经验,那就是,世界并不是"平的",强大的国家可以在新的世界经济秩序中找到合适的角色。

两个国家现在看来在一种受规制的市场模式（a regulated market model）中趋同,在这一模式中,市场多元化因素被嵌入到后共产主义、权威主义的制度和实践中（这有时被称为"北京共识"）。这种新的受规制的市场模式有哪些要素呢?

（1）领导人致力于维护国家主权和民族认同的统一,这就意味着防止外国领导人和机构强迫俄罗斯和中国政府作出政治和经济决策,参与国际经济一体化不能要求以国家主权作为交换。批评意见认为，这种对主权的坚持仅仅是证明领导人控制权力的正当性的一个幌子。而辩护者认为，这是一种基于对本国人民的福祉的关切的原则性姿态，他们的历史已经证明容许外国人侵入领土的可怕后果。

民族主义是领导人的修辞，但是他们并不想让它失去控制而引发破坏稳定的群众运动，或威胁到与重要贸易伙伴的关系。在俄罗斯和中国，随着两国向国际市场的不断开放，民族主义看来都明显加强，这与全球化必然引起"身份和制度的不断破碎"的观点正好相反。

（2）领导人把经济增长视为主要目标。在其他意识形态方面的正当性辩解遭受侵蚀的时候，经济增长在一定程度上会促进国家安全、提升制度的合法性。增长也扩大了领导干部个人致富的机会，同时也令人遗憾地把他们的注意力从人的发展的问题上转移开。

（3）不论是国内经济还是国际经济，市场机制都是经济增长最有效的工具。国际贸易对所有参与者都是一种双赢的局面。每个国家都必须接受比较优势的逻辑，在国际分工中寻找到最合适的位置。在中国，这意味着通过以出口为导向的制造业剥削大量廉价劳动力。在俄罗斯，这意味着出售国家的矿产资源。两国领导人都希望通过发展更多的资本和技术密集型产业而走向食物链的上游。在接受全球化逻辑方面中国超过了俄罗斯。中国甚至比美国的老盟友日本更愿意降低贸易壁垒。

（4）市场有其局限，必须受到国家监管。那些侵蚀国家合法性和能力、激发不受控制的社会抗议的市场力量必须得到纠正。国家必须出面提供公共产品——从对基础设施进行投资，对改革失意者进行补偿，一直到制定规制框架。政治精英对经济行为者的思想脱离自己的控制感到不安。所以，出现的政治经济体具有政治权力和经济权力杂交的特征。这或许没有政治和经济相分离更为有效，但是它的好处（对领导人来说）是保证政治阶级不可或缺。

（5）自由民主并非最适宜的和最必要的，执政政治精英之间的公开对抗要保持在最低限度。中国领导人毫不含糊地反对自由民主范式，正如黎安友指出：

"民主化、自由和人权会导致一种更真实的稳定的论点——正如世界上的民主人士所确信的——对于中国领导人来说已经没有吸引力。"他们甚至有胆量发布批评美国人权的报告来回应美国国务院的中国人权纪录报告。俄罗斯的立场更加微妙：领导人正式接受民主价值，它们被写进1993年宪法。但俄罗斯的实践明显偏离民主理论。克里姆林宫的思想家们在一定程度上认识到这一点，提出了"可控民主"和"主权民主"等说法来弥合俄罗斯实际与西方理念之间的差距。

（6）经济繁荣所造就的中产阶级是这个受规制市场体制的一个社会基础。这与西方自由主义者的期望相反，他们在传统上把中产阶级视为民主的可靠旗手。傅士卓认为1989年之后中国社会契约的基础是"以政治停滞来交换经济繁荣"。埃德·弗里德曼认为"中国城市新的中产阶级往往会把民主想象成一种赋予大多数人——农村穷人——权力的制度"。中国的中产阶级也被苏联解体后的混乱吓坏了，因此更愿意支持权威主义的技术官僚领导人。

在俄罗斯，正如民意调查和选举结果证明，职业人士受到1990年代经济休克的创伤，欢迎普京的铁腕所带来的稳定。在中俄两国，中产阶级已经彻底接受消费主义和"资产阶级个人主义"，并将它与汪晖所说的"消费民族主义（consumer nationalism）"中的政治融为一体。

这种"受规制的市场"路径真的可以被认为是一种理论上和实践上前后一致的范式吗？或者，它是一种思想和政策的矛盾混合体，是不同趋势的一种暂时重合，而在未来几年就会分岔？

20世纪60—80年代从巴西席卷东亚的上一波权威主义发展浪潮于90年代平息。这波浪潮的背景是完全不同的。不论是国际上（全球共产主义），还是国内（强大的工会），都存在一种真正的反对资本主义的威胁。国家需要保护市场抵御市场的反对者。当冷战结束这些反对者的力量受到削弱时，权威主义的理由就不复存在。但是受规制市场的模式根植于一种不同的世界秩序中，根植于不可能很快消失的全球化的世界秩序中。国家的作用被视做为市场力量履行其职责提供政治稳定，规制性的干预需要保证国际贸易和投资有利于东道国，而不仅仅是外国伙伴。在冷战后这两个前社会主义大国的迫切生存需要中，受规制的市场似乎体现了一种切实可行的组织上的反应。

  这种现象为全球发展的新阶段打开了大门,在这个阶段游戏规则可能并不为西方强国独断。俄罗斯和中国希望在国际舞台上成为规则的制定者,而非仅仅是规则的接受者。但是两国的发展道路是可持续的吗?如果是可持续的,它们是否可以与其他大国就一套与现行价值观不同、将塑造下一个十年全球政治和经济制度的新价值观达成一致?巴西、印度、南非、印尼等国也在接受国际融合,并经历着快速的增长。但是与俄罗斯和中国不同,它们是稳固的民主国家。所以,全球化了的世界并不是"平的":这里有多种多样的、切实可行的模式在应对其挑战中出现。

译者单位:中央编译局俄罗斯研究中心

外交视点

梅德韦杰夫外交析评

李 兴

梅德韦杰夫就任俄罗斯总统已两年有余,任期过半。由于他是在民望极高的前总统普京的全力支持下当选的,又非常年轻,没有外交经验,当时国内外出现了一种议论,并不看好梅德韦杰夫。然而,实际情况如何,梅德韦杰夫外交有哪些特点,原因何在,前景如何呢?

一、梅德韦杰夫的外交特点

1. 调整独联体政策,重视独联体,特别是中亚,但区别对待

梅德韦杰夫重视独联体,视之为内政中的外交,外交中的内政。2008年5月上台即首访哈萨克斯坦,以后又多次访问中亚几国,加强经济、能源和军事一体化,特别积极推动独联体集体安全条约组织和欧亚经济共同体,多次举行不同层次和类别的联合军事演习。俄罗斯宣称有自己的"特殊利益区",独联体特别是中亚就属于俄的这种"特殊利益区"。在金融危机情况下,尽管自己也困难,俄罗斯还是对友好国家,特别是中亚、白俄罗斯、亚美尼亚等进行援助、贷款,帮助其脱困。2008年8月,在格鲁吉亚主动采取军事行动的情况下,俄格之间发生了战争,俄取得了军事胜利,与南奥塞梯和阿布哈兹建立外交关系,并继续加强军事存在。俄对格退出独联体有心理准备。

在向独联体国家提供能源等问题上,俄坚持向市场经济原则过渡,并实行区别对待政策。对白俄罗斯、亚美尼亚、哈萨克斯坦等友好国家,供应天然气价格相对优惠。对乌克兰等关系不好的国家,则提高天然气价格,俄乌之间多次出现

天然气价格之争。2009年8月，梅德韦杰夫宣布推迟向乌克兰派遣大使，谴责其反俄政策，表示何时派大使要视与俄关系而定。2010年乌克兰总统大选，亲俄的亚努科维奇获胜，俄表示欢迎并改善与乌克兰关系。乌公开宣称不加入北约，并延长俄黑海舰队海军基地租借期。

此外俄宣布与白俄罗斯、哈萨克斯坦于2010年建立共同关税区，积极参与了吉尔吉斯斯坦"颜色革命"，对渐显不听话的卢卡申科严厉批评。

2. 重视东方，特别是中国、印度

梅德韦杰夫就任总统后在独联体之外出访的第一个国家就是中国。2008年7月，梅德韦杰夫批准的《俄罗斯对外政策构想》指出，俄对亚洲外交最重要的方面就是发展与中国和印度的友好关系。主张在所有领域发展俄中战略伙伴关系，特别是要根据高水平的政治关系提高经济合作的内容和质量。实践中，支持2008中国奥运会，援助中国汶川大地震，接受上千名中国受灾青少年赴俄疗养，在奥运会圣火传递和西藏、新疆问题上支持中国。

2008年7月，中俄两国外长共同签署了《中华人民共和国政府和俄罗斯联邦政府关于中俄国界线东段补充协议议定书》及其附件，原本一直存在争议的中俄领土问题得到解决。2009年中国俄语年，中俄联合军演成功举行。2010年举办了俄罗斯汉语年。在金融危机中，中俄能源合作也取得了重要进展。双方领导人还签署了《俄罗斯远东及东西伯利亚地区同中国东北地区间合作规划纲要》。2010年9月梅德韦杰夫再次访华，两国元首就二战胜利65周年和全面加深中俄战略协作伙伴关系签署两项联合声明，表示在"核心利益问题"上相互支持，并共同参加了中俄油气管道竣工仪式。

俄罗斯与印度在军事研发方面的合作也已达到空前的水平。两国不仅合作开发了高精度武器，还合作制造了多用途运输机和第五代多用途战斗机。俄罗斯还在印度建立了非战略性反导系统。俄印军工和核能合作达到相当的水平。双方高层互访和军工贸易也达到很高的水平。

俄罗斯致力于加强传统"三国"（俄罗斯、中国、印度）和"金砖四国"（俄罗斯、中国、印度、巴西）的对话与合作。"金砖四国"首次峰会在俄罗斯成功举办。

除了传统意义上的外交重点，俄罗斯也开始将目光投放到东南亚等地区，与委内瑞拉、古巴、越南、伊朗发展军事与能源合作。

3. 重视能源外交、国际法和军事发展

2009年5月俄罗斯批准《2020年前俄联邦国家安全战略》。该战略认为，在长远的未来，国际政治的注意力将集中于争夺能源产地。在争夺资源时不排除使用武力解决问题的可能性。这可能打破俄罗斯及其盟国边境附近地区的现有力量平衡。梅德韦杰夫总统特别重视利用俄罗斯得天独厚的地理优势，战略控制北极的石油、天然气资源。

梅德韦杰夫的专业是国际法，他很重视国际法。就任总统后宣布的外交五原则包括：俄罗斯尊重确定文明社会之间关系的国际法基本准则；俄罗斯认为世界应多极化，单极世界不可接受；俄罗斯不希望和任何国家对抗；俄罗斯外交政策优先方向是保护本国公民的生命和尊严；俄罗斯关注自身在友好地区的利益。

俄罗斯有争当世界军事强国的历史传统和民族性格。梅德韦杰夫虽是知识分子出身，也顺应国情民意，重视发展军事力量，提高军费和军队现代化水平。2009年8月梅德韦杰夫向议会要"宣战权"，为俄海外用兵提供法律依据。俄罗斯的军火出口即便在2009年金融危机的情况下仍创历史新高。进行军事改革，把俄武装力量重新组建成四大战略战役区，以提高军事效率，实现军队现代化。

4. 从对西方继续强硬但不破裂，到缓和与西方特别是美国的关系，对美欧有所区别

梅德韦杰夫严厉批评美国在东欧搞导弹防御体系，对美国拒不放弃"感到失望"，表示俄"要采取对应措施"。2008年2月，梅德韦杰夫签署命令任命强硬方针支持者基斯利亚克为驻美国特命全权大使。2008年8月果断向格鲁吉亚派出军队，占领了南奥首都和格重镇，给格军以重创，迫使格军撤出。这是苏联解体以后俄罗斯首次对外使用武力。面对西方的压力，梅德韦杰夫签署法令，与南奥和阿布哈兹建立军事同盟关系，保护其安全。针对西方的制裁压力，梅德韦杰夫表示什么都吓不倒俄罗斯，包括冷战，俄罗斯不惧怕与北约断绝一切关系。2008

年秋梅德韦杰夫在《国情咨文》中提出了俄罗斯"特殊利益区"的概念。

梅德韦杰夫反对北约扩大,反对乌克兰、格鲁吉亚加入北约,坚持科索沃仍然是塞尔维亚的一部分。在奥巴马宣布取消东欧反导系统、"重启"俄美关系后,俄美就核裁军问题进行谈判,向美国和北约开放领空运输非军事物资,在阿富汗、伊朗、朝鲜等问题上进行合作,禁止向伊朗提供 S-300 导弹系统等部分武器,禁止相关人员进入俄罗斯。2010 年 4 月俄美正式签署削减进攻性战略武器条约。

俄罗斯积极发展与欧盟的关系。对格战争达到战略目标后,在欧盟的调停下俄从格鲁吉亚撤军。梅德韦杰夫倡导签订新欧洲安全条约,得到了部分欧盟人士的响应。在与乌克兰的斗气中,成功地将欧盟从原来一贯的反对者变成监督者的角色。梅德韦杰夫注重发展同法、德等西欧大国的关系,提出要建立俄罗斯与欧洲的现代化联盟,甚至呼吁建立"欧洲同盟"。①

5. 对国际事务提出很多新观点、新建议

梅德韦杰夫表示,外交政策从实用主义角度和我们认为具有决定意义的价值观出发,以捍卫俄罗斯的国家利益。"自由、民主和保护所有权对我们来说是具有决定意义的价值观。我们将在同其他国际伙伴的相互关系中捍卫这一切"。②

他同时表示,俄罗斯和其他国家的外交关系前景不仅取决于俄方,还取决于俄罗斯的朋友、伙伴和国际社会。他还说,虽然俄罗斯并非制裁政策的拥护者,但俄方不排除必要时通过对其他国家采取外交和经济制裁的特别法律。

在欧洲安全机制问题上,梅德韦杰夫提出新欧洲安全条约,倡议建立包括欧安组织、欧盟、北约和独联体集安组织在内的新的欧洲安全机制,取代北约组织。参加俄欧峰会,提出建立全欧安全构想,认为欧洲安全不可分割。在国际金融危机问题上,指责美国是国际金融危机的始作俑者,要求结束美元的霸权地位,建立包括卢布在内的多种国际储备货币。向国际社会提出了克服金融危机的

---

① 《梅德韦杰夫帮助奥巴马对付伊朗问题》,载[俄]《独立报》2010 年 9 月 24 日。
② 《梅普组合遭人挑拨离间?》,载[俄]《晨报》2008 年 6 月 25 日。

办法。在俄格战争问题上,梅德韦杰夫和普京都认为"8·8"事件"不仅改变了俄罗斯,而且改变了世界。其意义与'9·11'可以相提并论"①。对于2009年底哥本哈根国际气候大会,梅德韦杰夫评价会议取得的成果"微不足道"。

二、梅德韦杰夫外交政策原因分析

1. 国力上升

俄罗斯经济在普京中兴的八年,伴随着油价上涨,国力大增,提前还债,人民收入增加。俄罗斯成为"金砖四国"之一。军事实力得以维持,恢复了战略轰炸机的全球巡航。尽管后来又遭到金融危机的打击,但强硬外交并无多大改变。

2. 普京外交遗产与"梅普组合"的现实影响

梅德韦杰夫本是普京团队成员,又是在普京大力支持下当上总统。普京当时威信很高,外交得到支持,并仍任俄总理和"统一俄罗斯"党主席。萧规曹随,梅德韦杰夫不可能贸然摒弃普京路线,标新立异。俄罗斯外交路线可以说是普京主导、梅德韦杰夫参与制定的,现在又是梅德韦杰夫主导、普京参与实施的。

3. 外交政策中的西方特别是美国因素

在从最初的热望转变成深深的失望以后,俄罗斯民众和精英具有很深的反美情结。俄罗斯外交博弈的舞台从传统的欧洲转向了欧亚,与以前先欧后亚、先西后东的特点不同,出现了东倾南向、南北伸张的倾向。但与西方特别与美国一味强硬,对于致力于创新和现代化的俄罗斯来说是不利的。在奥巴马实行"外交新政"、提出"重启"俄美关系、对俄作出一些让步的背景下,俄美关系有所缓和,但又难以成为真正的盟友。

4. 对独联体政策的调整

独联体独而不联,名存实少已经成为事实,俄不再强求"统一",而是实行

---

① Кирилл Талаев, Павел Данилин, Война и Мир Дмитрия Медведева, Москва, Издательство 《Европа》, 2009г.

"科索沃模式"、能源外交、经济外交、区别对待等不同的方式,甚至不惜动武,捍卫俄罗斯切身利益。俄把独联体分成反俄和亲俄两类国家,坚决捍卫俄在高加索和中亚地区的核心利益。

5. 梅德韦杰夫个人因素

梅德韦杰夫是知识分子,比较重视"价值观"的表述。梅德韦杰夫说:"我国的对外政策不能用自由主义来形容,不能用保守主义来定性,也不具备其他什么性质,而应当是重申和支持我国国家利益的政策。"① "很明显,语气和风格上的细微差异总会存在。任何人都会存在这种细微差异。政治家也是人,应该有自己的个人风格和语气,但这改变不了政策的实质。"② 梅德韦杰夫有时也很强硬,不惜对格鲁吉亚动武,批评美国单边主义,不顾日本的反对,登上北方四岛。普京曾经说过,梅德韦杰夫在民族主义原则方面比他还要强硬。

三、梅德韦杰夫外交前景展望

1. 经济安全问题突出

2020 年前国家安全战略文件强调"俄罗斯国家安全状况直接取决于国家经济潜力等因素",经济安全甚至超越传统安全问题,被提到了未来战略安全保障的首要位置。

2. 重视能源外交和军事发展

俄是世界上唯一能源完全自给且大量出口的大国,能源也是西方发达国家有求于俄罗斯的唯一领域。同时,为了彰显自己的大国地位和安全保障能力,具有军事强国主义传统的俄罗斯会竭力恢复自己的军事实力,提高军队的现代化水平。

3. 对华友好将继续发展,战略借重加大

有事可做,但似乎空间有限。必须认真开动脑筋,寻找新的增长点。

---

① 《梅普组合遭人挑拨离间?》,载[俄]《晨报》2008 年 6 月 25 日。
② 《梅普组合遭人挑拨离间?》,载[俄]《晨报》2008 年 6 月 25 日。

4. 在对西方关系上，既有继承，也会创新

一方面继承了普京对西方的强硬政策，提倡"实用主义"外交，不再有不切实际的幻想。另一方面，调整与缓和同西方关系，特别是同美国的关系，有较大空间，也容易出彩。

作为一个年轻的大国总统，梅德韦杰夫经历的考验颇多，其外交端倪已显。从强势推出、和平接班到俄格战争风云，从普京中兴到始料未及的金融危机、恐怖主义猖獗，到百年一遇的森林大火，变化之多之大之快，对于一个年轻的新总统来说，确实不易。好在梅德韦杰夫年轻、聪明，善于学习和积累经验，支持率也在不断提高，还有机会。作为政治家，梅德韦杰夫任重而道远。

作者单位：北京师范大学国际关系研究所

◀◀◀ 俄罗斯问题研究（2010）

俄罗斯对外政策的现代化

侯静娜 编译

德米特里·特列宁是著名政治学家，莫斯科卡内基基金会中心主任。2010年8月2日他在该基金会网站上发表了《俄罗斯对外政策的现代化》一文。文章就莫斯科对外政策的优先方向以及俄罗斯与美国、欧洲和中国关系等问题发表了一系列看法。

莫斯科对外政策的优先方向

莫斯科的对外政策优先方向紧紧围绕现代化这一基本国策。现在俄罗斯领导人更多地把对外政策看做国内现代化变革的促进因素。现代化目前主要包括技术和创新领域，它要求与提供这些技术的国家，也即经合组织国家，实际上是西方保持密切关系。

因此，俄罗斯领导人首先应与美国和欧洲搞好合作，以帮助俄罗斯实施现代化方案。现代化究其实质是恢复俄罗斯的世界地位和大国作用的工具。俄罗斯现任领导人意识到，没有新的技术和经济基础，国家将很难立足于大国之林。

俄美关系现状

从2009年宣布"重装"来看，俄美关系无疑取得了重大进展。两国关系不断升温，也有实际的成绩可以夸耀，其中包括新的《削减战略进攻性武器条约》——当然，它还需要批准。也有其他一些积极方面。美俄在一系列领域的摩擦明显减少。在伊朗和阿富汗等问题上出现一定程度的合作。甚至谈到在反导弹防御如此敏感的领域合作。近一年半以来两国关系在许多方面发展良好。当然也有其他一些因素，处理不当将会引发消极后果。

例如，从间谍丑闻可以得出两点结论。从俄罗斯自身来看，它表明在情报领域，甚至在整个国家都倾向于通过间谍手段而不是通过研究公开信息来获取情报。换句话说，俄罗斯领导人——别忘了他们的"履历"——都只信得过案头摆放的"绝密"或"据可靠情报"文件夹里的材料。他们不曾凭本能来浏览最新一号的《纽约时报》或在互联网上搜索新闻和时评。他们信任冷战时期遗留下来的信息渠道。这是一个重要的文化问题。要想办法加以克服。

从美国方面得出的结论是：华盛顿不乏一些重要的人物，他们认为"重装"的方向不正确，美国向俄罗斯作出的让步过多，却没有得到应有的回报，与莫斯科签署协议于美国不利。在他们看来，"重装"没有给美国带来实际好处，是时候按下制动键了。这个问题有待于华盛顿解决。

俄罗斯与欧洲关系

欧盟国家与美国同属先进国家之列，从地理和历史上看，欧洲比美国离俄罗斯近得多。在某种程度上欧洲可以被誉为俄罗斯现代化的"火车头"。俄罗斯果真要把现代化提上第一项日程，欧洲是其最重要的战略伙伴。

与欧洲的问题在于，欧盟国家在诸多问题上立场不一致，包括与俄罗斯的关系在内。俄罗斯与欧洲许多国家非常要好，尤其与法国、德国和意大利各方面关系都不错。但莫斯科与波兰和波罗的海三国的关系却受到"冷战"以及"冷战"前苏联称霸的负面影响。俄罗斯意识到：不首先改善同波兰的关系，便无法同整个欧盟建立正常关系。莫斯科努力改善同华沙关系的原因正在于此。

俄罗斯能否与美国和欧洲在反导弹防御领域合作

反导弹防御问题对俄美关系有着重大的影响，它成为两国分歧的主要来源之一。比如说到2020年，美国在反导弹防御系统上取得重大进展，俄罗斯的战略地位却可能因其核武库老化而遭到严重削弱。

俄罗斯有不少人认为，美国的反导弹防御计划会威胁到俄罗斯的战略自主性，美国有可能一举毁灭俄罗斯的核武库。这是反导弹防御问题影响两国关系的一种可能。

另一种可能是俄美在反导弹防御系统上合作：或者是在欧洲地区水平上，或者是在全球水平上。较之削减战略进攻性武器，这种合作能彻底改变俄美两国的战略关系。削减武器是化解哪怕是残存的敌意的手段，而共同建立反导弹防御系统则是通往未来的道路。

莫斯科为何同意对伊朗实施补充制裁

俄罗斯在对伊朗制裁问题上的态度转变与两种因素有关。首先，俄罗斯方面对伊朗领导人拒不接受国际社会提出的可能最佳方案感到恼火。如果伊朗确有诚意，2009年秋天就可以签订协议，而推翻它则意味着伊朗有某种秘密的打算。俄罗斯无论如何不愿意伊朗成为拥有远距离导弹的核大国，这不符合俄罗斯的国家利益。

其次，莫斯科对美国政府立场的看法有所改变。在布什在任期间，莫斯科领导人认为有关制裁的决议不过是美国为下一步进攻伊朗找的借口。现在则看到奥巴马并不打算打击伊朗，与这位诺贝尔和平奖得主在联合国共事远比与其前任可靠得多。

俄罗斯对邻国的影响是否加强

对这些国家不可一概而论，但它们都格外重视自己的独立。没有哪个国家愿意被看做处于某国的势力范围内。

一个突出的例子是，这些邻国都不承认阿布哈兹和南奥塞梯独立。原因不在于它们对格鲁吉亚或这两个共和国的态度怎样，而在于它们的自我意识和渴望在国际社会树立形象。因此有关势力范围和特殊利益带的说法不过是谈谈而已。

俄罗斯与邻国的关系不尽相同。莫斯科努力加强影响并推进在这些国家的利益，它或有所得，但谈不上把哪个国家视为附属国或有限主权国家。

乌克兰在这方面是典型的例子。基辅在尤先科在任期间一门心思"往西奔",现在则在对外政策上找平衡。乌克兰一如既往把目标瞄准欧洲,"终点站"是加入欧盟。但新一届领导人与前任不同,意识到与俄罗斯交好的重要性。基辅现行的平衡政策远比以前复杂得多,却符合国家的根本利益。

俄罗斯与中国的关系有多近

俄罗斯与中国关系紧接在俄罗斯与美欧关系之后,处于第二位。俄罗斯与中国有着漫长的边界线。普京认为在其总统任内取得的最大外交成就是与中国全面划清国界。这足以说明两国关系的特点以及莫斯科对这种关系的重视程度。

俄中关系现在比以往任何时候都要好。它基本上是一种友好关系,并且至少从表面上看是平等的伙伴关系。

俄罗斯人必须适应中国已成为一个大国。俄罗斯在两国最初接触以来的300年间始终扮演强势的一方。两国的国内总产值在1990年不相上下,而现在中国的这项指标是俄罗斯的四倍。俄罗斯目睹中国的迅速崛起,不禁要问:中国在新形势下会如何表现,它是否会吸引俄罗斯远东和西伯利亚地区加入,又是否会派大量移民到这些土地上居住?

俄罗斯的担心不无道理。如何面对崛起的中国以及恢复均势,是俄罗斯在21世纪面临的最严峻的挑战之一。

莫斯科是否会积极加入世贸组织

莫斯科对加入世贸组织的态度忽冷忽热。普京在总统任内很想加入世贸组织,但认为国际社会向俄罗斯提出的条件过于苛刻,以致俄罗斯不能加入该组织。

危机爆发后,包括俄罗斯在内的各国都加强了贸易保护主义。克里姆林宫决定把重点放在建立地区联盟上,即与哈萨克斯坦、白俄罗斯结成所谓关税同盟。入世问题由于危机而被搁置起来,履行入世所需的条件无疑会使俄罗斯雪上加霜。

俄罗斯现正实行现代化方针，加入世贸组织对现代化有着举足轻重的意义。但不管俄罗斯，还是其伙伴国，都未充分认识到俄罗斯加入世贸组织的政治意义。它既是莫斯科现代化的推动力量，又是其融入世界经济体系的方式。不过，俄罗斯迟早会成为世贸组织的一员。

俄罗斯如何保障自身利益

现在的俄罗斯与苏联大不相同。苏联在国际舞台上不惜重金、资源甚至本国公民的生命保障其在全球的政治和意识形态利益。而俄罗斯在与国外打交道时首先要获取的是利润、金钱和赚钱的买卖。俄罗斯的对外经济政策是超实用主义的，它不再为某些邻国扮演输血者的角色。

俄罗斯没能成为后苏联空间经济一体化的核心，其中一条主要原因就是俄罗斯领导人不愿为此花钱。欧盟实际是靠德国人出钱建立起来的，德国处于这一过程的核心，俄罗斯却不愿起这种核心的作用。

俄罗斯需要在别国树立影响，需要拥有资产等等，却不愿为此花钱。症结就在于此。它的对外经济活动有时看似是矛盾的。例如，与委内瑞拉签订的一些协议，从经济角度看并不划算，只能用政治内幕来解释。

资料来源：

①http://carnegie.ru/publications/? fa=41324.

译者单位：中央编译局俄罗斯研究中心

中俄文化交流的新篇章

王秋文

世界历史进入2010年，在全球金融危机寒潮中，中俄文化交流犹如一股热流温暖着两国人民的心。随着中俄文化交流的不断进展，中俄互办"国家年"、"语言年"，谱写了中俄文化交流的新篇章。

中俄"国家年"包括：2006年中国"俄罗斯年"和2007年俄罗斯"中国年"；中俄"语言年"包括：2009年中国"俄语年"和2010年俄罗斯"汉语年"。中俄互办"国家年"、"语言年"，是近年来中俄文化交流中规模最大、规格最高的大型系统工程，实现了中俄文化交流史上的一次大跨越。这是中俄文化交流史上的创举，也是中俄国家关系史上的创举。

文化与政治关系的双重体现

中俄"国家年"、"语言年"活动是以文化交流的形式开展的全方位多领域的国家社会活动，有助于两国在政治、经济、文化、科技、军事等领域的交流与合作。

1. 中俄"国家年"成果丰硕

2006年中国"俄罗斯年"展示了俄罗斯在各个领域取得的辉煌成就。2006年3月21日，中国"俄罗斯年"在北京人民大会堂开幕，中俄两国国家元首胡锦涛主席和普京总统共同出席了开幕式，为2006年中国"俄罗斯年"拉开了序幕。

整个活动期间，共举办了200多项活动，涉及中俄两国多个部门和地区以及双边交往与合作的各个领域，展示了俄罗斯在各个领域取得的辉煌成就，让中国人民进一步了解了俄罗斯。

首先，中俄两国各层级交往密切，高层交往密集程度更是创中俄关系史新纪录。仅在2006年中国"俄罗斯年"期间，中俄两国元首胡锦涛主席和普京总统就举行了四次会晤，其他高层领导也多次举行会晤。

其次，举办各种文化节、"友谊之旅"、高等教育展、科技合作高层论坛等丰富多彩的人文活动和宣传活动。以"手挽手共同繁荣"论坛为例，在"扩大交往、全面合作、共同发展"的主题下进行政策策略研讨，有助于促进两国之间的全面合作。

两国还进行了一系列高水平大规模的务实合作，涉及贸易、投资、能源、教育、科技、文化等领域，如中俄经济工商界高峰论坛、中国俄罗斯国家展、中俄投资促进周等。

对于中国"俄罗斯年"的重要意义，两国总理在中国"俄罗斯年"闭幕式上给予了充分肯定。温总理表示，中俄互办"国家年"是中俄全面推进两国战略协作伙伴关系的生动体现，反映了两国人民"世代友好"的共同愿望。"国家年"活动是短暂的，但中俄两国人民的友谊是长久的。俄罗斯总理弗拉德科夫表示，"俄罗斯年"在中国的成功举办，增进了中俄两国的友谊，合作成果显著，为俄中关系发展注入了新的动力。

2007年俄罗斯"中国年"充分展示了当代中国改革开放和现代化建设的丰硕成果。2007年3月26日，俄中两国元首普京总统和胡锦涛主席共同出席了在莫斯科克里姆林宫举行的俄罗斯"中国年"开幕式。2007年俄罗斯"中国年"活动同样丰富多彩。包括卫生、体育、新闻、教育、文化传播、博物馆、文物展等各个方面。既有《教文卫体合作协议》，又有《新华通讯社与俄罗斯新闻社新闻交换与合作协议》，还有国际经济论坛，中国国家展，共建"孔子学院"，举办"中俄青少年运动会"，"中俄妇女文化周"，"中俄青少年科技文化交流活动"，"中国西藏文化周"，中学生俄罗斯科技文化之旅等等，尤其注意加强中俄青少年之间的友谊和交流。双方共同签署了《中俄人文合作委员会第八次会议纪要》，并就教育、文化、卫生、体育、旅游、媒体、电影、档案等领域的广泛合作达成了共识。人文领域重要活动机制化，进一步推动了双方人文领域的全面合作。

2007年俄罗斯"中国年"使俄罗斯人领略了中国传统文化的独特魅力和中国改革开放后的伟大成就，增进了两国人民的相互了解，特别是年轻一代的相互了解和交流。此前俄罗斯还不曾同任何国家举办过如此大规模的文化交流活动，俄罗斯人重新认识了中国。

俄方中俄"国家年"组委会主席、时任俄罗斯第一副总理的梅德韦杰夫充分肯定了俄罗斯"中国年"的重要意义。他认为，俄中交流源远流长，但两国举办如此大规模的国家级友好活动尚属首次，这种活动的举办对于推进两国关系的进一步发展作出了巨大贡献。在俄罗斯"中国年"活动期间，两国不仅开展了积极的文化交流，而且在经济合作方面也取得了丰硕成果。

中俄"国家年"活动历时两年，内容丰富，效果显著：(1)进一步增进了双方的政治互信。(2)巩固了中俄战略协作伙伴关系的社会基础。(3)充实了中俄战略协作伙伴关系的物质基础。在"国家年"框架内，两国贸易额迅速攀升，并创历史新高。(4)和平友好理念得到广泛传播，为中俄关系长期稳定发展奠定了坚实基础。

因此，梅德韦杰夫提出要"把为期两年的活动，变成几十年的经济和文化合作"。

2. 中俄"语言年"继续深度推动中俄文化交流

2009年是中俄建交60周年，继"国家年"之后，中俄两国领导人再次倡议中俄互办"语言年"：2009年中国"俄语年"和2010年俄罗斯"汉语年"，继续推进了两国之间的文化交流和合作。

2009年中国"俄语年"期间，中俄双方在中国的26个城市举办了260场丰富多彩的活动，包括学术研讨会、俄语竞赛、俄语文艺演出。中俄教师展开多项合作，编写教材，互派留学生和进修教师，联合举办夏令营，且举办了各种展览，互派大型文艺团体巡回演出。

2009 年 10 月 13 日，中俄两国总理温家宝和普京共同出席了在北京人民大会堂举行的中国"俄语年"闭幕式暨中俄建交 60 周年庆祝大会。如此高级别的文化活动，是文化与政治关系的双重体现，也是中俄"国家年"、"语言年"整个活动的最大特色。

2009 年中俄"语言年"借助于文化载体——俄语和汉语在中国和俄罗斯的传播，进一步深化了两国之间的文化交流，奠定了中俄友好交流的文化基础。

2010 年中俄双方将在俄罗斯举办"汉语年"，俄罗斯人民将有机会更深入地领略中国语言和文化的魅力。汉语及中国文化的学习将在俄罗斯进一步升温。目前俄罗斯各地已建起了多所孔子学院，教习汉语，传播中国文化。可以相信，2010 年俄罗斯"汉语年"也必将会取得丰硕成果。

中俄"国家年"、"语言年"活动，增进了中俄两国人民彼此之间的全面而深入的了解及传统友谊，对于促进两国关系的进一步发展及相互合作具有重要作用。

文化交流是国家关系的晴雨表

中俄"国家年"、"语言年"是由中俄两国元首共同倡议举办的，既是两国关系发展的必然结果，也是两国社会发展的共同需要。

回顾历史，中俄之间的文化交流曾因政治因素的影响而经历曲折。从苏联作为第一个社会主义国家诞生之日起，苏联老大哥便成为中国社会主义先驱者在黑暗中探索中国社会发展方向的榜样。新中国成立后，向苏联学习，"以俄为师"，成为新中国先进文化的模版。那时，"以俄为师"是一种国家行为。苏联文化对新中国的影响是全方位的，苏联文学、电影、歌曲家喻户晓。列宁装曾一度影响了几代中国人，50 年代中国人把穿列宁装视为一种荣耀，那不仅仅是一种时尚，更是一种价值取向，是一种政治文化形态的体现。50 年代中国女劳模的宣传照片，几乎都是穿着列宁装出境的。对新中国文化影响最大的就是苏联。后来由于政治因素的影响，中俄文化交流陷入低谷。但是，50 年代的许多苏联歌曲一直传唱至今，这是中国人永远的俄罗斯情结。

90年代以后，随着两国关系的不断发展，中俄之间的文化交流也越来越密切和深化。1997年《中俄关于世界多极化和建立国际新秩序的联合声明》的发表，2001年《中俄睦邻友好合作条约》的签订，都为两国之间的文化交流提供了更为广阔的空间。中俄战略协作伙伴关系的确立，更是有力地促进了两国之间的文化交流，而两国之间的文化交流又反过来进一步促进了两国之间的经济合作和外交合作，推动了两国的经济社会发展，同时也进一步深化了两国之间的战略协作伙伴关系。2005年《中俄关于21世纪国际秩序的联合声明》，绘制了新世纪新型国际关系的蓝图。同年，中俄两国元首共同宣布中俄互办"国家年"活动，这是两国国家关系发展的必然。2009—2010年中俄互办"语言年"，使中俄文化交流更是上了一个新台阶，中俄文化合作进入了一个新阶段。

正是因为越来越切实地感受到中俄文化交流对于中俄战略协作伙伴关系发展的推动和促进，两国政府领导人不仅越来越高度重视两国之间的文化交流活动，而且两国元首还亲自参与或主持了其中的一些具体活动，这在国际文化交流史上是空前的。

文化的交流是心灵的交流

文化是民族存在和发展的聚合剂和动力，文化交流是两个民族心灵之间的对话。全球化趋势使国家关系的相互依存增强，多元文化的矛盾冲突凸现。因此，尊重和维护世界文化和发展模式的多样性，使多元文化相互充实而不是相互冲突，尊重和包容不同的历史背景、文化传统、社会制度、价值观念和发展道路的差异，文明对话，相互借鉴，共同进步，成为新世纪新型国际关系的基础。

应对全球化的挑战，加强文化交流对于促进国家关系和增进民族感情胜过其他任何途径。文化交流是国家关系中的桥梁和纽带，它可以让不同肤色、不同文化和不同意识形态的人们彼此理解相互欣赏，这是其他任何途径都无可替代的，文化的交流是一种心灵的交流。

中俄两国共同选择了敞开心扉，以友好合作的交流方式彰显各自的民族文化和民族精神，使两种文化的交流和碰撞在两国发展中产生积极的促进和借鉴作用,为两国人民提供了一个重新认识和发现彼此的机会。中俄"国家年"、"语言年"活动无疑是中俄战略协作伙伴关系的深化和延伸,通过文化交流将国家间的合作与信任关系扩展到民间。在两国之间搭起沟通了解的桥梁,提供不同文化、不同意识形态和社会制度之间保持和平与合作的关系模式,这是国际社会和平发展的最根本的问题。中俄文化交流既为促进世界文化的多样性发展树立了典范,也为国际关系中国家间和睦相处互利共赢共同繁荣树立了典范。

目前中俄关系稳定友好,中俄文化交流也将不断升温。

资料来源:

① http://news.xinhuanet.com/world.
② http://commerce.dbw.cn/system/2009/05/15/000133164.shtml.
③ http://www.china.com.cn/zhuanti.
④ http://www.chinaculture.org.
⑤ http://news.chinaiiss.com/content/2009-5-27/27171045.sh.
⑥ http://www.2006rus.com.

作者单位:中央编译局俄罗斯研究中心

2010年重启中的俄美关系：特点、进展与问题

吴大辉

2009年3月俄美关系重启之后，两国做了很多事情。2010年两国关系中实质性接触大于传统性遏制，合作大于竞争，奥巴马政府对外政策中大国合作的理念在对俄关系中明显体现。2010年重启中的俄美关系的主要特点：（1）美国对俄罗斯战略需求大于俄罗斯对美的战略需求。如果没有俄罗斯的支持，在新核裁军条约的签署、伊朗核问题、阿富汗问题、欧洲反导系统部署等重大战略问题上，美国都寸步难行。俄罗斯也有求于美国，在乌克兰选举中并没有受到美国的强力干扰，在应对吉尔吉斯骚乱时，俄罗斯也得到了美国的策应。（2）2010年俄罗斯完全走出了对美关系中的"黑障区"，可预见性增强。从2003年颜色革命开始到2008年俄格冲突，俄罗斯的对美政策完全处于黑障区，直到2010年，俄罗斯外交方才走出黑障区。这期间俄罗斯外交的最大特点是应景式的外交，被动防守，见招拆招。而2010年俄罗斯在对美外交中的主动性大大增强。（3）俄美总统合作与发展委员会成为负责指导和协调两国各领域合作的有效机制。该委员会建立于2009年奥巴马访俄期间，到2010年10月，该委员会的13个工作小组已经全面开始运转，包括安全、外交、防恐、不扩散、环境、能源、公民社会等领域。这极大改善了俄美外交的生态环境，使两国在重大问题上有了交流的渠道，也使两国关系有很大改观。

首先，2010年俄美关系中最大进展就是俄美新核裁军条约的签署，在该条约签署过程中，并不是俄罗斯有求于美国，而是梅德韦杰夫要送给奥巴马一个政治礼物，这也是美国国内共和党内的普遍看法。美国共和党参议员史蒂文森曾表示，俄罗斯并不需要这样一个条约，其核武库已经进入了自我淘汰的良性循环过

程,该条约的签署,完全是顺应奥巴马的战略需要。奥巴马要为其无核理念作注脚,需要这样一个条约。该条约使俄美40年来双边核裁军体系得以维持,这很可能是最后一个双边核裁军条约。该条约也存在问题,俄罗斯杜马已经批准该条约,但俄罗斯国内认为该条约没有限制美国全面发展导弹防御系统,存在否定声音;美国国内参众两院外交委员会已经批准该条约,但是美国国会议员却认为该条约有碍于美国发展导弹防御系统,从而形成了二律背反。在中期选举之后,该条约在美国国会能否得到批准,未知数越来越大。

第二,俄美在阿富汗问题上的合作取得进展。美国希望2011年继续保留租用吉尔吉斯的马纳斯空军基地,俄罗斯也正在尽力说服吉方。俄罗斯之所以支持美国租用该基地,原因在于现在阿巴边界情况紧张,北约阿富汗军队的物资运输很难通过地面通道进入阿富汗,该空军基地承担了重要的军用物资转运任务。此外,俄罗斯还通过本国边境打通了三条通道,向阿富汗运送物资,这是对美国的阿富汗反恐战争的最大支持。俄罗斯的直升机公司向北约提供了28架重型直升机,包括机组人员一并出租到阿富汗,为国际安全部队和北约军队转运物资及重型武器。在阿富汗反恐问题上两国的争议在于,俄罗斯认为美国有选择地履行反恐责任,只反恐不反毒,阿富汗每年有70—80吨毒品进入俄罗斯,俄罗斯每年30000—40000万人死于阿富汗的毒品危害。美国在阿富汗反毒问题上有所保留。俄罗斯还担心,美国撤出阿富汗之后,维持中亚安全形势的责任过多地由集体安全条约组织和俄罗斯来承担,这是俄方不愿看到的。

第三,反导问题。北约准备建立一个欧洲非战区反导系统,把北约各国反导体系联结成一个体系,再与俄罗斯的反导体系联结,形成"两个系统共同的屋顶"。俄罗斯初期拒绝这一提议,现在开始接受了这一系统的可能性。①但北约国家内部存在不同声音,对反导系统的效率、费用的可控性等问题提出反对声音。俄罗斯军方内部也存在反对意见。

第四,伊朗核问题。俄罗斯支持联合国通过制裁伊朗的1929号决议。但在美国允许俄罗斯向伊朗出售S-300系统的情况下,俄罗斯却主动停止了这一计

---

① 俄罗斯已于2010年11月21日同意"有条件地"加入北约反导系统。——编者注

划，其中原因可能在于，俄罗斯更关注民用核能合作领域，将支持伊朗的民用核能计划。

第五，现代化联盟问题。美国表态支持梅德韦杰夫现代化联盟的理念，但这仅仅停留在梅德韦杰夫及其精英集团的理想上，并未成为俄罗斯的主体发展战略。此外，即使该理念成为俄罗斯的经济发展主体战略，但是发展现代化所需要的俄罗斯企业大多不愿意参与该计划。西方资本也不会轻易投入到回报率远低于中国、实力增强后又有可能与美对抗的俄罗斯。在俄罗斯没有实现政治民主化之前，任何形式的经济现代化都有可能走向军事霸权，这是美国不愿看到的。因此，目前形势下的现代化联盟还是不现实的。

俄美间仍然存在矛盾。俄罗斯对美政策的最大矛盾在于：一方面谋求对美关系的基本稳定为其经济发展打造良好的外部条件，另一方面又要竭力反对美国对俄罗斯的战略打压。美国对俄罗斯政策的最大矛盾在于：一方面要防范俄罗斯成为与其势均力敌的竞争对手，另一方面在长期而艰巨的国际反恐和反扩散斗争领域仍需要最大限度的谋求俄罗斯的协作。对于今天的俄罗斯而言，一方面以梅德韦杰夫为首的政治精英迫切希望与美国在经济上结成现代化联盟，借助以美国为首的西方国家的帮助，实现俄罗斯的全面现代化；另一方面，美国的战略挤压又使得俄罗斯不得不将美国视为头号战略对手。对于今天的美国而言，一方面，奥巴马希望借助俄罗斯的帮助尽快结束在阿富汗的反恐战争并遏制以伊朗为首的某些国家的核冲动，另一方面又要防止俄罗斯借助西方国家的援助恢复昔日的帝国，使俄罗斯无法在短期内成为美国强有力的对手。这是俄美关系之间根本性的、结构性的矛盾。虽然俄美关系在2010年取得了很大进展，可以说是近五年来两国关系最好的一年，但是两国的既有矛盾不解决，就不能建立真正的相互信任的环境，奥巴马所期待的俄美关系的重启很难真正实现，梅德韦杰夫所期待的俄美之间的全面现代化伙伴关系也难以真正付诸实施，俄美应该在必要与可能之间找到黄金分割点。

作者单位：清华大学国际关系学系

«<< 俄罗斯问题研究（2010）

俄美关系的新支点

费·卢基扬诺夫 著 刘敏茹 编译

本文作者费·卢基扬诺夫是《全球政治中的俄罗斯》杂志的主编，2009年10月他在德国不来梅大学东欧研究中心和苏黎世瑞士联邦理工学院安全研究中心共同主办的《俄罗斯分析文摘》第66期上发表了题为《导弹弹头和意识形态之后下一个是什么》的文章，论述俄美关系。以下是该文的部分内容。

立场的变化

先来看两段引言：

引言一："外界不能将民主强加给任何国家。每个社会都必须寻找自己的道路，不存在一条尽善尽美的道路。各国都应追求一种植根于其民众文化和历史传统的发展道路。"

引言二："各国之间应当尽可能地相互了解，并且有权不仅就彼此的外交政策，而且就国内政策作出批评性评价，如果这些政策会在国际层面引发问题或无视公认的道德准则和人道主义原则，各国甚至可以指出其政策缺陷。"

第一段引言的内容似乎很熟悉。在21世纪的第一个十年中期，当俄罗斯推行"主权民主"时，俄罗斯高层政治家们一直提到这些问题，即俄罗斯的民主发展道路具有独特性，不允许干涉别国的内部事务。第二段引言实际上逐字逐句地表达了华盛顿对莫斯科的回应。

实际上，第一段引言出自美国总统奥巴马，摘自他2009年9月23日在联合国大会上的演讲。第二段引言是梅德韦杰夫于 2009 年 9 月 14 日在雅罗斯拉夫尔政治论坛上讲话的一部分。两国领导人在表述上发生立场互换。

这一令人惊奇的转变并非意味着俄美两国的"重新定位"使彼此能够相互理解，很可能有另一层意义。20 世纪 90 年代和 21 世纪前几年两国关系中一直存在的意识形态色彩现在已经大大淡化了。布什政府下台后，白宫没有对俄罗斯的民主和人权状况进行根本评估。甚至在美国国务院的年度报告中对此问题的表述也稀松平常，几乎未引起莫斯科的注意。

2009 年 7 月奥巴马访问俄罗斯时，为了既要说出他对权利和自由问题必须讲的话，又不至于因此损害到双方对他所关注的原则问题的理解，奥巴马表现出娴熟的语言驾驭能力和政治上走钢丝般的谨慎。他在这方面取得了成功，这令俄罗斯领导层感到高兴，现在他们有了足够自信提出公开性和完善民主问题。当然，以这种方式提出这个问题不会得到任何东西。

这一转变影响的不只是俄罗斯。奥巴马内阁已经断然拒绝了其前任的主要意识形态支点——"推进民主"的思想。原因很清楚：新保守主义方针为美国带来了如此悲惨的结局，以至于奥巴马现在必须消除由共和党人造成的危害。为了完成这个任务，需要更多地宣传这样一种思想——美国在解决绝大多数外交政策问题时需要帮助，需要得到那些能够给予其帮助的国家的支持。美国必须找到合作者，无论其社会政治结构如何。

三个"简单"问题

在奥巴马的新方针中，俄罗斯是最优先考虑的问题之一。并不是华盛顿认为莫斯科特别重要，而是现政府的战略家们认定，在奥巴马面临的诸多难题之中，改善同俄罗斯的关系是可以做到的（很可能取得比中东问题更大的进展），并且可以产生一个令人满意的示范效果。

到目前为止，奥巴马是正确的。在俄美关系中存在着一些既能够迅速取得成果又不需要双方付出太多代价的可能性。双方已经开始在如下方面着手行动了。

首先，需要共同制定新的削减战略进攻性武器条约，以取代 2009 年 12 月到期的《第一阶段削减战略进攻性武器条约》。在这一问题上，双方可以组织一次高调且必胜的行动，以显示两个核武器超级大国又一次努力减少它们的武器生产，并号召其他国家向它们学习。和过去一样，俄美两国有许多导弹弹头和运载火箭，象征性的数量削减向来是可以轻易实现的。

其次，关于在中欧部署导弹防御系统。这一技术上漏洞百出、毫无战略眼光、花费高昂、政治挑衅意味十足的项目，成为被淘汰的首选目标。拒绝导弹防御并不表示不再发展新技术或是未来不会再出现一个"盾"，而是使政府能够摆出一个高姿态并得到一些预期的回报。总之，美国总统奥巴马如果兑现了承诺，则很有可能赢得克里姆林宫的支持。在美国上一届政府主政期间，俄罗斯不指望会出现这种情况，也不指望美国领导人会对国际关系中其他参与者的想法感兴趣。

如果美国继续实施国家导弹防御体系（一种保卫美国及其政治军事盟友的努力），那么我们两国自然会很快回到一年前的疏远状态。正如莫斯科、华盛顿和布鲁塞尔正在讨论的，唯一的解决办法是建立某种共同导弹防御体系。一旦这些计划认真实施，那么各方关系可能出现根本性变化。假如要使这些讨论有成果，那么中国从一开始就应当被考虑进来。否则，北京毫无疑问会将这种防御体系解读成直接针对他们的行动。华盛顿很可能不会反对采取措施以降低俄中两国的合作水平，并把俄罗斯拉入一个会引起中国不满的体系之中。但俄罗斯客观上不会让中国对双边关系失去信心。而且，要维持欧亚大陆的稳定，是不可能将中国排除在外的。

第三，阿富汗问题。俄罗斯和美国以及包括伊朗在内的所有全球和地区政治参与者在这一点上的利益是相似的，尽管并不完全一致。没有人对塔利班在喀布尔重掌政权感兴趣。因此，梅德韦杰夫和奥巴马两位总统在莫斯科商定，俄罗斯向美国空军开放空中补给线，这与俄罗斯的战略目标并不矛盾，同时还为其提供了展示诚意的良好机会。

当然，也不能高估俄罗斯对北约在阿富汗行动的兴趣。莫斯科的多数分析家相信，北约和美国迟早会不得不撤离该国，因为他们在那里会一无所获。实际上，俄罗斯在尽其所能地支持美国和北约在阿富汗的行动，但同时也在为它们撤离后该地区将会出现的状况作准备。俄罗斯正着手将集体安全条约组织变成一个真正的政治军事联盟，而不只是"俄罗斯之友俱乐部"。

利益考量

对于美国和俄罗斯来说，外交政策的优先排序在构架上和地理上是相似的，但内容却大相径庭。两国关注的中心都是许多可能扩展到全球层面的地区冲突。但它们的排序不同。对于华盛顿来说，首先是伊朗、阿富汗、中东和平以及朝鲜。而对于莫斯科来说，最重要的是乌克兰、中亚和高加索。美国优先考虑的也在俄罗斯重点关切之列，但级别低得多，反之亦然。

莫斯科和华盛顿不明白，整个地区范围应当被看做一个统一的整体，这样才能在每一个个案中找到更多可操作空间。这不仅仅是利益的联系和交换。倘若将现存的所有挑战集中起来分析，那么只有综合性的解决方案才能保障欧亚大陆的稳定。苏联解体和冷战意识形态对抗的结束粉碎了这一地区体系构建的支点。

总之，全球政治趋势在21世纪初显现出来，并且在经济危机中加速，它迫使美国竭力寻找新的路径。对俄关系即是这种更广泛努力的一部分。

尽管俄罗斯仍然有大量威胁国家未来发展的不足之处，但它是世界上极少数几个能够进行战略性思考并有能力动用武力的国家之一。欧洲已不具备这些特征，中国至少目前关注的是自身发展。这使得俄罗斯既是美国的潜在对手，也是一个潜在的重要伙伴。

对于这种伙伴关系，俄美双方应该超越上个时代传承下来的意识形态观念的束缚。零和博弈逻辑主导下的两国关系很少能关切彼此的利益。但是，既然许多利益在优先次序上不能完全相符，那么为了实现最重要的利益，各方可以放弃它认为是次要的利益。但是，要得到这种结果，美俄两国只能抛弃冷战思维，明白21世纪对于两国来说将是完全不同的。

译者单位：中央编译局俄罗斯研究中心

西方与俄罗斯的关系：
与俄罗斯自由派不同的观点

戈登·M. 哈恩著　许宝友译

  2010 年 1 月 9 日美国致力于美俄民间外交的组织公民积极行动中心（Center for Citizen Initiatives）的网站"俄罗斯：其他观点（Russia：Other Points of View）"刊登了美国蒙特雷国际问题研究所恐怖主义研究和教育项目资深研究员、国际政策研究生院兼职教授戈登·M. 哈恩（Gordon M. Hahn）博士的一篇评论文章，题为"谴责俄国，讨好北京，回避责任——一个俄罗斯自由派的失败公式"，对利利娅·舍夫佐娃在美国《外交政策》杂志上发表的批评西方国家在民主和自由问题上向俄罗斯现政权让步的文章（见下一篇文章）提出质疑。内容如下。

  美国卡内基国际和平基金会莫斯科中心的政治分析家利利娅·舍夫佐娃在最近的一篇文章中对一些西方人提出抱怨，因为这些人警告美国领导人"不要把俄罗斯的民主化"放在美国的美俄关系议事日程最突出的位置。从舍夫佐娃博士的观点来看，她的抱怨是很自然的。过去，亲西方的俄罗斯自由派在同克里姆林宫的斗争中一直依靠美国对他们的支持。但是今天，西方为严重的安全问题挑战所拖累，应付这些挑战需要莫斯科的帮助，因此它不能冒进一步疏远莫斯科的风险。舍夫佐娃的"以价值观为基础的"亲民主模式是一种冷战模式，可能会对目前的西方与俄罗斯关系造成无可挽回的损害。

  美国根本不可能像从前支持苏联持不同政见者那样支持今天的俄罗斯自由派。我们也不应当把俄罗斯的国家—社会关系概念化为修正版的苏联国家—社会关系。俄罗斯已经开始了不同于苏联极权主义模式的发展历程。苏联制度普遍存在的镇压和无情造就了20世纪50年代初安娜·阿赫玛托娃（Anna Akhmatova）曾经准确描述过的那种国家—社会关系，即犹如两个互相对抗的俄罗斯：一个是被囚者，另一个是看守者。因此，在冷战期间西方领导人有理由认为苏联内部对共产主义制度的憎恨达到了某种程度——存在一种对民主和自由的渴望，而它迟早会被压制住。如果苏联制度放开，可以预料会出现争取民主和市场的运动。

今天的形势大不相同了。虽然目前俄罗斯国家仍然很专横并且不时会出现镇压，但是有了些许的民主和市场，它们为反对派的公开生存、发表言论和组织提供了相当的空间。反对派只是没有获得赢得选举的机会。政府各种形式的选举操纵行为和国家媒体的控制固然是主要的问题，但是俄罗斯选民对自由派的不满、90年代自由派糟糕的治理记录以及自由派内部的分裂和无谓争吵同样也是问题所在，因此俄罗斯人在选择领导人时拒绝把自由派作为可行的选择。缺乏有效和负责任的民主反对派使得西方任何积极支持民主势力反对克里姆林宫的努力都成为一种赔本买卖。

支持赔本买卖和失败候选人的代价是很高昂的，而在西方领导人都面临当前的地缘政治和安全挑战时，这种代价是绝不容许的。俄罗斯与西方之间的深深裂痕可能成为影响阿富汗和巴基斯坦战争的关键点，而它（指责阿富汗和巴基斯坦的战争）本身可能又是我们反对全球伊斯兰圣战主义者（global jihadist）或"基地组织社会运动（al-Qa'ida social movement）"斗争的关键点。

此外，鉴于后冷战时代美俄关系的记录，美国不可能合理地运用舍夫佐娃推荐的冷战方法。老式的公开谴责和因为俄罗斯没有以我们的速度和按照我们的喜好充分民主化而提出苛刻要求，对于俄罗斯的民主化和西方与俄罗斯的关系都将起反作用，是不可考虑的。西方不再具有使其融入西方组织机构的那种诱使俄罗斯循规蹈矩的"胡萝卜"。20世纪90年代初，我们通过扩大没有俄罗斯的北大西洋公约组织而丢弃了这张牌。这一地缘战略上的灾难性决定将对未来几十年美俄关系以及西方与俄罗斯的关系产生消极影响，除非想出化解其后果的某种办法。同样，由于北约扩张和美国其他的政策错误（没有为20世纪90年代初俄罗斯的大萧条提供及时的经济援助，保留"杰克逊—瓦尼克修正案"，单方面退出反弹道导弹条约以及试图在波兰和捷克共和国部署反弹道导弹系统，等等），无论在精英层面还是在一般公众当中，我们不再拥有俄罗斯人的信任。

舍夫佐娃博士指责现在把军备控制谈判放在双边关系议事日程的首位是放错了位置，莫斯科和华盛顿是在利用"冷战时期的机制试图模仿合作"。而事实是，如果我们采用她建议的"以价值为基础的"方针，那么军备控制将是唯一可能的合作领域。我们会丧失许多其他领域有价值的合作，例如阿富汗以及整个反对伊斯兰圣战主义的战争、在太空领域以及反侵犯专利领域的合作，等等。

舍夫佐娃还对一些西方人担任俄罗斯公司董事会成员，甚至寻求与俄罗斯公司"在航运和汽车部门做交易"感到忧虑。但是一些西方人也在中国公司的董事会中任职，人人都在与北京做生意。舍夫佐娃博士需要认真考虑一下如下的问题：中国、沙特阿拉伯和俄罗斯哪个国家的专制程度最低和最尊重本国公民的政治权利、公民权利和人权？如果西方不与俄罗斯开展经济合作，不仅会驱使莫斯科远离西方，同时也会损害自己的经济利益。此外，如果西方不与俄罗斯合作，同时却继续与中国和沙特阿拉伯这样的政权开展经济合作，那它就是在奉行明显的双重标准。为了保持一致和公平，西方不得不进一步损害自己的经济利益，断绝与所有非民主国家的商业关系，而所有这一切并不能保证孤立俄罗斯和其他更加专制政权的结果会是促进它们的自由化。实际上，深度参与中国经济背后的逻辑或者至少是主要理由恰恰是：这样做会促进民主。

舍夫佐娃博士特别担心西方设法将俄罗斯纳入到自己的国际组织机构中，同时她忽视了西方的北约扩张没有俄罗斯。与她的愿望相反，"欧洲领导人已经接受俄罗斯加入欧洲的组织机构，特别是欧洲委员会，而不在意俄罗斯的制度是否符合这些组织机构所努力促进的原则。人们的印象是，为了促进自己的经济利益，欧洲各国政府决定不拿这些原则问题做文章，设法让自己相信俄罗斯只是还没有对这些原则做好准备"。

但她需要记住的是，其他来自前苏联地区的欧洲委员会成员国也缺乏民主。几乎所有的后苏联国家都是民主和专制的混合政权。阿塞拜疆以及程度稍差一些的亚美尼亚更倾向于专制。格鲁吉亚和乌克兰的民主成分勉强多于专制成分。把俄罗斯或这些国家中的任何一个排斥在欧盟之外能够促进这些国家的民主化前景吗？欧洲委员会真的像舍夫佐娃认为的那样只是为了经济利益而把这些国家纳入进来，还是欧盟认为这些国家有了足够的民主化程度，因而与民主西方的更多联系将推动进一步的民主化？

为了支持自己孤立俄罗斯的要求，舍夫佐娃提到谢尔盖·科瓦廖夫、加里·卡斯帕罗夫和格里戈里·亚夫林斯基长期以来一直支持这个方针。然而，上个月亚夫林斯基的"亚博卢"党代表大会决定推进与俄罗斯总统德米特里·梅德韦杰夫的合作。科瓦廖夫直到2003年一直是国家杜马议员，多次出席与梅德韦杰夫总统的会见，所以他不会反对以有限的方式与舍夫佐娃建议西方应当避开的政权合作。在舍夫佐娃提到的令人钦佩的持不同政见者集团中唯一真正顽强抵抗的人——加里·卡斯帕罗夫已与新法西斯主义的色情作品作者、民族布尔什维克党领导人爱德华·利莫诺夫结成联盟。

毫无疑问，西方领导人应当明智而谨慎地批评俄罗斯最严重的违反政治权利、公民权利和人权的行为并向俄罗斯领导人提出这些问题，只要这些行为涉及克里姆林宫直接负责的人员或组织机构。但是，他们批评俄罗斯不应当比批评中国、沙特阿拉伯或其他外国领导人更甚。

在我看来，奥巴马政府偶然发现了一种有潜力的有益机制，将民主化置于由总统国家安全委员会俄罗斯问题顾问迈克尔·麦克福尔和俄罗斯总统办公室第一副主任弗拉迪斯拉夫·苏尔科夫共同担任主席的美俄双边总统委员会市民社会问题工作组的议事日程上。

该工作组的讨论可以促进在建设俄罗斯民主方面作为伙伴关系的合作。这种办法好于从前。从前的做法是无所不知的"美国教授"对"俄罗斯幼儿园的学童"进行辅导，尔后前者公开向学生家长（俄罗斯社会）和邻居们（国际社会）宣称俄罗斯人学得多么多么慢，他真正想学的东西多么多么少以及其文化或许使他连"听懂"都不可能。这位"教授"一直在公开地武装紧挨着俄罗斯家庭的邻居们（北约扩张），并且警告说学不好将意味着被排斥在他们的全副武装的俱乐部之外。

不幸的是，美俄双边总统委员会和工作组的工作进展似乎很慢。美国驻莫斯科大使馆的网站显示，16个工作组中只有2个工作组已经准备好了任务声明，而且没有一个是市民社会工作组。

有很多值得美俄市民社会工作组开展合作的项目。例如前美国陆军上校查尔斯·黑伯勒的民主教育计划。该计划已经在彼得罗扎沃茨克、卡累利阿的学校实行多年，俄罗斯教育部正准备在所有俄罗斯学校实施此项计划。

舍夫佐娃博士断言美国没有什么人相信俄罗斯人为民主做好了准备，在这一点上她是大错特错了。

今天的克里姆林宫和今天的俄罗斯不是昨天的克里姆林宫和苏联，俄罗斯的自由派应当利用制度来改变制度。他们对西方的依赖损害他们在国内的声誉，可能使他们屈从于那些并非像他们那样致力于俄罗斯发展的势力，并将一种认为他们可能不适合于俄罗斯或者在最近的将来在俄罗斯政治上没有市场的观念强加于他们。

对俄罗斯民主派而言，推动变革的最好办法是与克里姆林宫打交道和接受梅德韦杰夫的改革步骤，同时坚持自己更加广泛的民主和市场原则。对西方而言，帮助俄罗斯民主派的最好办法是在可能的情况下支持俄罗斯的努力，使克里姆林宫参与民主化项目，改善关系，以使在后冷战时期的大部分时间中累积起来的不信任开始化解。须记住：当1987—1988年美国总统罗纳德·里根认真地与苏联领导人米哈伊尔·戈尔巴乔夫打交道时，后者的地位得到了巩固，因此他才能够真正推动新思维改革。

译者单位：中央编译局马克思主义研究部

外交视点 ▶▶▶

西方软化对俄罗斯威权主义制度的态度

许宝友 编译

2010年1月5日出版的美国《外交政策》(Foreign Policy)杂志发表了美国卡内基国际和平基金会莫斯科中心资深研究员、俄罗斯莫斯科国际关系学院政治学教授、长期从事俄罗斯政治与政治制度研究的利利娅·舍夫佐娃博士的一篇文章,题为"向克里姆林宫低头:为什么西方领导人和知识分子对俄罗斯专制的态度变软?"。文章分析了西方领导人和知识分子对待俄罗斯态度的变化,批评西方国家在民主和自由问题上向俄罗斯现政权让步。主要内容如下。

最近,一位著名的欧洲知识分子在莫斯科与俄罗斯自由派见面时,开始努力劝说俄罗斯自由派,让他们相信他所说的:"目前俄罗斯不是一个独裁国家。德米特里·梅德韦杰夫总统正在努力使俄罗斯的制度自由化。随着时间的推移,俄罗斯将成为一个民主国家。你们不应当操之过急。"俄罗斯自由派本来期望至少可以从欧洲大陆自由派那里得到某种鼓励,他们听了这一劝告后必然惊愕不已。

上个月在柏林的一次会议上,笔者亲身经历了另一个这种例子。当笔者开始提出西方国家与俄罗斯关系中的民主标准问题时,另一个西方与会者打断了笔者的话。他说:"你是在激怒大家。国际关系讲的不是价值问题;它讲的是实力!"如果他的说法是对的,那么俄罗斯自由派就不得不重新考虑他们对西方舆论领袖们的期望,因为长期以来俄罗斯自由派一直期待从他们那里获得道义上的支持和理解。

在西方决策者和知识分子当中似乎越来越形成一种共识,即俄罗斯对实行自由主义还没有做好准备,与弗拉基米尔·普京总理建立的反自由的政治秩序(the illiberal political order)打交道甚至有某些好处。这可能正是为何西方国家的对俄政策却只是为那些谋求反西方利益的俄罗斯势力提供了支持的原因。这样做的结果可能是灾难性的——不仅对那些为使俄罗斯成为一个自由国家而奋斗的活动家们来说是如此,而且对那些嘴上鼓吹自由但实际行为却大相径庭的西方道德权威来说也是如此。

美国的"重启(reset button)"政策恰好证明了这种悖论。当然,美国需要与俄罗斯就包括军备控制在内的安全问题进行对话。但是把核武器条约变成议事日程上的主要议题只不过暴露出双方是多么不情愿讨论真正紧要的问题——两个社会之间的根本政治差别。取而代之的是,莫斯科和华盛顿复活了历史的幽灵,试图利用冷战时期的机制进行效仿合作。美俄安全对话最终将无助于巴拉克·奥巴马总统实现其控制咄咄逼人的伊朗、结束阿富汗战争和推进不扩散制度的目标。相反,它将巩固俄罗斯的强国地位,使其更容易维持目前的威权主义制度,因而对克里姆林宫有利。

欧盟对俄罗斯的政策也有助于保持俄罗斯的现状,例如,购买俄罗斯的能源资源和原材料,帮助资助俄罗斯的寡头阶级和巩固政治精英的地位。欧洲领导人已经接受俄罗斯加入欧洲的组织机构(特别是欧洲委员会),他们试图对俄罗斯的制度不符合这些组织机构原本倡导的原则这一点不理不睬。可见,为了促进自身的经济利益,欧洲各国政府决定不拿这些原则问题做文章,并说服自己相信俄罗斯只是还没有对这些原则做好准备。

一些西方领导人心安理得地公开认可俄罗斯的制度。目前任职于俄罗斯天然气工业股份公司(Gazprom)领导的北溪(Nord Stream)天然气管道工程董事会的格哈特·施罗德正是表明西方领导人为了拿到合适的价码在道德上可以有多灵活的最著名例子。这位德国前总理充当了俄罗斯的国际特使,极其热情地捍卫克里姆林宫的政策,以至于德国人开始开玩笑说:"他肩膀上的鹦鹉说话都带着俄罗斯口音。"普京的另一位朋友是意大利总理西尔维奥·贝卢斯科尼,他是一位似乎长期以来不在乎自己名声的克里姆林宫的辩护者。此外,还有法国领导人。

在法国前总统雅克·希拉克当政时期，他不允许他所说的欧洲"小"国在欧盟与俄罗斯峰会上批评普京。希拉克甚至授予普京法国最高荣誉勋章——荣誉军团大十字勋章。他不想激怒法国公众，因此是私下这样做的。

希拉克的继任者尼古拉·萨科齐不仅认为对克里姆林宫操纵的选举表示祝贺是合适的，而且实际上允许克里姆林宫在政治上操纵他。2008年8月，法国担任欧盟轮值主席国时，萨科齐装做没有注意到莫斯科尚未履行解决俄罗斯与格鲁吉亚冲突的梅德韦杰夫—萨科齐计划的两个关键条款：撤出俄罗斯军队和允许国际社会讨论格鲁吉亚分离地区的最终地位。这使俄罗斯精英们更有理由把欧盟看做一个他们可以欺骗或者干脆不予理睬的组织。

欧洲对俄政策的关键是德国。施罗德不再执政并不意味着"施罗德化（Schroederization）"已经终结。前几代德国领导人与苏联做生意，但他们至少试图带来变化——或者说梦想发生变化。从另一个方面看，人们觉得，目前的德国精英所希望的只是避免普京治下的俄罗斯发生变化。虽然在东德长大的现任德国总理安格拉·默克尔曾经以批评俄罗斯的不民主倾向而闻名，但是她的政府却在德国经济衰退之际扩大了与俄罗斯的经济合作，寻求在航运和汽车部门做交易。德国决定放弃对俄方针的价值基础，这鼓励了欧盟采取同样"务实"的俄罗斯政策——换言之，集中精力维持俄罗斯的现状。

的确，一些西方领导人访问莫斯科时总要会见人权活动家或温和的反对派。人权团体"纪念"（Memorial）组织的阿尔谢尼·罗金斯基说："西方领导人问我们他们怎样才能帮助我们。我们解释说他们在同俄罗斯领导人会谈时应当提出人权和民主的问题。但是往往在那之后没有下文了。"

西方知识分子甚至比政治家们更容易受到克里姆林宫的诱惑。他们为能有幸参加瓦尔代（Valdai）俱乐部（一系列定期安排的与俄罗斯领导人的会见）而奋斗。在这些会议上，著名的与会者们向俄罗斯人提出事先经过审核的问题，并在克里姆林宫组织的"演出"中充当俄罗斯人的角色。在普京担任总统时，一位法国知识分子在与普京会见时大声说："总理先生，您是一位民主人士！"一位著名的德国专家在与梅德韦杰夫会见时宣称："您是真正的自由派！"

最近，欧洲外交关系委员会的专家们在《俄罗斯怎么想？》文集中向西方读者传送了克里姆林宫的思想。该书鲜有批评性评价，却只是改头换面地证明威权主义和莫斯科的地缘政治野心是合理的。克里姆林宫的主要幕僚格列布·帕夫洛夫斯基在编后语中提出："普京在俄罗斯创造的共识……是有价值基础的现实。它是基于在安全环境下自由生活的可能性——一种美国人视之为理所当然的东西。"很遗憾，欧洲专家们没有对这种说法作出反馈。这是不是意味着他们赞同呢？

另外一些知识分子参加了克里姆林宫组织的讨论民主新标准和俄罗斯对其发展贡献的论坛。在梅德韦杰夫的支持下，2009年秋天在雅罗斯拉夫尔举行了一次这样的论坛。出席论坛活动的法国总理弗朗索瓦·菲永和西班牙首相萨帕特罗显然不真正了解正在发生什么，但他们的出席却提高了这一活动的声望。参加论坛的有阿尔文·托夫勒、伊曼纽尔·沃勒斯坦和法里德·扎卡里亚（Fareed Zakaria）等西方知识界的权威人物——这些人肯定应当知道不该把自己的名字与表明"俄罗斯"与"民主"之间有任何正面联系的活动扯上关系。

一位有影响的欧洲领导人、欧盟对外和政治军事事务总司司长罗伯特·库珀并不避讳与俄罗斯政治精英讨论民主问题。在与支持克里姆林宫的俄罗斯研究院的一次访谈中，他总结说："有时我认为'民主'一词是有问题的。我更愿谈论能够捍卫各民族权利的、负责任的、开放的政府，但在需要的时候有足够的合法性采用严厉的行政手段……"对民主的这种理解正是目前的俄罗斯政府所期望的。

俄罗斯具有改革思想的力量早就不再呼吁西方帮助促进俄罗斯民主了。他们知道改变俄罗斯是俄罗斯社会自己的工作。但是具有改革思想的俄罗斯人希望西方至少不要通过支持压制变革的威权主义势力来阻碍变革。像谢尔盖·科瓦廖夫、加里·卡斯帕罗夫和格里戈里·亚夫林斯基这样的著名俄罗斯人权活动家和自由派，一直被认为是亲西方的喉舌，最近也转而对西方越来越迁就俄罗斯的政策持批评态度。虽然这些声音只是俄罗斯社会中的极少数，但如果西方失去了这个亲西方的极少数，它就会完全失去俄罗斯。

那么，更有原则的对俄政策是什么呢？西方领导人在与俄罗斯精英打交道时必须牢记自由和民主原则。他们必须谨慎对待关于"现代化"的最新神话故事，避免天真地传播克里姆林宫的思想，努力了解俄罗斯制度内部的实际情况。俄罗斯内部正在显露出严重的不稳定和倒退迹象，可能很快成为对西方的挑战。

此刻，没有任何迹象表明西方准备在这方面作出哪怕是最低限度的努力。这是在回避实质问题，即如果西方文明放弃了其促进自由的使命，那么它怎么能够用民主解决其内部的问题呢？

译者单位：中央编译局马克思主义研究部

中东欧与中亚观察

从公开信看"新欧洲"与美国关系的新变化

朱晓中

1989年东欧剧变后,绝大多数中东欧国家在"回归欧洲"的同时,强化了同美国的政治和同盟关系,这种关系在2003年由于大部分中东欧国家签署宣言支持美国在伊拉克的军事行动而得到进一步加强,中东欧国家因而被誉为"新欧洲"。伊拉克战争之后,特别是2009年以来,中东欧国家同美国关系出现了微妙的变化,逐渐趋冷。

一、中东欧国家亲美情结的历史渊源

中东欧国家政治上的大西洋取向受四个因素的影响:第一,(许多)中东欧国家的独立很大程度上是美国总统伍德罗·威尔逊理想主义外交实践的结果。第二,美国在帮助中东欧国家摆脱"旧制度"中发挥了重要作用。在20世纪70年代后期,美国对东欧战略的核心是人权和民主,它在中东欧国家受到持不同政见者的热烈追捧,并视它为"七七宪章运动"、"团结工会"和其他持不同政见运动的旗帜。20世纪80年代,里根政府批评波兰实施的军管。美国的一些机构(全国民主基金会、自由之家和美国工会)对波兰团结工会给予物质和财政支持,帮助波兰反对派生存下来,为后来的圆桌会谈奠定基础。第三,美国是推动中东欧国家加入欧洲大西洋机构的主导。第四,美国在欧洲的积极存在,可以平衡其他欧洲大国(德国和俄罗斯)的影响,从而利于中东欧国家争取和捍卫自身利益。作为对以往支持的回报,剧变后中东欧国家大力发展和强化同美国的政治和军事关系,积极回应美国在全球倡导的自由和民主行动。

二、中东欧国家和美国关系趋冷

2003年1月30日,波、匈、捷三国会同欧洲五个其他国家,签署了支持美国对伊拉克动武的"八国公开信";2月5日,由波罗的海三国、斯洛文尼亚、克罗地亚、保加利亚、阿尔巴尼亚、马其顿、罗马尼亚和斯洛伐克组成的"维尔纽斯十国集团"的外长们签署了支持美国对伊立场的公开信。结果,除南斯拉夫和波黑外的中东欧13国支持美国对伊拉克的强硬立场,因而获得了"新欧洲"的称谓。

中东欧国家支持美国在很大程度上是相信美国的理念和共同的价值观念。中东欧国家也希望由此得到美国的回报:获得伊拉克的重建合同、增加对军事现代化的援助以及免签到美国旅行等。然而,令中东欧国家失望的是,在伊拉克战争中耗费了大笔战争费用之后,华盛顿却对其要求装聋作哑。波兰在欧盟内部甚至遭遇了政治和经济上的孤立。

由于没有获得相应的回报,不仅美国在冷战时期留给中东欧的印象遭到破坏,而且中东欧国家自冷战以来第一次不得不重新评估其同美国的关系。中东欧国家认为,美国只是把自己当做符合美国利益的廉价工具,只在危机时使用。中东欧国家对美国的失望情绪很可能会改变其同美国打交道的方式,且对美国在这一地区及其以外地区的利益产生消极影响。

第一,讨价还价。中东欧国家很可能采取更务实的、商人般的立场对待同美国的关系,将预期收益前置。美国的决策者已经嗅到了这种商业味道。与以往明显不同的是,当美国宣布准备在波兰和捷克部署反导系统时,两国政府反应谨慎,公众则要求政府利用这个机会获益。

第二,回归欧盟。今后,中东欧国家对外政策的基础很可能更多的基于欧盟的利益和优先,而不是美国的利益和优先。现在新成员国的公众越来越多地要求政府的政策同欧盟接轨,以避免在欧盟内部孤立。其结果很可能是中东欧国家的外交政策最终转向"更传统的大陆立场",不像英国那样强调同美国的特殊关系。

中东欧国家对大西洋立场的这种转向会以至少两种方式损害美国的利益:减

少美国在未来可以依赖的盟友；增加美国未来同欧盟竞争的强度。中东欧国家在欧洲议会和欧洲理事会中分别占有四分之一和三分之一的投票权，在一定程度上可以左右欧盟的决定，要么有利于美国，要么相反。如果中东欧国家带着伊拉克战争遗留的创伤转向欧盟，它将削弱美国—欧盟关系的大西洋主义基础。

第三，政治极端主义。对美国的失望加强了这一地区反美政党的基础。2006年，斯洛伐克的民粹主义联盟依靠3个反美派别构成的竞选联盟在选举中获胜（这在欧洲历史上是首次）。之后，斯洛伐克政府宣布从伊拉克撤军，在外交政策方面接近俄罗斯。在捷克，明确反美、反北约的共产党在鼓动民众反对美国在捷建立反导雷达站方面发挥了主导作用。虽然波兰反美势力尚未成气候，但亲俄的民粹主义"自卫党"在鼓动反对伊拉克战争方面非常积极，甚至反对政府应美国之邀出兵阿富汗，这在2003年之前是不可想象的。

虽然这种反美势力尚不强大，但政党采取反美立场而不必担心选民反弹则是冷战结束以来的巨大变化。此前，任何形式的反美都令人反感，而且在政治上十分危险。在美国看来，这些趋势的进一步发展最终将导致今后更高的合作成本、腐蚀其在欧盟内部的盟友基础，民粹主义泛起。所有这些无疑会对美国在欧洲的利益，甚至全球利益产生长期负面影响。

三、中东欧国家和美国关系的未来

2009年3月3日，美国总统奥巴马称，鉴于最近美俄之间合作的积极经验，需要重新调整这种对待双边关系的态度。"重启"美俄关系使部分中东欧国家"忧心忡忡"。7月16日，中东欧国家22位原政要人士联名致信给美国总统奥巴马。公开信称，中东欧国家欢迎美俄关系"重启"，但不希望西方主要大国接受梅德韦杰夫以"大国和谐"取代欧洲大陆现存的以价值观为基础的安全结构的建议。

公开信称，中东欧国家依然处于政治的十字路口，并存在不利于中东欧—美国伙伴关系的一些事实和征兆。第一，2008年8月俄格战争时，大西洋联盟袖手旁观；第二，今天的北约比中东欧国家加入时软弱；第三，美国的威望和影响在许多中东欧国家中下降，中东欧地区也出现了对美国的批评浪潮和反美主义；第四，中东欧地区的领导人已经为其支持伊拉克不得人心的战争而付出了政治代价，今后是否能够像2003年那样义无反顾地支持美国是一个未知数；第五，中东欧政坛上经历过1989年政局剧变的政治家越来越少，新一代领导人在对外政策上则坚守"务实"原则，美国正在失去在这一地区的传统"人脉"。全球金融危机及其后果给欧洲大陆的民族主义、极端主义和民粹主义以及反犹主义提供了新的机会。

公开信称，中东欧国家已经与美国携手走过了20年，中东欧国家要为下一个20年的跨大西洋密切合作确立新的日程，并提出了6个步骤：第一，美国应明确打算充分介入欧洲大陆事务。同时，中东欧国家也必须在同美国的关系中采用更全球的视野并准备承担更多的责任。第二，北约需向所有成员国提供战略再担保。同时，对俄罗斯奉行更坚定和更具原则性的立场，这不仅有助于加强西方的安全，而且有助于引导俄罗斯奉行更合作的政策。第三，在中东欧国家部署导弹防御系统不应该受到俄罗斯的干扰。第四，北约和欧盟在对俄政策等重大问题上应有共同战略。第五，美国应支持欧盟能源来源和输送管线多元化的政治决定，支持纳布科管线项目。第六，美国应该对中东欧国家实行免签制度，以便双方的人员交流。

出乎中东欧国家意料的是，奥巴马政府以宣布改变在中欧部署导弹防御系统的决定来回应中东欧国家的《公开信》。美国的中欧问题专家称，这是20年来美国第一次降低同中东欧国家关系的水平，以求与俄罗斯在美国关切的重大国际问题上进行合作。更重要的是，这是20年来俄罗斯在外交上取得的最大的胜利，势必有助于鼓励它在这一地区进一步动作。

捷政府对美国改变东欧反导计划表示失望，声称此事是"关于我们却撇开我们"的"慕尼黑阴谋"的重演。代表捷克签署反导协议的前总理托波拉内克表示，"这是个坏消息……我们迈向欧洲—大西洋防御架构已有20年，非常积极地参与其中，如今这个过程却被终止了。"波兰前总统瓦文萨表示："我能够看出奥巴马政府对东欧实行的是何种政策。美国必须改变与我们接触的方式。"

美方解释说，美国改变中东欧的反导计划是一次基于技术原因的调整，因为美国不再认为伊朗远程弹道导弹计划构成"紧迫威胁"，而其中短程导弹应成为重点防御对象。与此同时，美副总统拜登于10月20—24日先后对波兰、罗马尼亚和捷克进行访问，以"修补篱笆"和"控制损害"。拜登在访问期间同这些国家领导人商讨部署新导弹防御系统问题，并称美国确保中东欧国家安全的保证是"绝对"、"郑重"、"坚定"和"不可侵犯"的。

上述三国对美国部署新导弹防御系统表示理解和支持。波兰总理图斯克表示，美方提出的新的反导系统方案"重要而令人感兴趣"，波兰准备"以适度的规模"参加这一新的反导系统。捷克表示准备参与美国新的导弹防御系统的建设。罗马尼亚在与美国共同发表的联合声明中表示，罗马尼亚支持美国在欧洲部署改进型陆基"标准—3"型反弹道导弹。

欧洲现代史记载了这样的史实：当美国在1945年雅尔塔会议上屈服于"现实主义"时，中东欧地区便遭殃；当美国动用其力量为原则而战时，中东欧国家则获益。中东欧国家当然希望奥巴马政府把恢复跨大西洋关系作为其国内外政策的道德罗盘。但是，今后中东欧国家和美国关系的实际走向取决于几个因素的相互作用：首先，美国的全球战略优先；其次，美国如何看待跨大西洋关系；第三，美俄关系"重启"的后果；第四，欧盟共同安全与防务政策的发展；第五，俄罗斯国内政治走向及其对欧盟的政策；第六，中东欧国家自身的发展，以及政治精英的欧洲观。

作者单位：中国社会科学院俄罗斯东欧中亚研究所

欧盟东扩与西方式民主制度在中东欧的确立

高 歌

21 年前,中东欧大地风云突变,各国共产党相继丧失执政地位,社会主义政权如多米诺骨牌般倾覆,由此开始了从苏联模式的社会主义政治制度向西方式民主制度的转轨。几乎与此同时,绝大多数中东欧国家把"回归欧洲"作为外交战略取向,寻求加入欧盟。

21 年后,波兰、匈牙利、捷克、斯洛伐克、斯洛文尼亚、罗马尼亚和保加利亚已成为欧盟成员,克罗地亚的入盟谈判接近尾声,马其顿获得了欧盟候选国地位,黑山、阿尔巴尼亚和塞尔维亚递交了入盟申请,波黑与欧盟签署了《稳定与联系协议》。除波黑外,中东欧国家都实现了不同政党或团体的轮流执政,西方式民主制度有效运作,很难逆转。

21 年间,欧盟东扩与中东欧国家的政治发展进程并行不悖,欧盟成员资格的前景及成员资格本身对西方式民主制度在中东欧的确立与巩固起到助推作用。

与前几次扩大相比,欧盟东扩更为看重对中东欧国家的政治要求。早在欧共体与中东欧联系国签署的协定中,就包括"支持"中东欧国家"正在出现的政治和经济变化",为它们"完全融入民主国家的共同体和逐渐与共同体建立友好关系创造便利","经济关系的发展将使政治上更为一致"等内容。在 1993 年 6 月欧共体哥本哈根首脑会议提出的入盟标准中,政治上"保证民主、法治、人权以及尊重和保护少数民族的制度的稳定"被列在了首位。这也是欧盟扩大历史上首次对申请国提出政治标准。自 1997 年 7 月以来,欧盟委员会通过一年一度的评估报告指出申请国与入盟标准的差距和今后的努力方向。而在入盟谈判所涉及的 31 个领域中,共同法律、司法和内务合作等是其中重要的组成部分。由于加入欧盟是中东欧国家主要政党和历任政府的共同选择,欧盟提出的政治要求得以促使它们在民主和法制上向欧盟成员国看齐,建立稳定的西方式民主制度。

对于波兰、匈牙利、捷克、斯洛文尼亚这些"民主先驱者们来说,欧盟的政治条件性并不是其继续民主道路的必要条件"[1],只是在很大程度上加快了西方式民主制度确立与巩固的进程。"在转轨开始时最有可能被纳入西方一体化范畴(尤其是被吸收进欧盟和北约)的国家,它们的后共产主义民主化更为迅速,更难以逆转。"[2]

对于斯洛伐克、保加利亚、罗马尼亚这些"不稳定的民主国家"来说,"欧盟的政治条件性在支持民主力量和锁定民主改革方面更为有效"[3]。特别在1997年12月欧盟卢森堡首脑会议决定在来年春天启动与波兰、匈牙利、捷克和斯洛文尼亚谈判后,清晰的成员资格前景"给那些被排除在外的国家发出了一个明确信号,通过进行必需的变化,能够得到更多回报"[4]。正是在这一信号驱使下,斯洛伐克完成了欧盟期待中的政党权力转换,开展了一系列符合欧盟要求的改革。1999年10月欧盟委员会的评估报告肯定了斯洛伐克的变化,认为它达到了哥本哈根政治标准,建议开启与斯洛伐克的谈判。保加利亚和罗马尼亚也不在受欧盟卢森堡首脑会议邀请开始入盟谈判的国家之列,这意味着它们必须在满足哥本哈根标准方面多做工作。为此,两国着手行政和司法改革,通过了行政法、公务员法等法律,以提高行政管理水平、加强法制、打击腐败,罗马尼亚还对被抛弃儿童、罗姆人和匈牙利族人问题给予了特别关注。

---

[1] 周弘、[德] 贝娅特·科勒-科赫主编:《欧盟治理模式》,北京:社会科学文献出版社2008年版,第148页。

[2] Grigore Pop-Eleches, "Between Historical Legacies and the Promise of Western Integration: Democratic Conditionality after Communism", *East Europe Politics and Societies*, February 2007, Volume 21, No. 1.

[3] Grzegorz Ekiert, Jan Kubik, and Milada Anna Vachudova, "Democracy in the Post-Communist World: An Unending Quest", *East Europe Politics and Societies*, February 2007, Volume 21, No. 1.

[4] Tim Haughton, "When Does the EU Make a Difference? Conditionality and the Accession Process in Central and Eastern Europe", *Political Studies Review*, May 2007, Vol. 5, Issue 2.

2000年2月，欧盟与斯洛伐克、保加利亚和罗马尼亚的入盟谈判启动后，欧盟成员资格的确定前景进一步推动三国在向西方式民主制度转轨的道路上前行。为缓解2000年11月欧盟委员会评估报告对斯洛伐克司法独立、打击腐败和行政管理等状况的不满，2001年2月，斯洛伐克议会通过了独立以来涉及内容最为广泛的宪法修正案，规定国际条约的地位，重新确定宪法法院的权力，在人权保护领域设置查弊官，为改革司法和行政铺平了道路。同样，保加利亚和罗马尼亚也按照欧盟要求，修订宪法，通过反腐败法等法律，以加速行政和司法改革，大力整治腐败。2004年5月，斯洛伐克终于赶上欧盟东扩的第一波浪潮，与波兰、匈牙利、捷克和斯洛文尼亚携手跨进欧盟的大门。2005年4月，保加利亚和罗马尼亚也与欧盟签署了入盟条约。但欧盟没有就此停止对保、罗两国政治发展的规范和引导，而是设置"特保条款"，规定两国如不能满足2007年入盟的条件，将可能被推迟一年入盟。6月，欧盟负责扩大事务的委员奥利·雷恩向两国发出警告信，声称如果不按时进行司法改革，将可能推迟两国的入盟时间。10月，欧盟委员会发表评估报告，认为罗马尼亚在打击腐败等方面仍需努力，并对保加利亚司法和内务改革及地方政治改革等五大领域表示严重关注。针对报告指出的不足，罗马尼亚总统特拉扬·伯塞斯库发出惩治腐败的号召，保加利亚于2006年3月通过宪法修正案，重新规定了议员司法豁免权、司法部长权限以及最高司法委员会官员任免等条款。但2006年5月的欧盟委员会评估报告仍以保加利亚在反腐败、打击有组织犯罪、司法改革和罗马尼亚在技术标准方面存在问题为由，决定推迟到10月再决定两国入盟时间。在这一决定的鞭策下，两国在满足入盟标准方面取得一定进展。2006年9月，欧盟委员会建议两国于2007年1月加入欧盟，但保留对其司法体制和反腐败状况继续进行监督的权利。两国入盟后，欧盟委员会多次发表评估报告，敦促两国，特别是保加利亚加大打击腐败和有组织犯罪的力度，甚至以保加利亚在反腐败和有组织犯罪以及妥善使用欧盟资金等方面与欧盟标准存在较大差距为由，冻结了8亿欧元的援助，注销了其中的2.2亿欧元。欧盟的这些举措促使两国撤换了涉嫌腐败的多名高官，保加利亚还通过了有关利益冲突的法案，并增设一个部长职位，负责管理欧盟援助资金。

对于政局不稳,甚至一度陷于战乱的西巴尔干国家,从"鲁瓦约蒙进程"到"地区立场",再到"稳定与联系进程",欧盟一直致力于帮助和推动它们实现和平与稳定,保护人权和少数民族权利,确立西方式民主制度。

自与欧盟开始《稳定与联系协议》谈判以来,西巴尔干国家便按照欧盟要求完善司法体制、实行行政改革、打击贪污腐败,并与联合国前南斯拉夫问题国际刑事法庭全面合作,波黑还通过了警察体制改革方案。《稳定与联系协议》签订后,西巴尔干国家的政治发展继续受到欧盟的引导和带动。在马其顿,欧盟主导的《欧赫里德协议》结束了马其顿安全部队与阿尔巴尼亚族"民族解放军"半年多的武装冲突,促使马其顿修改宪法、打击犯罪、建立独立的司法权、完善选举制度等一系列基本制度,其实施本身亦成为"把马其顿从'潜在候选国'提升为'候选国'的先决条件"。[①] 果然,在马其顿按照《欧赫里德协议》重新划分有利于阿尔巴尼亚族的行政区划后,它获得了欧盟候选国地位。同时,欧盟还启动了"配对计划",帮助马其顿改造内政司法系统。此后,为尽早启动入盟谈判,马其顿着力保证议会和总统选举的公正和平稳举行,增进党派之间合作,并寻求解决与希腊的国名之争。克罗地亚为开启入盟谈判并推动其顺利进行,加强与联合国前南斯拉夫问题国际刑事法庭的合作,开展司法改革、反贪腐、提高行政效率等工作,并在欧盟的提议和敦促下,与斯洛文尼亚签署了边界仲裁协议,为解决两国独立时遗留下来的边界争端铺平了道路。阿尔巴尼亚为加快入盟步伐,继续坚持民主原则,深化政治和司法改革,实行权力下放,打击腐败现象和有组织犯罪,并多次改组政府。黑山为满足入盟条件,通过了独立后的首部宪法,2009年1月,政府还以需要完整的4年任期应对黑山递交入盟申请后的繁重义务为由,建议缩短任期,提前选举。在3月举行的议会选举中,原执政联盟取得胜利,宣称要尽快把黑山带入欧盟。在塞尔维亚,《稳定与联系协议》的签署在某种程度上提升了拥护入盟的"为欧洲的塞尔维亚"竞选联盟的支持率,促

---

① Roberto Belloni, European integration and the Western Balkans: lessons, prospects and obstacle, Journal of Balkan and Near Eastern Studies, September 2009, Volume 11, Number 3.

使它赢得了 2008 年 5 月议会选举的胜利。新政府成立后,全面履行与联合国前南斯拉夫问题国际刑事法庭合作的义务,将波黑塞族前领导人拉多万·卡拉季奇引渡到前南刑庭。在波黑,国际社会驻波黑高级代表(同时也是欧盟驻波黑特别代表)要求波黑加速入盟所需的改革,并支持前南刑庭的工作。

随着欧盟东扩进程在七个中东欧国家的完成,中东欧新成员国的西方式民主制度面临新的挑战。作为欧盟成员国,中东欧国家不仅处在本国政权的统治之下,还受到欧盟首脑会议、欧盟委员会、欧洲议会、欧洲法院等欧盟机构的管治。这种多层次、多中心的管治易于削弱国家议会的权力,难以保证决策的透明度和决策者采取负责任的态度,并且使成员国公民孤立于决策进程之外,无力对其发挥影响,对处于欧洲外围的中东欧国家的公民更是如此。更何况,"当欧盟逐渐成为一个超国家的管治主体时仅靠成员国政府的授权是与欧洲长期以来形成的,特别是已在国家政治中日趋完善的议会民主和人民主权政治传统相矛盾的"[①]。如何在本国范围内及欧盟层面上确保西方式民主制度的生存和发展将是中东欧新成员国面对的新课题。

作者单位:中国社会科学院俄罗斯东欧中亚研究所

[①] 郇庆治著:《多重官治视角下的欧洲联盟政治》,济南:山东大学出版社 2002 年版,第 271 页。

中东欧与中亚观察 >>>

卡廷创伤与波俄关系

孔田平

　　卡廷事件已是不争的事实。1940年4月斯大林下令由内务人民委员会在苏联西部卡廷等地处决了2.2万多被俘的波兰人。卡廷惨案的遇难者中有军官、神父、警察和知识分子。苏联一直坚持卡廷惨案为纳粹德国所为,直至1990年苏联总统戈尔巴乔夫承认卡廷惨案为苏联内务人民委员会所为。冷战结束后,卡廷事件成为波俄关系中不断发酵的主题。1998年6月,俄罗斯总统叶利钦和波兰总统克瓦希涅夫斯基就在卡廷和梅德诺耶建立纪念设施达成协议。同年9月,俄罗斯提出了1.6—2万苏联战俘于1919—1924年在波兰战俘营死亡的问题。一些俄罗斯官员称这是堪与卡廷大屠杀相比的种族灭绝。俄罗斯的举动被波兰人认为是挑衅性的,目的在于形成反卡廷的平衡的"历史方程式"。2004年9月,波兰总统克瓦希涅夫斯基访俄,俄罗斯官员宣布一旦档案解密,俄罗斯将向波兰移交所有有关卡廷大屠杀的文件。2005年3月,俄罗斯军事总检察长亚历山大·萨文科夫宣布结束对卡廷事件的调查。萨文科夫强调屠杀并非种族灭绝,由于犯有罪行的苏联官员已经死亡,因此在司法上谈论这一事件缺乏基础。俄方在调查中收集到的183卷文件中有116卷被认为涉及国家机密,被归为密级,其余67卷可以对外公布,并将转交波方。2005年3月22日,波兰众议院一致通过一项法案,要求俄罗斯解密相关的档案,将卡廷大屠杀界定为种族灭绝罪。波兰和俄罗斯对卡廷罪行在法律描述上有分歧,波兰认为卡廷大屠杀为种族灭绝案件,要求进行调查,公布所有的文件。2008年波兰外交部要求公布苏联内务人民委员会拍摄的大屠杀的镜头。波兰官员认为,苏联与盖世太保合作的文件和镜头可能是俄罗斯将卡廷大屠杀的文件归为密件的原因。2010年2月18日，波兰向欧洲人权法院就卡廷大屠杀所犯罪行起诉俄罗斯。

2010年4月恰逢卡廷惨案70周年，波兰官方和民间为此举行了一系列纪念活动。最近波兰民意调查中心公布的调查表明，57%的受访者要求俄罗斯当局就在卡廷所犯罪行向波兰正式道歉，以结束这段历史，56%的受访者要求俄罗斯公布卡廷事件的所有文件，53%的受访者认为俄罗斯当局应当承认卡廷大屠杀为种族灭绝。4月2日，获奥斯卡奖提名的波兰著名导演瓦伊达执导的电影《卡廷》在俄罗斯电视台文化频道播放，据说影片的播放来自普京的授意。4月7日，俄罗斯总理普京与波兰总理图斯克共同出席了在卡廷举行的纪念仪式，这是俄罗斯官方代表首次参加卡廷惨案的纪念活动，一些媒体认为俄波和解向前迈进了一步。普京在纪念仪式上的讲话谴责了"惨无人道的极权主义"，强调不能以任何理由为卡廷的罪行进行辩护。普京指出，"我国已对极权制度的罪恶作了明确的政治、法律和道德评价，这一评价不容修改"。波兰历史学家罗什科夫斯基认为普京在卡廷的讲话不能令人满意，因为讲话缺乏重点，既没有道歉，也没有宣布恢复对卡廷事件的调查。2010年4月10日，波兰总统卡钦斯基的专机在赴俄参加卡廷惨案70周年纪念活动途中在俄罗斯斯摩棱斯克失事，总统夫妇以及同机的波兰流亡政府最后一任总统、中央银行行长、外交部副部长、副议长、议员、军方高级领导人、卡廷惨案遗属代表以及机组人员等96人遇难。这次悲剧性事件再次凸显了卡廷事件对波俄关系的重要性。美国战略与国际研究中心的布加伊斯基认为，卡钦斯基专机的坠毁再次将卡廷置于波兰与俄罗斯冲突的中心。已故的卡钦斯基总统为纪念卡廷事件所准备的演说稿强调，"卡廷成为了波兰历史的痛苦的伤口，这一伤口数十年来损害着波兰人与俄罗斯人之间的关系。让我们将卡廷伤口最终愈合。我们正在治愈卡廷伤口的中途。我们波兰人赞赏过去几年俄罗斯人所做的一切。我们应当遵循使我们两个民族更加亲近的道路，我们不应当停顿或走回头路"。

俄罗斯对斯摩棱斯克的悲剧感同身受，俄方不仅承认卡廷惨案，而且媒体对此进行了大量报道。波兰著名导演瓦伊达的电影《卡廷》在俄罗斯电视台进行重播，据说有 3000 万俄罗斯人有机会观看影片，他们可以了解为什么卡廷强化了波兰的民族特征，为什么卡廷是波兰与俄罗斯困难的情绪化的关系中的"开放性创伤"。俄罗斯在空难发生后反应及时，梅德韦杰夫总统立即签署命令，成立由普京总理负责的事故调查委员会。普京总理亲赴现场，指挥救援，普京动情的反应给波兰人留下深刻印象。俄罗斯破例宣布设立国家哀悼日，以悼念波兰总统专机的遇难者。

4月14日，俄罗斯总统梅德韦杰夫在华盛顿参加核安全峰会间隙接受俄"今日俄罗斯"英语电视台采访，承认1940年波兰军官是按照当时的苏联领导人包括斯大林的意愿被处决的。梅德韦杰夫强调，斯摩棱斯克的悲剧不仅是对波兰的打击，而且是对国际关系的打击。梅德韦杰夫认为，从历史上看，斯大林和当时的苏联领导人犯下了罪行。他不认为俄罗斯在恢复斯大林主义，反对将俄罗斯与苏联相提并论。他承认确实有人喜欢斯大林以及与斯大林有关的一切，上帝会对他们进行评判。但是整个社会对斯大林及其时期的评价不应有任何变化。梅德韦杰夫强调，俄罗斯不是苏联，领导俄罗斯的人与斯大林及其助手有根本区别。博米亚诺夫斯基教授认为，梅德韦杰夫的讲话"向真相又前进了一步"。梅德韦杰夫承认卡廷大屠杀不是极权主义的抽象作为，而是斯大林和苏共中央政治局的具体作为。

波兰《选举日报》原副主编卢赤维奥认为，不应低估在俄罗斯国家电视台放映《卡廷》这部电影的重要意义。他认为，或许波兰与俄罗斯的关系可以跃向未来，这将对欧洲的未来产生深远的影响。保加利亚学者克拉斯泰夫认为，和解的更加稳定的波俄关系或许会使欧洲实现再次统一。他认为，在过去几年，欧洲沉迷于机构建设，而不是寻求与俄罗斯真正打交道。由于波俄和解机会的出现，包括俄罗斯在内的欧洲开始重新界定自身的身份。俄罗斯总理普京对空难的反应使一些波兰人认为波兰与俄罗斯的关系有了新的开端。波兰外长西科尔斯基确信波兰对欧洲和俄罗斯之间建立战略伙伴关系是至关重要的，并表示"心理上的突破已经发生"。一些评论家认为波俄关系首次出现了取得突破的条件。但是波兰科学院马尔奇纳克教授对此出言谨慎。他认为，目前尚不能了解所发生的一切以及该事件的意义,因此很难评价空难之前的事件,如4月7日卡廷纪念活动。马尔奇纳克教授曾参加了波俄两国总理共同出席的卡廷惨案纪念活动,他强调目前不是分析普京讲话细节的恰当时机。他认为,"令人遗憾的是,普京的讲话远远偏离了我们所称的历史真相。""普京总理再次并令人遗憾地表现出对在法律上承认卡廷大屠杀的消极态度,而且明确表明不会在法律的基础上承认。调查卡廷事件档案的保密条款并没有废除。事实上普京重申了俄方对欧洲人权法院的立场。"马尔奇纳克教授认为,在悲剧的背景下,波方可以要求俄方揭示卡廷真相,这意味着俄方将启动司法程序,取消2005年中断调查的决定,改变俄方对欧洲人权法院的立场。而这正是卡钦斯基总统赴卡廷要提出的要求。

应当说,波兰总统专机失事的悲剧为波俄和解提供了机会。俄罗斯官方不失时机地谴责极权主义政权和斯大林,试图拨开卡廷事件的历史迷雾,实现俄波的和解。但是俄罗斯对待卡廷惨案的态度尚没有达到波兰的期许,俄罗斯的帝国情结并没有消失,近年来官方实用主义的历史观并没有根本动摇,波兰国内惧俄防俄的心理犹存,卡廷创伤的愈合将会是一个漫长的进程。一些观察家将斯摩棱斯克悲剧称为新卡廷事件,旧伤未除,又添新伤,这对波兰民族记忆将产生深刻影响,将进一步强化卡廷大屠杀的悲情意识。俄罗斯如果在处理该事件时出现重大失误,将会延缓卡廷创伤的治愈过程。如果应对得当,将会加速卡廷创伤的治愈,为俄波的真正和解创造条件。从目前看,俄罗斯确实作出了和解的姿态,但在未来能否与波兰在揭开卡廷大屠杀真相上进一步合作尚待观察。

作者单位:中国社会科学院欧洲研究所

中东欧共产党的发展趋势及其前景

马细谱

从目前中东欧各国共产党的纲领章程、建党理论及其实践活动来看，它们具有自身的特点，其发展趋势和前景也值得关注。

第一，中东欧各国共产党组织小、人数少，但它们依然在逆境中合法存在。中东欧各国共产党在艰难的条件下，以各种方式开展活动，顽强宣传社会主义思想和理想。这是一个不容忽视的基本事实。苏东剧变20年来，中东欧国家尽管实行多党议会制，共产党也可以登记注册，但由于右翼势力不断制造种种借口掀起反共反社会主义浪潮，共产党员仍受到排挤、打击、迫害和歧视。受右翼反共法律和宣传的影响，年轻人一般不愿也不敢加入共产党，怕找不到工作。所以，各国共产党和其他具有共产主义倾向的进步团体开展活动非常困难。共产党的意识形态被右派政府严重"妖魔化"，其活动被扭曲"政治化"，社会地位也被挤压"边缘化"。同时，各国共产党的发展和组织建设不平衡，与执政当局的关系错综复杂。尽管这样，共产党由于坚持社会主义取向和反对市场经济改革，赢得了那些对生活现状不满的人，特别是老年人、退休人员和失业人员等群体的支持；又因它们反对高通货膨胀率和高失业率，主张社会公正和平等，还得到一部分青年人的支持。所以，共产党在地方和国家议会选举中能获得一定比例的选票，有的还成为议会党或参政党。例如，捷克摩拉维亚共产党是议会党，它在下院和上院都拥有一定的席位，保持着12%—15%的全国选票，而且在欧洲议会也拥有几位议员。

波兰的马克思主义者认为，他们"已经找到了新的活动和存在形式，并形成了自己的理论中心"。尽管他们现在还很弱小,但他们"正在积蓄力量、金钱和干部,并通过努力把分散的马克思主义者结合成了一个团结的整体"。①

第二,各国的共产党组织不团结,力量分散,这是一个急需解决的迫切问题。一般来说,中东欧每个国家目前都存在两个以上的共产主义组织,多的达到五六个。它们之间为了统一曾进行了长时间的努力,但效果并不能令人满意。这些党的领导人之间除了在思想认识上和纲领表述上有分歧外,各自还有组织上和利益上的考虑,规模小的党不甘心归属于规模较大的党。一些对此表示担忧的共产党人呼吁这些"兄弟党"放弃分歧,为了共同的斗争和理想团结起来。他们指出,这些党在一些原则问题上,如忠于马克思列宁主义、反对资本主义复辟、反对美国和欧盟的扩张主义政策、主张社会公正和平等、争取社会主义社会的前景等问题上是一致的,只是在如何实现这些目标和怎样开展活动的策略和战略方面有一定的分歧。所以,各党现在应该彼此接近,团结和统一为一个政党,并同其他一切爱国力量和左翼运动合作,共同反对"美国帝国主义和西欧资本主义与殖民主义"。② 各国共产党组织在组织上和思想上的联合,对于宣传社会主义思想和壮大社会主义运动非常重要,是一项刻不容缓的任务。

21世纪初开始,保加利亚几个共产党组织就在讨论联合的问题,但"它们彼此之间的分歧不仅没有克服,反而有增无减,结果,这几个共产党组织各奔东西":它们有的投奔保加利亚社会党,有的在向亲北约的政党靠拢,有的甚至同法西斯势力持同一张议会选票。③ 共产党人应该看到,资本主义进程正在中东欧国家加速深化,势单力薄的共产主义力量难以阻止这一进程的发展,唯有联合才能有所作为。

第三,共产党的处境仍然十分困难,斗争的道路极为艰难。近20年来,中东欧的所谓民主派和反共反社会主义右派十分猖獗。它们污称1989年以前执政

---

① [波] 哈卜·维克托:《马克思主义在波兰》,载《国外理论动态》2007年第4期,第21页。
② [保] 科斯塔·安德烈伊夫:《马克思与保加利亚社会民主工党的起步1891—1900》,索非亚2006年版,第15、17页。
③ [澳] 科伊乔·佩特罗夫:《当代世界意识形态危机》,索非亚2004年版,第269页。

的共产党是法西斯式政党。匈牙利、捷克、波兰、保加利亚、罗马尼亚乃至整个东欧都把共产主义、社会主义与希特勒的法西斯主义相提并论。右派政党和政府通过法令，企图禁止共产党的存在和活动。共产党正是在这样的条件和背景下向人们宣传着社会主义思想。它们的声音在社会上很小，得不到大多数人的认同。处于逆境中的中东欧共产党领导人强调指出，共产主义运动目前面临着许多挑战。另外，党员的年龄构成不合理，党员老化，发展后劲不足，资金匮乏，这些都不仅影响政党自身的活动，而且制约着它们参加选举活动和进入政坛。

在波兰，有关马克思主义的书籍杂志或者被烧毁了，或者被胡乱堆放在图书馆的地下室里。当局严格禁止宣传共产主义和纳粹主义，对新成立的社会主义和共产主义政党实行白色恐怖，如波兰共产主义无产者联盟于2002年被右派控制的最高法院宣判为非法，而天主教和民粹主义却被奉为法宝，畅行无阻。

匈牙利工人党在第二十二次代表大会的中央报告中分析了党在2006年的国会和地方选举中没有进入国会的主要原因。报告称，党在大部分选区没能推出自己的候选人，许多地方组织产生了动摇情绪。经济困难迫使党的中央机关采取特别措施，不得不限制中央的活动，解雇大部分工作人员，党报《自由报》被暂时停刊，党员数量锐减。据工人党分析，出现这种情况的主要原因有：（1）匈牙利的资本主义制度巩固了，共产主义运动的社会基础发生了变化。（2）革命和共产主义运动不仅在匈牙利，而且在全世界处于低潮。社会主义制度在欧洲被推翻，社会主义思想在今天不像1917年或1945年那样具有鼓动和动员的力量。（3）资本主义企图在国际范围内清算共产主义运动。（4）工人党的政治活动余地极大地缩小了，等等。

第四，共产党努力摆脱边缘化地位和孤立状态，它们积极参与同国外左翼的合作与交流，并主张建立地区共产党组织和国际共产主义组织。各国共产党组织强调，它们既是本国左翼力量的一部分，又是国际共产主义运动的一部分。它们积极参与国际上所有共产党和其他进步力量的国际合作，愿同世界上所有兄弟共产主义政党和运动建立联系，发展合作。它们特别希望同中国共产党取得联系。巴尔干国家的共产党是设在希腊萨洛尼卡市的巴尔干共产党联盟的成员。它们建议成立新共产国际，或某种形式的国际组织，亦或共产主义基金，以协调和声援各国共产党的行动。这都是一些积极的信号。

匈牙利工人党坚信自己是国际主义的党，是国际共产主义运动的组成部分。该党在困难的时候始终得到国际上的重要帮助，从各社会主义国家共产党那里得到不少政治上和道义上的帮助。与此同时，该党也同情和声援所有反对资本主义、争取自由和独立的人们。因此，该党在这方面的政策是：继续同社会主义国家的共产党紧密合作；同欧洲各国的共产党一起与资本主义作斗争；尽一切努力为建立新的世界共产党联盟和新的共产党人国际联盟而努力。

捷摩共积极参加世界各国共产党和左翼党的国际会议和会见。在2008年捷摩共第七次党代会上有30多个共产党和工人党的代表参加。

从南斯拉夫新共产党提供的材料来看，其日常活动比较活跃，每年都会举行30—40次纪念活动和示威游行。近年该党用自己筹措的经费接待了俄罗斯、古巴、捷克、希腊、朝鲜、越南、意大利、西班牙、比利时、乌克兰、德国等国的共产党代表团。同时，南新共和南共青盟组团出席了俄罗斯、乌克兰、白俄罗斯、希腊、比利时、捷克、斯洛伐克、奥地利、摩尔多瓦、罗马尼亚、塞浦路斯、土耳其和古巴等国共产党的代表大会和国际会议。这些国内外活动有利于南新共树立在国内的形象，并扩大它在国外的影响。

第五，中东欧共产党是该地区的一支左翼力量，应该得到关注和重视。目前，中东欧各国社会（民主）党不承认共产党是左翼运动的一部分，同后者保持着较大距离。一般来说，社会（民主）党在选举中利用共产党的支持；而共产党在一些重大问题上如果觉得符合自己利益，就支持社会（民主）党，觉得违背自己利益，便拒绝共同行动。由于共产党不是执政党，又处于十分特殊的环境，所以它们的社会地位和政治影响得不到公正的对待和尊重。它们对马克思主义和社会主义的理解，以及它们对欧盟、北约和国际经济危机的许多观点不仅得不到其他左翼组织的同情与支持，相反，还被扣上了"极左"和"教条主义"的帽子。它们今天所处的环境极其恶劣，但它们争取社会主义的勇气、信心和决心却令人鼓舞。这些共产党人对未来充满信心，他们对社会主义从科学到现实所走过的道路，对它的模式和命运进行着争论、思索、探讨和预测，并正在寻找自己的道路。同时，他们对20世纪80年代末社会主义灾难性崩溃原因的认识也越来越理智和成熟。因此，可以预料，这些共产党人很可能是未来社会主义的生力军之一。他们为了适应当今时代和社会出现的新形势在不断修改自己的纲领和章程，在创新自己的理论和改变活动方式，这就是希望所在。

可以说，只要存在资本主义制度，就有社会主义革命的土壤；只要存在工人阶级和劳动人民的政党，就有实现社会主义革命的条件。社会主义问题迟早会提到中东欧国家的日程上来。从历史上看，中东欧国家几乎每隔12年就要发生一次较大的社会动荡：从1944年苏联红军进入东欧到1956年波匈事件，再从1968年捷克事件到1980年的波兰团结工会，再到1990—1992年东欧剧变和苏联、南斯拉夫解体，又到2004年部分中东欧国家参加北约和欧盟，这种周期性政治风波就说明了中东欧国家社会的变化规律，也说明社会主义道路的艰难曲折。

作者单位：中国社会科学院世界历史研究所

波兰政党格局调整与总统选举

刘敏茹

2010年4月10日,时任波兰总统莱赫·卡钦斯基和夫人以及多名军政要人在空难中丧生,原定于10月举行的总统选举提前至6月20日举行。转型20年来波兰的民主和政党制度变革已经形成相对稳定的制度空间,并获得基本认同,因此,即使突逢变故,波兰国内政治在经过一段过渡时期后应该仍将总体上保持较为平稳的发展态势。但是,为了在过渡时期有效应对此次危机,波兰国内各方力量需要对政党格局进行适度调整。随着总统选举的举行,调整效果将会逐渐显现,波兰政党政治也将经历一次新的考验。

当前波兰政党的基本格局形成于2007年议会选举之后,众议院的460个席位和参议院的100个席位主要由公民纲领党、法律与公正党、民主左派联盟党和波兰农民党四个主要政党的成员构成。

崇尚新自由主义的中右政党——公民纲领党(PO)是主要执政党,共有众议院议员206名,参议院议员57名,欧洲议会议员25名。现任波兰总理唐纳德·图斯克为党主席,现任众议院议长、代总统、下届总统候选人博罗尼斯瓦夫·科莫罗夫斯基为该党副主席。公民纲领党在经济上奉行自由保守主义,主张对国有经济部门实施私有化,进行劳动法改革;在社会和民族政策上持保守主义观点,反对堕胎、同性婚姻、软性毒品合法化、安乐死及试管受精;在政治上主张改革选举制度,用简单多数票制取代比例代表制,中央向地方分权,直接选举市长和地区长官;在对外政策上主张凸显国家利益,亲近欧盟,改善与俄罗斯和德国两大邻国的关系。

自 2007 年执政以来，图斯克领导的政府在国际经济危机中表现出色，波兰在 2008 年和 2009 年国内生产总值分别增长了 5% 和 1.7%，成为新入盟的中东欧国家中唯一保持经济增长的国家。图斯克政府成功应对经济危机的政策为公民纲领党赢得了民众的支持。众议院议长科莫罗夫斯基性格严谨、出身显赫，在青年时代就成为反共地下组织活动的积极分子，近年在波兰比其所属的公民纲领党更受欢迎。在此次飞机事故发生之前，科莫罗夫斯基的支持率一直大幅度领先，成为波兰转型以来支持率最高的总统候选人，极有可能在第一轮选举中即以超过半数得票率胜出。但是进入 5 月份以来，公民纲领党和科莫罗夫斯基的支持率出现波动，由 56% 下降到 43%，后又升至 49%。这是危机发生后必然会出现的状况。由于总统的突然逝世，一部分民众出于同情而改变投票方向，造成除卡钦斯基所属的法律与公正党外其他政党的支持率下降。

主张天主教保守主义的中右政党——法律与公正党（PiS）是最大在野党，原有众议员 155 名，参议员 37 名，欧洲议会议员 14 名。与同样由团结工会派演化而来的公民纲领党相比，法律与公正党有更多民粹主义的主张。该党在经济上支持建立国家最低保障下社会安全网，主张国家在市场经济范围内对经济活动进行干预；在政治上坚决支持"清洗法"（Lustration），要求公开社会主义时期为国家安全部门秘密工作的人员名单，追究其历史罪责，主张对宪法进行改革，加强总统权力，缩减议会议员数量；在外交事务中，该党在欧盟内部坚持维护本国利益，对欧盟政治一体化进程持很强的怀疑态度，反对欧盟成为具有超国家主权的联邦，同时在政治和军事上完全依赖美国；社会政策上，法律与公正党反对堕胎、安乐死、同性婚姻，坚决捍卫天主教的地位，维护公民家庭权力。

空难对法律与公正党造成严重损失。除了已故总统莱赫·卡钦斯基，该党还失去了许多重要政治家和多名坚定的支持者。之前几个月，他们还战斗在与公民纲领党竞争的第一线。其中主要有：多次在公开演说中批评现政府社会政策的党的核心领导格拉日娜·杰西卡（Grażyna Gęsicka）；众议院副议长克里斯托夫·普特拉（Krzysztof Putra）；法律与公正党成立以来所有地方组织的主要协调人，被公认为是卡钦斯基兄弟"阵营"参谋长的党的副主席、众议员普舍梅斯拉夫·戈谢夫斯基（Przemysław Gosiewski）；尖锐批评现政府财政政策的该党副主席、众议员亚力山德拉·娜塔丽-斯菲特（Aleksandra Natalli-Świat）；在最近负责调查公民纲领党涉嫌为赌场老板非法游说事件的议会调查委员会中，作为法律与公正党主要代言人的兹比格涅夫·瓦谢尔曼（Wassermann）；参议员斯塔尼斯拉夫·扎恰格（Stanisław Zając）和参议员亚宁娜·费特林斯卡娅（Janina Fetlińska）。同时，遇难的国家纪念所（IPN）所长亚努什·库尔特卡（Janusz Kurtyka）也与法律与公正党交往甚密；中央银行行长斯拉沃米尔·斯克希佩克（Sławomir Skrzypek）亦是卡钦斯基的强有力支持者，他近期正在与现财政部长就政府的经济政策展开一场公开竞争。

近日，法律与公正党主席雅罗斯瓦夫·卡钦斯基已经接替其弟莱赫·卡钦斯基，成为该党下届总统候选人。2006—2007年，雅罗斯瓦夫·卡钦斯基曾出任波兰总理，其间他主张追究和惩罚前共产党秘密人员，对欧盟抱有极为强烈的怀疑论调，他那些极端民粹主义的政治主张在国内引起大多数民众反感，也使波兰在欧盟国家内不受欢迎。但2010年5月以来公布的几次民意调查结果显示，雅罗斯瓦夫·卡钦斯基和法律与公正党的支持率出现明显增长，由27%先后上升至29%和36%，在选战中博取同情和竞选政策的小幅调整无疑起到了重要作用。

奉行社会民主主义的波兰最大中左翼政党——民主左派联盟党（SLD）现有众议员41名、参议员1名和欧洲议会议员6名。民主左派联盟党原本推选的总统候选人、众议院副议长叶热·斯马津斯基（Jerzy Szmajdziński）亦在此次坠机事件中身亡，近日该党临时决定由现任党主席格热戈日·纳皮耶拉尔斯基（Grzegorz Napieralski）参加总统竞选。纳皮耶拉尔斯基主张尽快从阿富汗战场撤军，实行累进税率，解除《堕胎法》的限制，支持同性婚姻，要求政教分离并批评天主教在波兰享有的特权地位。自2005年以来，波兰左翼政党一直在国家政治生活中居于相对弱势，支持率较低，一般在10%上下波动。近日的民调显示，民左联党的支持率保持在9%，现年36岁的纳皮耶拉尔斯基几乎不可能在此次竞选中获胜，在第一轮选举中即被淘汰几成定局。

执政联盟中的中派政党——波兰农民党（PSL）有31名众议员和3名欧洲议

会议员，主张维护农民利益，实行社会主义市场经济。该党现主席帕夫拉克（Waldemar Pawlak）曾于1992年和1993—1995年两次出任波兰总理，现任政府副总理兼经济部部长，同时他也是波兰农民党推举的下届总统选举的候选人。虽然帕夫拉克个人政治经验丰富，但波兰农民党在本月的多次民意调查中所获支持率始终难以超过5%。如此发展的结果很可能导致该党在2011年举行的议会选举中难以迈过众议院5%的得票率门槛，更谈不上竞争总统宝座了。

此次参与总统竞选的候选人共10人，除上文中提及的4人外，还有原众议院议长马莱克·尤莱克（Marek Jurek）和曾担任过财政部长、外交部长、在2001年与图斯克一同创立了公民纲领党后又于2009年退出该党的独立候选人安杰伊·奥莱霍夫斯基（Andrzej Olechowski）等6人。据波兰媒体报道，仅仅获得3%—5%支持率的安杰伊·奥莱霍夫斯基很有可能主动退出竞选。其他5人在民调中的支持率也与其相近，他们都极有可能在第一轮选举中即告落败。

综合观察目前竞选局面，右翼政党候选人再次当选总统几乎已成定局；左翼政党仍处于弱势，尚需在政治定位和内部动力方面进行长期的探索和调整。回顾波兰20年的选举历史，可以预见危机后的波兰选举仍然会存在一些问题：决定选民投票方向的往往是宗教信仰、是否疑欧、历史文化认同、城乡差异以及年龄和收入差别等因素，而不是社会分化的结果；大多数选民尚未形成相对固定的政党偏好，选民浮动率较高，政党忠诚度较低；虽然据预测，受空难悲剧的影响，此次总统选举的投票率有可能成为历史最高，但仍难以从根本上改变投票率低、选举结果代表性差的问题。

作者单位：中央编译局俄罗斯研究中心

匈牙利学者谈匈牙利剧变原因和对剧变 20 年的评价

黄立茀

2009 年 9 月 1—21 日，笔者对匈牙利科学院进行了为期 3 周的学术访问。2009 年值东欧剧变 20 周年，在访问中，笔者与匈牙利学者交换了关于匈牙利制度剧变原因以及如何评价匈牙利剧变 20 年等问题的看法。以下是座谈的主要内容。

一、匈牙利制度剧变原因

关于匈牙利制度剧变的原因，匈牙利学者的看法颇为不同，综合起来，有以下几种主要观点。

1. 生活水平下降，群众社会主义信念动摇说

匈牙利科学院历史研究所副所长奥蒂洛·波克（Attila Pók）和匈牙利国家特工档案馆研究部主任鲍劳乔·毛格多尔瑙（Barach Magdolna）认为，生活水平降低、党脱离群众是剧变最重要的原因。他们说，1963—1973 年匈牙利引入市场机制改革以后，是卡达尔时代的"黄金时期"，也是他执政的鼎盛年代。这段时期国民收入比 50 年代翻了 4 番，居民年均消费水平以 5%—6% 的速度递增（直到 1981 年）。每年出国旅游者人数占总人口的一半。就业率达到 100%。匈牙利科学院历史研究所副所长奥蒂洛·波克指出，这段时期卡达尔政权相当稳定，反对派一直起不来。

1968 年"布拉格之春"以后，苏联害怕东欧脱离苏联的控制，严密控制匈

牙利引入市场经济的改革，1974—1978年间，先是"限制改革"，后在苏联的压力下又"停止改革"，这时期一些具体措施又重新回到指令性计划经济轨道上去。政府强化了对中央计划的领导，结果导致80年代经济滑坡、生产下降，5年间只增长了10%；进入80年代中期，年均增长率在1%上下浮动。政府每年用占当年国民收入32%—35%的财政补贴来维持居民现代化高消费生活。到1988年上半年，匈牙利累积外债已达180亿美元，人均外债1800美元，居苏联东欧国家之首，每年还本付息占匈外汇收入的45%—50%。通货膨胀率达20%以上，人民生活水平明显下降。当时，人们可以自由出国，到国外后，发现国外的商品非常丰富，人民生活很富裕，因而逐渐降低了对社会主义的信任。匈牙利中欧大学欧盟扩展研究中心研究员戴阿克·翁德洛施（Deak Andlas）强调说，由于生活水平下降，"人们头脑里的意识变化——对社会主义的信仰下降，这是匈牙利剧变最主要的原因"。匈牙利科学院历史研究所副所长奥蒂洛·波克一再强调说，正是由于人们生活水平下降，社会主义信念动摇，才有了反对派形成的土壤。

2. 外部因素重要影响说

我拜访的所有学者，无一例外都谈到外部因素对匈牙利剧变的影响，但是对于外部因素的作用究竟有多大的问题分歧严重。少数学者认为这是决定因素，多数学者认为外部因素通过内部因素产生影响。

匈牙利中欧大学欧盟扩展研究中心研究员戴·翁德洛施认为，由于匈牙利是一个小国，回旋余地很小，外部因素非常重要。匈牙利一直是苏联的附属国，苏联的风吹草动，都会引起匈牙利的政治波澜。戈尔巴乔夫上台以后从匈牙利等东欧社会主义国家撤军，使社会主义阵营瓦解，导致社会主义反对派迅速膨胀，共产党下台。

匈牙利国立罗兰大学俄罗斯学中心主任、匈俄友协主席斯瓦克·久洛（Szvak Gyula）则更明确地说，1989年剧变的决定性原因，是戈尔巴乔夫撤军，社会主义阵营瓦解。如果没有这个变动，现在匈牙利可能还会继续社会主义制度。

匈牙利国家议会下属政治学研究所研究员米特罗伟特施·米克洛什（Mitrovits Miklos)、匈科学院历史研究所研究冷战和国际关系的研究员彼特·瓦莫斯从经济方面分析了外部因素的影响。他们认为，20世纪70年代中期以后苏联柯西金改革中止，苏联也干涉匈牙利的市场经济改革，引起了匈牙利经济机制混乱：四不像——已经打破计划经济，又没有形成市场经济机制，经济混乱，增长缓慢。匈牙利经济上的混乱和困难，由于苏联经济援助减少而雪上加霜。二战以后匈牙利并不情愿建立苏联模式，苏联以两个平行的世界市场——援助经互会内部国家拢住东欧国家，使匈牙利经济对苏联优惠价格的石油和原料有很大依赖性。而20世纪80年代以后石油价格从1985年11月每桶30美元下降到1986年5月每桶12美元。石油出口占苏联外汇收入60%，由于外汇收入减少，苏联自身经济发生困难，已不可能像以前那样援助东欧卫星国。匈牙利不得不转向西欧，向国际货币基金组织大借外债，导致对西方资金的依赖。两位学者强调，这一转变，使20世纪80年代匈牙利有影响力的社会阶层和领导阶层接受了这一思想：需要扩大经济联系面，不仅与苏联，而且还要与西欧国家建立经济联系。实际上在1989年剧变以前，匈牙利已经由于苏联不能继续提供经济援助，而被迫开始了融入西方的进程。匈牙利剧变后加入欧盟是这一过程的继续。持上述观点的学者认为匈牙利制度的变化不可避免，这种变化不是剧变，而是转型，因为这种变化是一个漫长的发展过程。

3. 必然回归民主传统说

政治学研究所研究员米·米克洛什等认为，匈牙利具有数百年的民主政治传统，早在15世纪，匈牙利就仿效英、法等国议会模式形成了封建等级议会的雏形。1848—1849年科苏特领导的资产阶级革命已废除封建等级议会制度，以人民代议制的新国会取而代之。1918年11月爆发的"秋玫瑰革命"中成立了议会制的资产阶级共和国，1946年2月1日成立了多党议会共和国政体。所以，从15世纪以后，政治多元化的民主议会制在匈牙利一以贯之。社会主义时期，形成一党执政，民主政治虽然被削弱，但这种传统仍然顽强地企图发挥作用。例如1956年事件前夕，以裴多菲俱乐部为主体的知识分子群体就向当局提出一系列要求，其中涉及国家政体改革，进行有各党派参加的、平等的、无记名方式的新的国会选举等。1956年卡达尔上台后，首先就面临着实行多党制还是一党制的选择。卡达尔在1959年11月社会主义工人党（共产党）"七大"报告中对这个问题作了这样的说明："一党制还是多党制并不是一个由普遍规律确定的原则，而是应根据各国的政治和社会情况决定的实际政治问题。"他还进一步提出，"我们发展了党所领导的爱国人民阵线，以代替多党制。"60年代初，匈社工党文件中提出"除党的职务外，各种职务——从最低级到最高级——党外人士都可以担任"。1961年匈社工党中央和爱国人民阵线建议，国会选举天主教神甫拜赖斯托奇主教为议会副主席，这种在一党制执政框架下政权机关允许党外人士参与的政治模式曾引起了轰动效应。卡达尔执政期间，取消了以党代政的做法，强调党主要是通过国会和地方行政机构进行领导。凡重大方针决策由党中央确定，具体业务则由国会和地方议会贯彻执行。党的决议只对社工党、共青团的各级组织和党团员有约束力，而对国家、政府、社会团体、经济单位和非党群众不具有约束力。上述措施已经将政治决策权和执行权分开，说明匈牙利社会主义工人党朝着政治分权的方向迈进了一步。

因此，尽管戈尔巴乔夫时期撤走苏军对匈牙利剧变产生了重要影响，但是，即使没有戈氏的改革，匈牙利制度也会继续向分权和多元化的民主制度变化，只是不会以1989年这种剧变的方式，而是渐变的方式发生。从这种意义上说，匈牙利剧变是回归了民主政治的传统。

二、是否怀念卡达尔时代

匈牙利科学院历史研究所副所长奥蒂洛·波克介绍说，2007年匈牙利著名社会学家沃·海·玛丽亚（Vasar Helyi Maria）曾搞了一个民意调查，问题是："在匈牙利历史上，谁的作用最积极？"结果，排第一位的是匈牙利王国缔造者圣·伊斯特万（1000—1038年），第二位是匈牙利与欧洲文化的联姻者，匈历史上一代圣君马加什国王（1458—1490年），第三位是卡达尔。这次民意调查反映了普通老百姓对卡达尔时代的看法。奥蒂洛·波克分析了老百姓怀念卡达尔时代的原因：当时生活和工资稳定，没有失业，社会保障好，而现在人们需要自己为生计奔波，很多人失业，生活沉重。

但是，参加座谈的几位知识分子对此有不同看法。匈牙利国家特工档案馆研究部主任鲍劳乔·毛格多尔瑙说，怀念卡达尔时代是普通百姓的看法，知识分子不这样看。因为卡达尔时代虽然稳定，但这是低水平的稳定，如果当时达到了奥地利水平，制度不会变化。历史研究所彼得·瓦莫斯（Peter Vatmos）教授说：老百姓之所以怀念卡达尔时代，是因为其适应性差，他们习惯了卡达尔时期的大锅饭，工作不需要主动性，也不用负责。剧变以后，需要靠自己的技术、知识、能力工作，一些人技能低，却懒得提高自己，或者没有精力提高自己，所以生活下降。

左翼知识分子对卡达尔时代也持批判态度。匈牙利国立罗兰大学苏联史学家克劳斯·陶马什（Krausz Tamas）说："我批判卡达尔时代，因为当时国家把权力抓在手里，老百姓没有权力。社会主义需要进行改革，但是不应该建立私有制，应该建立社会所有制。"

座谈的知识分子对匈牙利的现状并不满意，显现出矛盾的评价。匈牙利科学院冷战史研究中心主任贝凯什·乔鲍（Bekes Csaba）指出，"作为学者，我认为这是匈牙利建立民主制、法治国家的难得机会；作为个人，我是牺牲品。因为有些人突然不公平地暴富。但是，匈牙利发展方向是对的，目前的困难是历史短暂的一段，需要有人作出牺牲"。米·米克洛什研究员虽然认为剧变不可避免，是回归民主制传统，但是谈到个人感受，他感到非常沉重，对未来感到迷茫。

作者单位：中国社会科学院世界历史研究所

对前南斯拉夫解体中民族主义因素的思考

马细谱

写作《南斯拉夫兴亡》的时候,我深深感到民族问题和民族主义在前南斯拉夫联邦解体过程中占有重要地位,产生了不可忽视的作用。前南斯拉夫是个多民族国家,在它 2230 万人口中包括近 20 个民族、少数民族和族群,民族问题表现在多层次和多方面。前南斯拉夫作为联邦制国家,同周边 7 个邻国几乎都不同程度地存在着民族纠葛。在联邦内部,不仅各共和国之间不同民族共居,而且共和国内,甚至自治省内同样不同民族混居,而且宗教和文化差异较大,历史积怨甚多,矛盾较深。尽管前南斯拉夫联邦制定了宽松的民族政策,但民族主义因素对联邦崩溃的影响仍然令人深思。

一、关注民族问题,采取了若干积极措施

第二次世界大战后,南联邦在铁托的领导下,比较注重民族问题,采取了一系列有自己特色的措施,防止民族主义泛滥。例如:

1. **实行联邦制**,通过宪法确保了境内各民族之间的平等、团结和友爱。二战后,没有同意将境内的阿尔巴尼亚族都集中到科索沃,避免了后来出现一个大科索沃国家。

2. 从 20 世纪 50 年代起,**扩大了各共和国和自治省的权力**,各民族居民的生活得到改善,使政局保持稳定,民族关系比较融洽。

3. 为了**帮助落后地区发展经济和文化**,缩小各民族之间的差距,南共联盟和联邦政府于 1965 年建立了《经济不发达的共和国和地区的联邦发展信贷基

金》，1971年通过了《对经济不够发达的共和国和科索沃自治省提供贷款的联邦基金法》，投资支持落后地区的重点项目建设；建立联邦信贷基金，发放无息或低息贷款；以社会总产值的0.93%作为无偿补助经费，支援不发达地区的文教卫生事业；不发达地区优先使用外国贷款；鼓励不发达地区与发达地区联合办企业，共同投资，共同承担风险，共同分配收益。这些措施有力地促进了不发达地区经济的发展。

南共联盟和联邦政府在制定民族政策、解决民族问题方面作出了巨大的努力，积累了一定的经验，取得了不少的成绩，并在一定程度上缓解了复杂的民族矛盾，使南斯拉夫联邦国家得以保持45年的统一和发展。但是，南共联盟和南联邦政府在民族政策的理论和实践方面也确实存在一些重大的失误，使民族矛盾没有根本解决，并为后来的南联邦解体和内战埋下了祸根。

二、民族问题出现失误，导致联邦解体

失误之一是，南共联盟和联邦政府所提出的民族理论概念混乱和错误。例如1968年承认波黑的穆斯林为一个单独的民族，当时就遭到了塞尔维亚人和克罗地亚人的强烈反对。这成为后来波黑共和国脱离联邦的一个重要理由。

失误之二是，片面理解和实行民族平等的原则。从20世纪60年代起，南联邦在党政领导人的组成上，从联邦、共和国和自治省直至基层单位，都贯彻等额民族代表原则。同时，这一绝对平均主义原则还落实到群众组织和民间团体，以及外交人员派出和出国组团，乃至南斯拉夫人民军军官团的组成和高级将领的任命方面，都一味强调各民族不论大小一律"机会均等"和"轮流坐庄"。这使各共和国的权限和独立性无限膨胀，联邦实际上已处于无权地位。

失误之三是，削弱了塞尔维亚作为联邦最大的民族和共和国应有的地位和作用，尤其是南联邦宪法一再扩大科索沃和伏伊伏丁那两个自治省的权力，实际上使塞尔维亚共和国一分为三，失去了对两个自治地区的控制。这虽然是为了防止大塞尔维亚民族主义的复活，却严重削弱了塞尔维亚共和国的地位和伤害了塞族的民族自尊心。这也是南联邦解体和各共和国之间发生流血冲突的一个重要因素。

失误之四是，放弃了南共联盟对各共和国和自治省的领导作用。南联邦到后期已经形成为 8 个独立的经济实体和政治实体，各自拥有自己的党中央和国家机构，没有一个能够统一领导和指挥全南斯拉夫的政党。

失误之五是，没有及时遏制和打击形形色色的民族主义。在这个由多民族组成的联邦国家，既有塞尔维亚和克罗地亚的大民族主义，也有斯洛文尼亚的"经济民族主义"、波斯尼亚的"文化民族主义"和马其顿的"地方民族主义"，还有科索沃的民族分裂主义等。20 世纪 60 年代，克罗地亚和科索沃民族主义开始抬头，1966 年铁托解除了前南"第二号人物"、负责内务和安全部门工作的兰科维奇的职务，而兰科维奇正是当时打击克罗地亚族和阿尔巴尼亚族民族分裂主义的铁腕人物。后来的事实证明，南斯拉夫是在各民族、各共和国和各地区的民族主义思潮，民族主义、分裂主义和恐怖主义的打击下陨落的。

三、对前南斯拉夫民族问题经验教训的几点思考

一要认识民族问题的长期性、复杂性和反复性。铁托在世时，由于南共联盟执行较为宽松的民族政策和铁托的个人威望，那时的民族关系相对平静和稳定。由此，南共联盟中一些领导人便错误地认为民族问题已经"彻底解决"，在巴尔干地区"树立了榜样"，从而忽视了解决民族问题的长期性和艰巨性，造成民族政策上接连失误。在一个多民族国家里，各民族地区的经济和文化发展是不平衡的，要实现各民族间和各地区的经济协调发展是一件非常困难的事情，要缩小和克服各民族地区经济发展水平和结构方面历史遗留下来的差别，需要经过几代人长期艰苦的努力。所以，民族差别在相当长的历史时期内不会迅速消失。但是，中央政府要十分重视不发达地区的社会经济和文化教育事业发展，采取有力措施去缩小差距，一旦差距越拉越大，就会成为诱发不发达地区动乱的原因。

二要反对片面理解和实行民族间绝对平等的原则。所谓大小民族一律平等，这主要是指政治上和权利上的平等。在一个多民族国家，总得有一个主要的民族来担负起保卫国家主权和领土完整，在建设国家中发挥最大的作用，在抵御外敌中作出最大的牺牲等重要任务。人为地、机械地实行各民族的"绝对平等"而

不惜削弱主体民族发挥正常的实力，必然造成新的民族不平等，产生新的矛盾和不满情绪。

　　三要对待民族分裂主义活动不能手软，处理时既要慎重又要果断。在当今世界，不分青红皂白地同情和支持弱势民族，谴责强势民族，已成为西方国家在民族问题上推行双重标准的一个重要借口。对少数民族中存在的分裂主义活动和外来干预不可忽视，不能丧失警惕。民族分裂主义势力一般在国内没有土壤，他们往往寻求邻国和大国的保护与仲裁，而外来干涉又给民族安全和国家主权带来难以预料的后果。对民族分裂主义活动，应依法采取有力措施，毫不手软地及时打击，包括不得已情况下的武力解决。这样才能保护广大无辜的群众，才能威慑一小撮极端分裂主义分子和恐怖主义分子。在处理这类问题的过程中，要做大量细致的宣传解释工作，千万要防止国内问题越出边界，形成"地区化"或"国际化"，决不给国外插手和干预的机会。前南斯拉夫的科索沃最终走向独立就是一个深刻的教训。

　　四要警惕民族分裂主义者把宗教信仰同民族属性混为一谈，煽动宗教和民族情绪。坚决不允许成立带有民族主义倾向和宗教色彩的非政府组织或政党，更要及时取缔准军事组织。波黑的穆斯林民主党、科索沃阿族民主联盟和科索沃解放军就是这类政党和组织，他们打着民族和宗教的旗号，勾结国外非政府组织，成为摧毁前南斯拉夫的急先锋。

作者单位：中国社会科学院世界历史研究所

1989年后匈牙利自由主义梦想的终结

亚当·法布里 著　张瑞花 编译

2009年11月是柏林墙倒塌20周年。20年前从20世纪40年代后期开始统治东欧国家的一党专政政权几乎在一夜之间土崩瓦解。许多评论者认为只有自由民主和资本主义在中东欧才能行得通。斯大林主义的垮台被认为是"整个体系失败"的象征，是作为一种社会组织的市场优于行政计划的最好证明。社会主义作为政治哲学和人类发展的一种方案，只沦为对过去的回忆。但是，20年过去了，作为该地区一度的领跑者、转型优等生匈牙利，其新自由主义梦想实现了吗？《国际社会主义》杂志2009年秋季刊第124期刊载了英国布鲁内尔大学中东欧问题研究学者亚当·法布里的文章，主要内容如下。

斯大林主义政权垮台后，中东欧进行了新自由主义改革，其核心思想是政治改革与经济快速自由化的结合不仅会带来更大的个人自由，也会给该地区危机四伏的经济带来繁荣及更高的生活标准。匈牙利作为苏联集团中市场改革的领跑者，被一致认为是该地区未来成功转型的典范。

然而，20年过去了，匈牙利转型期的调整结果远不尽人意。新自由主义对匈牙利社会的影响更多时候可以说是毁灭性的。国家的经济产量急剧下降，失业率暴增，多数人生活水平下降，社会不平等加剧，渐趋贫困化已经成为匈牙利的标志。这种局面遍及东欧其他国家。

同时，当前的世界金融危机使得匈牙利的经济危机正在迅速转变为政治危机：处于执政地位的自由主义和社会主义联盟一片混乱，近期的欧洲议会选举也证实了极右势力正在兴起。

国家资本主义与市场之间

对于1989年后匈牙利自由主义梦断的原因,我们必须从近年来全球资本主义的新变化中去探寻。

从整个地区看,柏林墙倒塌前,随着20世纪70年代早期全球资本主义结构性危机的显现和战后长期经济繁荣的结束,全世界的领导者们都面临着投资回报低和大量失业再次出现的问题。然而,柏林墙两边应对经济危机的措施却截然不同。

西方领导者摒弃了从20世纪40年代末就采纳的国家主导经济发展的"凯恩斯主义",取而代之以"全球市场原则"。

东欧国家的最初反应是抗拒来自国际市场的压力。然而,事实证明,这一做法只能使国家资本主义经济的缺陷逐渐暴露无遗。从内部来说,指令性经济结构主要偏重于工业生产而不是产品和服务的专业化。从外部而言,屈服于苏联利益的压力不仅意味着东欧经济与国际市场的一体化进程依然受到限制,同时表明这种一体化模式从根本上存在缺陷。到70年代末,世界经济衰退的影响愈加明显。由于担心民众不满加剧,一党制国家的领导者试图寻求变通,最终他们选择更深地融入到世界经济之中,即通过从西方进口高科技产品,出口工农业产品这一政策来达到目标。以前匈牙利就是这个区域的领跑者,它从西方进口产品速度之快远远高于其他苏联集团国家。但问题是:这种不断增长的贸易如何买单?

东欧各国政府试图从西方国家、银行和国际组织的可兑换货币中寻求贷款来克服这一困难。因此,它们的债务负担从70年代开始大幅增长。匈牙利做了反面教材:到1978年它的可兑换货币贸易逆差已经达到30多亿美元。从整个东欧地区来看,这一被动局面从80年代开始就没有出现过减缓的迹象。

世界经济的外部压力及内部当权官僚集团和反对派的改革要求,使一党专政的领导者们陷入困境。1985年开始,戈尔巴乔夫试图运用"公开性"和"重建"政策对计划经济进行根本性改革。这一设想意味着允许更大的政治自由。同时试图在经济领域引进市场激励措施来铲除腐败。然而,戈尔巴乔夫的改革却为苏联官僚统治阶层打开了潘多拉魔盒。

面对国家不断攀升的债务问题，匈牙利执政党社会主义工人党不得不在1985年和1986年进行经济改革：在雇用和解聘工人方面给予国有企业管理者更大的自由，颁布了破产法和失业保障法。然而，随着改革的失败，要求对全社会和社会主义工人党实施变革的呼声越来越响。1989年秋天，议会通过了匈牙利转型为议会民主制国家的法令，从10月23日开始，这个国家就不再是"社会主义人民共和国"了。

经济改革之逻辑

一党专政政权结束的最初几年里，匈牙利人普遍情绪乐观。人们相信有可能享受到和他们的西方邻国一样的自由和生活水准。一些国家新选举的领导人大肆鼓吹在不久的将来和西欧一体化的可能性。

如何实现这个目标，国际主流经济学家、决策者以及国际货币基金组织和世界银行在内的国际金融组织对此作出了回答。他们认为只有通过一种快速而激进的经济改革才会赶上西方，即"创造性毁灭"，重点是尽快摆脱对经济的束缚，实现市场化和私有化，鼓励政府继续实行众所周知的"休克疗法"。这种改革模式在经济范畴内提出了一种完全不同的国家角色观点，这与凯恩斯理论所设想的"管制型国家"的观点完全不同。

西方专家普遍预言，匈牙利作为市场改革的先行者会发展成为未来本地区政治经济成功改革的典范。然而，事实证明现实与新自由主义的梦想截然不同。

缺乏创造力的"创造性毁灭"

20年过去了，这些为适应全球资本所进行的调整打通了国家资本主义经济通往全球资本之路，但结果却十分糟糕。整体来看，这个地区在20世纪90年代的经济重建引发了前所未有的产量暴跌。即便是世界银行也不得不承认，"对于所有国家来说，转型期经济衰退的强度和持续时间比得上美国经济大萧条时期的发达国家，在很多方面情况甚至更糟。"

对于匈牙利经济来说，20世纪90年代从某种意义上讲变成了迷失的十年。直到2000年，经济才开始复苏，至2006年期间经济增长速度始终保持在4%。但当前金融危机引发的经济衰退结束了先前这种微弱的增长。

随着生产的急剧萎缩，长期失业演变成了匈牙利经济的一个象征。官方失业率目前是9.6%。全球经济危机更使失业率不断攀升，实际工资收入持续走低，而政府打算进一步削减社会开支。根据2003年联合国发展计划署所作的一份调查：2003年，匈牙利人实际工资只达到80年代的水平，贫穷人数高达总人口的三分之一（近300万人）。

转型后经济的低迷状态加深了阶层、种族和地区间的不平等。全国家庭中收入最高的10%和最低的10%之间的差距从1992年的7.5倍上升到2003年的8.4倍。经济转型的主要受益者是人口的一小部分（10%—12%）。另外，还存在着一个大约占全部人口的30%的中间阶层。对于中间阶层，转型在某种意义上是喜忧参半。

贫穷在匈牙利也有种族方面的原因。经济转型在吉普赛人中引起了灾难性的后果。吉普赛人就业率在20世纪80年代中期到90年代中期从75%下降到30%。吉普赛人的贫穷率几乎是其他人群的7倍。今天，吉普赛人不仅面临失业和贫穷的危机，而且面临种族歧视和种族隔离，生命的威胁也与日俱增。

最后，地区差异也在加剧匈牙利境内的不平等。自1989年以来，布达佩斯和与西欧接壤的西部地区获得了大部分外资投入，而其他地区则少得可怜。尤为严重的是，1989年后不久，北部和东部地区遭受了重工业和矿业崩溃所带来的剧烈冲击。匈牙利的这些地区，其失业率、贫穷和与之相关的社会问题也达到了最严重的程度。

结 论

1989年后匈牙利在发展中所衍生的矛盾，需要借助于全球资本主义的最新变化来解读，这些变化是从国家资本主义向跨国资本主义进行转变的过程。这种变化促进了全球贸易和金融市场的成长，也带来了跨国公司的崛起。同时，"竞争性放松管制的逻辑"凸显资本主义的矛盾。

匈牙利自1989年以来的坎坷道路,并不是"错误政策"(以新自由主义改革的形式出现)或"腐败政府"(尽管这些因素无疑加重了匈牙利的困境)的结果,而是基于一般资本主义固有的矛盾。资本主义的新变化以及帝国主义竞争必然存在的特点,"本身是内在扩张倾向和集中倾向的副产物",其发展趋势是加剧"落后国家"的负担。

当前的经济危机毫不留情地使这一情况更加恶化,它使中东欧的小国及脆弱的经济体成为"资本主义链条中最薄弱的环节"。工人阶级被遗忘,他们没有任何政治发言权,在统治阶级的进攻面前不堪一击。

怎样才能找到可选择的反制力量?回归马克思主义的经典理论似乎是尤为正确的选择。根据卡尔·马克思、托洛茨基以及传统理论中其他人的观点,我们不但能够剖析匈牙利自1989年以来发展不平衡的原因,而且还要唤醒工人阶级,用托洛茨基的话说,他们仍然是"世界资本主义的掘墓人"。

译者单位:陆军航空兵学院基础部

斯洛伐克政治家对1989年剧变遗产的反思与总结

姜 琍

2009年是东欧剧变20周年,在中东欧国家举办了各种活动,以回顾和反思剧变本身以及剧变后的社会发展。2009年11月8—27日笔者在对斯洛伐克进行学术访问期间,有幸参加了一些纪念性活动,其中包括2009年11月13日在斯洛伐克首都布拉迪斯拉发举行的名为"斯洛伐克与1989年11月遗产"的学术会议。此次会议由斯洛伐克政府与斯洛伐克科学院政治学所、"分析、战略和选择研究所"联合举办,斯洛伐克总统伊万·加什帕罗维奇、总理罗伯特·菲乔和议长巴沃尔·帕什卡先后进行了发言。斯洛伐克三位最高领导人的发言不仅彰显其对1989年剧变以及剧变后多重转型进程的态度和立场,而且表明其对社会发展模式的倾向。

一、加什帕罗维奇总统从正反两个方面评价1989年剧变后的社会发展

斯洛伐克总统伊万·加什帕罗维奇发言的题目是"1989年11月——斯洛伐克政治和社会发展变化的开端"。他将1989年11月17日(捷克斯洛伐克大学生举行声势浩大的抗议游行,并引发"天鹅绒革命"的日子)比做捷克和斯洛伐克20世纪历史的一个里程碑,认为它如同1918年10月28日捷克斯洛伐克共和国成立日、1938年9月29日"慕尼黑协议"签署日、1948年2月25日捷克斯洛伐克共产党全面接管政权日和1968年8月21日以苏联为首的华约军队武装镇

压"布拉格之春"日一样，决定了社会后续政治、经济发展的方向和特点，并对民众的生活产生了极其深刻的影响。尽管关于1989年11月政治事件的发生和发展存在多种不同的理论阐释，但不容置疑的是，20年前在各城市广场集会的成千上万名民众是"天鹅绒革命"的真正主角，他们对当时的政治状况感到不满，渴望自由、民主、法治和繁荣。剧变前的社会体制声称代表和维护劳动人民的利益，却不能对民众的要求和愿望及时作出反应。1989年11月事件恰恰反映了民众利益与社会体制的严重分离。

剧变后的经济改革和向市场经济的转型给民众带来难以想象的困难。不透明的私有化、企业的暗箱操作和特殊利益集团对政权的消极影响，常常伴随着经济转型进程。民众亲身经历了实际工资减少、消费需求下降、物价上涨和工厂倒闭。大量中低层民众在转型过程中没有享受到良好的社会福利，故当前仍有一些民众留恋社会主义时期的社会保障制度。对于物质贫乏的民众来说，自由和人权仅是幻想，民主取代不了国家家长式统治带来的安全感。

1993年1月1日斯洛伐克独立，这是1989年后政治发展的结果。20世纪90年代初巨大的地缘政治变化推动斯洛伐克实现了独立。简而言之，斯洛伐克人利用历史机遇建立了自己的主权国家。1989年剧变后，斯洛伐克民众面临三大任务：建设自己的国家、实施经济和社会的转型以及融入欧盟和国际安全结构。自身的独立地位和有利的国际形势帮助斯洛伐克完成了上述任务。当然，在斯洛伐克国家建设和现代斯洛伐克社会认同的发展过程中，出现了一系列问题，其中较为突出的是长期的政治对抗。另外，斯洛伐克国家的建设深受新自由主义理论的影响，而当下的经济危机却提醒我们，尽管过去因过度夸大政府调控的作用而妨碍了经营与投资活动，但是如今自由的市场也不能缺少合理的调控。市场并不能解决一切问题。

无论执政的是左翼政府还是右翼政府，都应该制定和实施为民众的健康和社会弱势群体负责的政策。努力使民众的生活质量接近发达国家的水平，是斯洛伐克经济和社会现代化的主要目标。欧盟成员国的身份不仅为斯洛伐克提供安全保障，还帮助其实现经济发展。虽然斯洛伐克在议会民主与市场经济运行，以及社会团结等方面还存在问题，医疗卫生、教育、科技和文化等方面的状况也有待改善，但斯洛伐克人对国家的未来发展持乐观态度。

二、菲乔总理倡导社会福利国家发展模式

菲乔总理发言的题目是"1989年后斯洛伐克的社会发展"。他以学生时代的一段亲身经历为例表明自己对剧变前社会主义时期的看法：应该客观看待而不是全盘否定当时所有的一切，尽管人们没有获得足够的自由，但当时的社会保障质量很高。在1989年11月参加"天鹅绒革命"的人群中，既有渴望自由和民主的人士，也有力争获得政治权力和经济利益的人们。

20年前民众为争取基本的公民权利和政治权利而战，20年后为了使民众能够完全享受这些权利，需要一定的社会保障和经济水平作支撑，不能将公民政治生活的质量与社会福利标准撕裂开来。这是目前斯洛伐克政府的基本使命。

社会权利是民主国家的准则之一。从1989年起，斯洛伐克的社会保障水平开始停滞不前，甚至有所倒退。剧变后的最初几年，国家结构形式问题在斯洛伐克受到更多关注，而公民社会权利的实现则居于政治家利益的边缘。在斯洛伐克独立后实行的宪法中，斯洛伐克被确定为社会国家，这是一项正确的决定。在此次经济危机期间，就有很多国家加强了国家干预和市场监督。

以社会民主—方向党为主体的斯洛伐克政府，注重将政治权利与社会权利联系在一起，重视民众的工作和生活条件。本届政府从2006年上台执政起，不仅恢复了社会对话，在劳动法中改善了就业者的地位，加大了对年轻人家庭、残疾人和社会弱势群体的关注力度，而且对医生和教师提出的改善工作待遇的要求作出积极反应，每年为退休人员发放圣诞节补助，降低了药品和教材的增值税。此外，政府还致力于在能源价格方面发挥国家的调控作用。

剧变后20年来，斯洛伐克建立了多党制的政党制度，定期举行民主选举，但要形成高质量的社会福利体系还需要付出很大的努力。

三、帕什卡议长呼吁社会团结和社会公正

帕什卡议长发言的题目是"'天鹅绒革命'为斯洛伐克留下的重要遗产"。

他认为，除了自由和民主，1989年"天鹅绒革命"的遗产还包括意识形态的隔阂、愈演愈烈的新闻失德现象和持续的政治对抗。

20年前在各城市广场上集会的民众对社会发展前景所持有的设想与如今的社会现实完全不同。如果没有社会公正，也不会有民主和自由。

1989年11月是斯洛伐克发展中的重要历史时刻之一，剧变后斯洛伐克以和平方式走向独立和繁荣。如今，斯洛伐克应避免受到匈牙利发展模式的影响，即社会分裂、街头暴力和国家负债累累。

不仅斯洛伐克，而且整个世界都经历了市场经济的最糟糕时期。市场经济不再是人们渴望已久的梦想，而是每天面对的现实，它有正反两面。

在看待1989年剧变和剧变后的社会发展问题上，应抛弃意识形态为主导的方式和片面思维方式。

此次会议主持人进行了如下总结：会议与意识形态没有关联，与会的政治家和学者从多维角度反思了1989年后的政治和社会发展，并在学术方面明显改变了迄今为止对斯洛伐克当代历史认识过于简单化的趋向。在斯洛伐克，还存在另外一些对1989年剧变以及剧变后社会发展的看法，社会主义时期持不同政见者、基督教民主运动创始人、剧变后一度担任捷克和斯洛伐克联邦政府副总理的杨·恰尔诺古尔斯基的观点较具代表性。他认为，1989年剧变后没有实现剧变前的所有梦想，但这样的事情常会发生，因为生活往往比较现实，比梦想更为艰难。

作者单位：中国社会科学院俄罗斯东欧中亚研究所

吉尔吉斯斯坦政局分析

付 哲

2010年4月初,吉尔吉斯斯坦爆发"街头革命",以前外长、社会民主党议会党团领袖奥通巴耶娃为首的反对派发动群众走上街头,以暴力形式迅速推翻巴基耶夫政权。总统巴基耶夫被迫宣布辞职,远走他乡。反对派组建了以奥通巴耶娃为总理的临时政府,开始履行政府职能。这是吉尔吉斯斯坦短短5年内第二次发生"街头革命"。2005年初,吉尔吉斯斯坦爆发第一次"街头革命",当时以巴基耶夫为首的反对派也是以同样的方式推翻前总统阿卡耶夫政权,阿卡耶夫远走他乡并在境外宣布辞职。

吉尔吉斯斯坦在这么短的时间内两度遭受"街头革命"洗礼,政局动荡反复。为什么这个中亚小国的政权如此孱弱?在可预见的未来,吉尔吉斯斯坦的局势又将如何?本文尝试通过分析诱发两次"街头革命"的内因和外因作些许预判。

一、两次"街头革命"的内因

1. 政治方面

吉尔吉斯斯坦独立以来,一直未能建立相对成熟的政治体制。宪法因内部争权夺利屡遭修改,在全社会失去威信。两任前总统阿卡耶夫和巴基耶夫上台后都过度集权,议会和政府形同虚设,反对派的言论和行动自由严遭限制。两任前总统都实行家族政治,任人唯亲。阿卡耶夫一心把自己的女儿选进议会,巴基耶夫让自己的小儿子担任国家发展投资和创新机构的负责人,管理国家经济,想把他扶植为接班人。巴基耶夫的亲弟弟和大儿子都在安全部门任职,对反对派的活动进行跟踪监控。阿卡耶夫纵容亲属操控国家资产,巴基耶夫的小儿子控制国内大部分暴利行业。海关、税务、公检法等部门官僚主义盛行,贪污腐败成风。老百姓逐渐丧失了对当局的信任和期待。

2. 经济和社会方面

吉尔吉斯斯坦工业基础薄弱,经济发展缓慢,两任前总统上台后,都没能很好地解决经济和民生问题。外债总额连年攀升,至 2009 年已占到 GDP 一半以上。通胀严重,失业率高,人民生活一直都没有恢复到苏联时期的水平。水、电、天然气等重要部门的私有化,导致生活费用增加,民众怨声载道。政府隔三差五被解散,朝令夕改,涉及民生的政策措施和改革总是落实不到位,全国五百多万人口,有 1/3 生活在贫困线以下,上百万人靠在俄罗斯和哈萨克斯坦打工挣钱过日子。

贫富差距不断拉大,社会分化严重,社会矛盾日趋尖锐,各种弱势群体以暴力或非暴力手段激烈抗争。群众私藏枪支、暴力犯罪,抢占土地等事情时有发生。金融危机更促进了经济下滑,失业严重,社会动荡加剧。

3. 南北矛盾

由于自然环境差异,南部经济发展和人民生活水平明显落后于北部,加上部族和宗教势力复杂,吉尔吉斯斯坦南北矛盾由来已久。两任前总统不但没能处理好这一矛盾,有时甚至还利用这种矛盾挑起南北对抗、民族冲突,以获取支持。而国家经济落后,老百姓生活困苦,反对派顺势一呼,再出钱收买,群众很容易就被发动起来。

4. 外交政策

吉尔吉斯斯坦为中亚小国,外交政策受到外部势力的左右。两任前总统都实行几面下注的外交政策,力图在对大国的平衡外交中保全本国利益,但常常因未能够迅速、准确弄懂美、俄的战略意图并及时迎合美、俄的战略调整,而使自身的利益受到损害。2009 年在美军"玛纳斯"军事基地去留的问题上巴基耶夫政权受利益所惑出尔反尔,引起民众很大的反感。

二、两次"街头革命"的外因

1. 吉尔吉斯斯坦为美俄博弈的地盘

吉尔吉斯斯坦北接中亚地区老大哈萨克斯坦,东接中国,南邻阿富汗,是美、俄在中亚布局的重要一环,也是最容易突破的缺口。美针对中亚国家出台了"大中亚计划",并在"9·11"事件后以在阿富汗反恐为由在吉尔吉斯斯坦建立军事基地,一方面抢占俄罗斯在后苏联的战略空间,另一方面近距离监视中国。而俄向来视前苏联国家为其当然的战略伙伴,自然不肯善罢甘休,也设立了"坎特"军事基地。美、俄借吉尔吉斯斯坦的地盘较量,吉尔吉斯斯坦自然哑巴吃黄连。它的任何一次外交失误,都可能导致政权崩溃。两任前总统在关于美军基地存留问题上的外交举措都有失误。

2. 受独联体其他国家反对派成功夺权的鼓舞

2005年3月底吉尔吉斯斯坦爆发第一次"街头革命"之前,格鲁吉亚2003年11月爆发了"玫瑰革命",以萨卡什维利为首的反对派成功夺权。乌克兰2004年12月爆发了以反对派领袖尤先科与季莫申科领导的"橙色革命",最终尤先科当上了总统,季莫申科当上了总理。2010年4月初吉尔吉斯斯坦第二次爆发"街头革命"之前,乌克兰反对派亚努科维奇2010年2月"成功翻盘",当选总统,终结了颜色革命。这些后苏联兄弟国家"革命"的成功,使吉尔吉斯斯坦反对派受到了鼓舞。

三、未来可能的局势

吉尔吉斯斯坦第一次"街头革命"没有带来预想中的变化,政权合法性不高,政府更迭频繁,各种旧有矛盾加剧,人民生活依然困苦。第二次"街头革命"后,新上台的临时政府立即颁布了一系列维护社会安全和解决社会经济问题的法令,例如组织志愿者维护首都及各地的秩序和安全,降低居民使用水、电、天然气和乘坐公共交通工具的费用,暂时使吉首都以及大部分地区的局势缓和下来。临时政府成立专门委员会,起草了新宪法,规定在吉尔吉斯斯坦实行议会制政治体制，大幅削减总统权力，并确定于6月27日举行新宪法的全民公决。为了使新宪法能够顺利通过，临时政府将全民公决有效表决所需的投票选民比例从原来的50%降至30%。临时政府颁布法令，任命奥通巴耶娃为过渡时期总统兼临时政府总理，这一任命也将提交全民公决，通过后才能生效。生效后，在2011年10月新一届总统大选之前，过渡时期的总统将行使总统职权，但无权参加吉尔吉斯斯坦新一届总统大选，无权建立政党，有责任保持政治中立，避免支持任何政党的行动，必须根据新宪法确保自由、公正和透明地举行总统和议会选举。

6月中旬，吉南部地区的奥什和贾拉拉巴德两个州爆发骚乱，至笔者截稿日已造成近200人死亡，近2000人受伤，近40万民众成为难民，逃往吉尔吉斯斯坦其他地区或邻国乌兹别克斯坦以及两国的交界处。各方分析显示，这次骚乱既有固有的种族和宗教矛盾因素，也是对临时政府全民公决措施不满的表现，加之各方政治势力的挑唆。

长远来看，吉尔吉斯斯坦的南北矛盾由来已久，也将长期存在，各方政治势力的争夺还会延续下去。经济下滑，社会贫困，失业率高的情况短期内都不可能得到扭转。处于俄美两国夹缝中的地位也难于改变。当前，吉临时政府和民众之间甚至临时政府内部在国家政体、选举原则等方面的意见还存在分歧。新的"精英"内斗明里暗里也在进行，互相攻讦，争权夺利。临时政府跟第一次"街头革命"时的反对派一样，都是临时组队，把总统当做共同的敌人，一旦把总统赶跑了，其内部几派的矛盾分歧就暴露出来。如果临时政府对内不能有效整合各派政治势力，在涉及经济和民生的问题上取得实质性进展，对外不能准确读懂美、俄的战略意图，一旦内部出现内讧，或者巴基耶夫的支持者反扑，或者新的反对派发起挑战，或者美、俄直接干预，或者南部的伊斯兰极端势力借机推波助澜、制造混乱，或者邻近的中亚国家出现变局，本来就存在合法性问题的吉尔吉斯斯坦临时政府都将面临严峻考验。

作者单位：中央编译局俄罗斯研究中心

后社会主义国家中的社会主义怀旧现象

米迪亚·维利科尼亚 著　张文成 编译

斯洛文尼亚卢布尔雅那大学社会科学院文化研究系教授米迪亚·维利科尼亚（Mitja Velikonja）在《东欧政治与社会》杂志 2009 年第 4 期上发表文章《转轨中的失落——后社会主义国家中的社会主义怀旧现象》，对前苏联、东欧国家普遍出现的怀旧现象进行了分析。主要观点如下。

一

后社会主义转轨带来了许多毋庸置疑的积极发展，但是它也带来了一些出乎意料的麻烦，从而使许多人反思不久前的过去。在如何对待社会主义的过去的问题上，东欧人至少采取了 4 个办法。第一是摈弃，在大多数主流话语中，社会主义时代几乎完全被抹去了。第二是遗忘，对 1989—1991 年之前的一切闭口不谈，好像过去的事情没有发生过。第三是历史修正主义，完全重新解释社会主义的过去。第四是怀旧，不加批评地赞美过去的时代。

怀旧是一种复杂多样、不断变化、充满情感的个人或集体的（非）工具化叙事，这种叙事对浪漫化了的逝去的时光、人民、物品、情感、踪迹、事件、空间、关系、价值观、政治和其他制度感到痛惜并加以美化。怀旧是每一次重大社会变革、转型、转轨、革命必不可少的伴随物，因此在复杂而瞬息万变的当代社会中，怀旧现象非常普遍。从这个角度讲，后社会主义国家怀旧现象的基本结构与西方是一样的，但因为 20 年前深刻而剧烈的政治和社会经济变革，因此有一些特有的文化和历史差别。

怀旧可以分为两类：一是狭义的实证主义的"直接怀旧"，即怀旧者对"实际上"经历的过去事件的美化记忆。二是建构主义的"间接怀旧"，即一种叙事性社会建构而非一种原生类别，它犹如从他人的怀旧叙事中拿来、借用和"窃取"的某种东西，但像"直接怀旧"一样强烈、有说服力和"真实"。如果说直接怀旧是严肃的、模仿的、醉心于现实主义的重构，那么间接怀旧则是讥讽性的、不严肃的、有意折中和侮慢不敬的。

在方法论上，可以从两个视角来看怀旧现象。第一是"怀旧文化"。它是一些社会群体为了达到某些目标自上而下建构起来、然后提供或强加给其他人的一种话语，其目的就是利用人们对过去的怀念。第二是"怀旧者的文化"。它是怀旧者的一种流行信念、思维模式、怀旧情感和活动。它是自下而上的，其存在证据可以在民意调查、与不同的人的交谈、一些怀旧场所的题词簿、徽章、对旧制度圣地的"朝圣"等中找到。两种怀旧在大多数时间里交织在一起，相互联系，但未必一定如此。

怀念社会主义的现象在前社会主义国家的革命浪潮过后就出现了。有人认为它是东欧的另一个独特现象。还有人认为它是一种个人现象。我认为，它是个人的，但也有广泛的社会性。不过，舆论认为，对社会主义的怀念是由不同社会人群虚构、捏造和强加于人的东西，其目的是开辟新的商业市场，获得政治信誉，赢得民众支持，得到艺术灵感，等等。因此，许多学术研究只考察了这一现象的工具性一面，仅仅把它局限于"怀旧产业"。怀旧是工具性的，但只看到它的工具性会忽视其复杂性。

二

后社会主义社会中的怀旧现象不仅形式和程度不同，而且含义也因人而异。在新政治话语中，官方的反怀旧表现为展示社会主义的"创伤"。布拉格的共产主义博物馆、布达佩斯的塑像公园、波兰的社会主义现实主义展、莫斯科的所谓垮塌纪念物墓地、东柏林的民主德国博物馆、立陶宛的格鲁塔斯雕刻公园，都属于这一类。它们一方面对社会主义时代进行了超现实主义的模拟，刻画完全是消极的，另一方面像家长一样提醒参观者小心那个时代的魔鬼。

但是，如果过去真的如此恐怖，为什么今天还有那么多人不同意这种对过去的新霸权式的谴责呢？他们对在社会主义制度下度过的几十年态度比较复杂，因为它还包含了怀旧因素。这里我们面临一个问题，即怀旧从来都不是片面的，它是一个经常变化的酸甜苦辣组合，是滑稽与严肃、沉默与坦率、迷恋与恐惧、吸引与拒斥、纪念与嘲弄等的组合。公共场所、消费品、图案设计、大众文化、公共事件、政党政治、街头文化、艺术、网络世界或民意调查，无论采取何种形式，怀旧现象均表现出明显的差异。

公共场所是草根表达怀旧和崇敬的地方。在布加勒斯特的齐奥赛斯库墓前，多年来旧时代的怀念者一直在摆放鲜花和象征社会主义的纪念品。在波斯尼亚东部一个小村子里竖立的铁托塑像前，常有不知名的路人在此献花。在前南斯拉夫许多地方，每逢铁托生日、忌日和社会主义南斯拉夫创建日，都有数以千计的铁托主义者公开集会纪念。在有些地方，社会主义的过去被嘲讽性地再现，例如，布达佩斯有一家"马克思主义"比萨店，出售"马克思老爹的最爱"等比萨。在萨拉热窝，有一个完全用党派/社会主义/南斯拉夫风格装饰的"铁托咖啡馆"，向顾客提供以前社会主义国家领导人姓名命名的流行鸡尾酒。

过去的一些消费品、商业品牌、食品和饮料经过与新产品的残酷竞争生存下来，如今在国内市场和寻找异国新奇产品的游客中非常畅销。这些消费品在完全不同的环境中生存下来并在商业上取得成功，至少应部分归功于民众对那个时代的愉快记忆。消费者的逻辑可能是这样的：不许抹掉我们的过去；我们接受新东西，但我们也买过去的好东西。为牟利而怀旧的第二个方面是各种活动和观光项目，主要是针对外国游客的。这种怀旧的第三个方面是社会主义纪念品或小商品市场。它们有些是社会主义时代的原始文物，有些是新产品但与过去有关：或者是仿制的，或者是嘲讽性的。

这些产品大多保留了过去的反映社会主义现实主义艺术思想的图案设计。它们所属的那个时代正是这些社会迅速进步，社会主义发展的乌托邦"变成现实"的时代。可以认为，新的设计者喜欢回归旧的美学，因为它可以清晰地辨认出来，在世界上（几乎）是独一无二的。

过去时代的一些司空见惯的形象深深扎根于当代大众文化之中。除了T恤衫、明信片、鼠标垫、打火机、钥匙链等产品上的那个时代的图案设计外，社会主义大众文化继续存在的例子还有：老电影回顾展，那个时代的摇滚乐队的重聚，他们的原唱歌曲重新灌制CD唱片集，一些新乐队和艺术家对这些歌曲的翻唱以及社会主义形象在电视节目和更普遍的大众娱乐中的出现。在日常文化层面，怀旧进入口头语言，例如，在波黑，称某人"铁托"表示他确实像王者一样与众不同。

对过去给予特别关注可以从展览等不同的公共活动中看出来。根据主流话语来判断，社会主义时期不可能是合适的展示对象。但是它不仅被公开展示，而且得到普遍认可。例如，2009年贝尔格莱德举办了"铁托的影响"历史展览；2006年索菲亚组织过类似的社会主义艺术品和日常生活用品展；2004年华沙举办了"俄罗斯招贴画百年展"。

红色怀旧也成为议会民主条件下的一个政党政治因素。社会主义似乎还存在于后社会主义城市的街头文化中。它可能得到了国家或地方当局的支持。例如，仍有众多街道、广场或建筑物以社会主义领导人、英雄或重要的社会主义事件命名；有很多纪念碑被保留下来。

过去的时代、主题和美学，一直为艺术提供巨大的灵感，尤其是后现代性的创作折中主义。

社会主义从东欧政治地图上消失了，但是它在网络世界里似乎活力依旧，大多以积极的态度谈论社会主义的网站、博客、互联网小组、网上商店的数量多得惊人。此外，社会主义时期的节日贺卡、节庆系列图片和笑话也通过不同的电子邮件名录发给已知和未知的邮箱地址。在手机铃声和屏幕图像上也可以看到社会主义的主题。所有这些都有力地表明，对以前制度的欣赏不限于"老同志"，在今天的年轻一代人中也很普遍。我把这种现象称为"新怀旧"，即把对待（社会主义的）过去的积极态度与当代其他（亚）文化和（亚）政治因素融为一体的调侃性的、无教条的间接怀旧。

舆论研究的结果令人吃惊甚至令人担忧。1999年东部德国的一次民意调查显示，有40%以上的人声称，他们在社会主义制度下过得更幸福，而且大部分人断言，他们对经济变革感到遗憾。在斯洛文尼亚，转轨10年后，约50%的人坚信社会主义制度好于目前的民主制度。2002年波兰的一次民意调查发现，56%的受访者确信他们在盖莱克领导下（1970—1980年）比今天生活得"更好"。2002年保加利亚3/4以上的受访者抱怨说，1989年以来他们的社会地位下降了，表示地位改善了的受访者不到8%，认为地位没有变化的人约占8%。5年前，60%到65%的罗马尼亚人说1989年以前他们过得很好。

1996年，乌克兰的一项民意调查显示了人们对哪个时期的看法最积极：勃列日涅夫时期（1964—1982年）57%，赫鲁晓夫时期（1958—1964年）33%，改革时期20%，革命时期17%，而后苏联独立的乌克兰时期只有15%。1999年，85%的俄罗斯受访者对共产主义和苏联制度的瓦解表示惋惜。这是1991年以来这类调查中的最高数字，而2004年的一次调查发现，74%的受访者仍对苏联的消失感到惋惜。2006年，在回答"你为苏联瓦解感到惋惜的主要原因是什么"的问题时，55%的人选择"人们觉得自己不再属于一个大国"；49%的人选择"单一经济制度被毁掉"；36%的人选择"互不信任和痛苦增加"；35%的人选择"与亲戚朋友的关系被破坏"。2009年，当斯洛文尼亚的一个电视节目问道"在哪种政治制度下生活得更好"时，电视投票显示：60%的人回答"在社会主义下"，40%的人回答"在资本主义下"。20世纪90年代后半期以来的一些民意调查显示，大多数斯洛文尼亚人认为他们在南斯拉夫时期的生活"好"和"比较好"：88.1%（1995年）、88.2%（1998年）、86.9%（2003年），而回答"不好"和"非常不好"的人只有7.0%（1995年）、5.5%（1998年）和5.2%（2003年）。

三

尽管有证据显示受访者对社会主义的过去不乏好评，但是在问及他们是否想回到过去时，结果却相反。在1995年斯洛文尼亚的一次民意调查中，多达

78.2%的受访者"完全"和"多半"不同意重建以前的共产党领导的自治社会主义制度，只有11.4%的人"完全"和"多半"同意重建。在2001年的一次民意调查中，对"我们应当恢复共产党人的统治"的说法，68.1%的受访者表示"强烈反对"和"非常反对"，只有20.2%的人表示"非常赞成"和"强烈赞成"。在1996年对乌克兰人进行的一次调查中，对"你是否认为乌克兰在一定条件下可以恢复社会主义制度"的问题，大多数人的回答是否定的（54%），只有1/4的人是肯定的。2006年，俄罗斯受访者对于"你是否愿意苏联和社会主义制度得到重建"问题的回答差别更大：48%的人选择"愿意，但我认为现在不现实"，31%的人选择"不，我不愿意"，12%的人选择"愿意，我认为很现实"。

  所有这一切都说明，人们怀念过去，但他们不想回到过去。他们也不希望再现过去的制度。怀旧在一定意义上是一种不可能的愿望，一种本身就破碎、不可能实现的愿望——而正因为如此，它才非常强烈、专注和有说服力。

  因此，怀旧不能只解释成几个原因的一个直接结果，或一种用统计数据来定义的文化现象。一方面，它无疑是检验社会经济困难的试金石：日子越艰难，人们越怀旧；受冲击越多，越渴望社会稳定和日子安宁。理解怀旧的关键是现在而不是过去。人们通过怀旧坚称以前什么都好，含蓄地批评现在不好。但怀旧不只是对生活状况恶化的条件反射，因为它也出现在比较成功的转轨社会里。

  所以，怀旧不仅关系到过去的现实，而且在很大程度上关系到过去的梦想、愿望和期待。

  对于后社会主义社会的怀旧现象，可以从三个方面来解释。第一，怀旧是不适应新环境而想生活在"漫长的昨天"的人们的一种消极逃避和宿命策略。它不是务实的，甚至没有一个清晰的"行动计划"，也没有重建过去的抱负。第二，怀旧也是填补当代社会合法性欠缺的一种省力办法，因为这些社会的"合法性危机"是一种"认同危机"。第三，怀旧是一种反抗，是抵制新的意识形态叙事、历史修正主义和强加的遗忘，维护个人历史和集体认同的一种策略。第四，埋藏于怀旧情绪、叙事和实践的核心、很多怀旧者仍然没有察觉的东西,恰恰是转轨的潘多拉盒子里没有释放出来的东西——希望。简言之,怀旧是对完美世界的渴望。它体现了一种乌托邦式的希望,即认为肯定有一个比现在好得多的社会。

译者单位:中央编译局

历史之窗

历史之窗 ▶▶▶

梅德韦杰夫谈苏联历史问题

郑异凡 译

2010 年二战胜利纪念日前夕,梅德韦杰夫接受《消息报》记者专访,就苏联历史问题发表了看法。2010 年 5 月 7 日,该报全文刊登了采访内容。部分谈话内容如下。

记者:不久前您宣布同伪造历史作斗争,建立了相应的委员会。是什么样的伪造事实促使您这样做的?

梅德韦杰夫:什么促使的?是某些政客的胡作非为,他们为了个人渺小的、甚至是卑微的目的,而利用各种伪科学的说法解释那些事件,以取得政治上的好处。不过,问题不在于指出具体的人,归根结底如常言所说,上帝会惩罚他们的。问题在于我们的未来,我们会留下什么记忆,我们的孩子、孙子将会怎么想,关于战争他们知道些什么,这场战争的教训是什么。

对我们这一代,对成年人,对稍微年轻的人来说,"法西斯分子"、"纳粹分子"等词具有明确的否定的性质。但遗憾的是,现在不是对所有的人都是如此。甚至在我们国家也能看到个别的这种畸形人,他们企图利用纳粹的标志,在这种口号下召开各种集会。因此,这不是空洞的问题。而最重要的是我们应当让人们知道真相。真相是什么?

我们的人民没有任何选择。那些当时生活在我们国家的人,只能是要么牺牲,要么当奴隶。没有别的出路。这是不争的事实。

其次,是谁发动了战争,谁的过错?这也是绝对清楚的事!它不仅铁定在纽伦堡案的材料中、文件中,也保留在众多人们的记忆中。企图改写历史事实简直是荒唐透顶。

我们应当传播真相。这并不意味着反对对战时的事实作不同的解释，或者反对各种科学的理论。可以提出并坚持这些解释和理论，但也有一些事实无需论证——或者由于本身显而易见，或者由于它们被记载在国际文献中，这些东西，我强调一下，如纽伦堡法庭的文件。这些问题是不能争论的，因为这些争论会导向非常坏的方向。

如果什么时候我们认为这项工作完成了，那么委员会就停止工作。

记者：波罗的海三国、乌克兰、格鲁吉亚的事件说明，在那些地方对第二次世界大战历史作了有利于某些人的政治利益的解释。然而，不能不顾及各民族的历史记忆。要使人们在回忆中对在同纳粹斗争中牺牲的人怀感激之情，应当做些什么呢？

梅德韦杰夫：当然，每一个国家都有自己的历史。说战后时期的事件给所有被解放的国家只带来好处，那是于事无益的。然而这里有某种花招。我们要懂得，如果苏联和其他反希特勒同盟的国家不解放欧洲，那么欧洲就会是另一种样子，就会成为只为一个国家干活的大集中营。今天生活在欧洲的大多数人干脆就不会存在。……而战后的事件已经是历史的另一面，它被完全意识形态化了，众所周知，苏联作为一个国家也追求自己的利益。苏联是一个非常复杂的国家。直截了当地说，苏联形成的制度只能说是威权制度。很遗憾，这是一个压制权利和自由的制度，并且不仅对自己的人，也对社会主义阵营各国。这当然不能从历史中抹去。

然而历史学家的艺术，普通人的正确判断，就在于把红军和苏维埃国家在战争时期的使命同之后所发生的事情区分开来。诚然，在生活中作这种区分是相当复杂的，但必须这样做，以便再次强调：如果没有红军的作用，如果没有苏联人民在战争中的巨大牺牲，欧洲就会是另一种状态。不要不好意思说出关于战争的真相。我认为这是最诚实最正确的做法。

您提到一些国家把纳粹罪犯英雄化。这很可悲。当然，谁也没有把苏联在战后时期的作用理想化。但无论如何也不能把刽子手叫牺牲者。那些把红军的作用同法西斯掠夺者的作用混为一谈的人是道德上犯罪。

记者：官方多次改变苏联战争中损失的数字。斯大林时期说1400万，赫鲁晓夫和勃列日涅夫时期是2000万，戈尔巴乔夫是2700万。什么时候能有一个准确的数字？

梅德韦杰夫：这是一个非常困难的问题。我记得很清楚，电影史诗《解放》的最后一集结束的时候有快速播放的几行字：二战期间谁损失了多少人。最后一行是苏联的损失。是这样写的："苏联牺牲的人员超过2000万。"1400万也好，2000万也好，2700万也好，都是巨大的、难以置信的、简直是超限的数字。不过我们在这里不应当把事情简单化。我们要把这件事进行到底。

问题何在？需要准确界定，指的是什么样的损失。一种是直接的战争损失，即在战场上牺牲的。一种是因伤致死的（包括战时和战后）。一种是被俘牺牲的，还有因饥荒、轰炸、占领而牺牲的。所有这一切都需要做准确的精密的工作。现在全部档案都已开放，这方面没有问题。这项工作正在总参谋部领导下进行，那里甚至有专门的小组在工作。我希望它能把工作进行到底。不过我们要极端细心地做好这项工作。

记者：最近您提出斯大林在胜利中的作用问题。是的，斯大林领导战胜了法西斯。不过这是否有权使对自己的人民犯下罪行的暴君变成英雄？

梅德韦杰夫：有一个绝对清楚的事实——打赢伟大卫国战争的是我们的人民，而不是斯大林，甚至也不是那些军事长官，尽管他们所做的工作极其重要。是的，他们的作用毫无疑问是重大的，但赢得战争的是付出难以置信的努力、以大量人员生命为代价的人们。

至于斯大林的作用，可以有不同的评价。有人认为最高统帅起了特殊作用，有人认为不是这样。问题不在这里，问题在于我们怎样从总体上评价斯大林这个人物本身。如果说国家的评价，国家的领导从新俄罗斯诞生时起到最近几年如何评价斯大林，那么这里的评价是明明白白的。尽管他做了许多工作，尽管在他的领导下国家取得了成就，但他对自己的人民所犯的错误是不能原谅的。

其次，喜欢斯大林或者仇视斯大林的人们有权坚持自己的观点。许多老战士，打赢战争的那一代人对斯大林有好感，这并不奇怪。我认为他们有权这样。每一个人都有权坚持自己的评价。另一个问题是，个人的这种评价不应当影响国家的评价。

如果谈论对待斯大林的态度，在20世纪90年代虽有不少此人的崇拜者，但没有人提到斯大林主义的复兴。而现在却突然有人喋喋不休起来。是的，历史人物会成为神化、崇拜的对象。往往是青年人，尤其是"左"倾青年在干这种事。但归根到底这是他们的事。虽然对世界上多数人来说，斯大林的形象是清楚的，它没有让人产生任何好感。

但无论如何决不能说斯大林主义回到我们的日常生活中来了，说我们恢复其象征物，打算使用什么招贴画，还要准备做些什么。这是没有的事，以后也不会有。这是绝对不会的。要说的话，现在国家的意识形态和我作为俄罗斯联邦总统的评价就是如此。所以在这里，我总是会把国家的评价和个人的评价分开来的。

另一方面，如果没有对军队领导的镇压，如果没有推测希特勒在这一时期不会进攻我们国家，我国反希特勒的战争也许可以准备得较为精心一些。

在卫国战争中，苏联达到了目标——打败强敌，消灭它并为欧洲的自由发展创造了条件。这是以巨大的牺牲做到这一点的。

之后苏联走自己的道路。在这条路上保存了非常严酷的，实际上是极权的社会，它压制人，不让许多经济过程得到发展。它带来牺牲以及所有与专政相联系的一切。

因此，很可惜，那个时期没有得到充分利用（虽然我们恢复了经济，我们为工业的发展建立了大量的储备）。国家及其经济的发展本来可以不同于我们最近20年所干的。战后时期是可以有大作为的时期，但也是存在大考验、大问题的时期。我不认为我们战后时期存在的经济制度和政治体制是适合于正常发展的。生活水平的差异，人们感觉的差异就是由此而来的。这确实是非常令人丧气的。我们都有过这种感觉，特别是第一次走出国门的时候。

如果苏联较具竞争力并为人的发展、为在现代原则下经济的发展创造了条件，那么苏联就可能会有另一种命运，它对我们就会有较大的吸引力。那时就不会出现20世纪80年代末90年代初那些戏剧性的事变。

资料来源：

Известия，07/05/2010.

http：//www.izvestia.ru/pobeda/article3141617.

译者单位：中央编译局俄罗斯研究中心

俄罗斯问题研究（2010）

戈尔巴乔夫谈苏联改革25年

徐向梅 译

  2010年是苏联改革25周年，《俄罗斯报》2010年3月12日发表了戈尔巴乔夫题为"二十五年之后谈改革"的文章。戈尔巴乔夫在文中谈到苏联改革的原因和后果，剖白自己所犯的错误和应该承担的责任，并对今天俄罗斯的现状表达担忧。

  25年前我国开始的改革，成为这些年来激烈争论的对象。最近争论又重新热起来，不只因为是纪念周年，而且也因为在今天的俄罗斯人们又强烈地感觉到变革的必要。在这样的时刻总结过去的经验是十分自然和必要的。

  改革之所以开始，是因为无论是在社会上，还是在国家领导层内部都形成了一种认识：不能这样生活下去。苏联在社会主义口号下所建立的体制，付出非常的努力，并以巨大的损失和牺牲为代价，才得以奠定了国家的工业能力的基础。这种体制在极端的条件下能够运行，但是在正常情况下，它注定使国家走向落后。

  对于为国家的未来而担心的人，无论是新一代领导人，还是那些"老近卫军"代表，这都是显而易见的。我记起自己与安德烈·安德烈耶维奇·葛罗米柯（原苏联外交部长——译者注）的一次谈话，那是在苏共中央全会召开前几个小时，会上要选举新的党中央总书记。安德烈·安德烈耶维奇承认变革将面临着严峻的考验，但是他认为无论多么困难都要着手改革，因为这是迫切需要的。

  人们常常会问：在着手进行改革的时候我们是否明白，即将实施的这种转变

历史之窗

的涵义是什么？

是的，不是完全明白，也不是一下子就明白了。但是我们足够清楚的是，应该坚决地放弃和摆脱什么，这就是强硬的意识形态、政治和经济体制，正面的对抗，无节制的军备竞赛。这在社会上获得充分的支持，即使是后来出现的那些斯大林主义的拥护者当时也被迫以沉默表示中立甚至随声附和。

回答另一个问题要困难得多：往哪儿走？我们要达到什么目的？在寻找问题答案的过程中我们在很短的时间内迈出了一大步——从对既有体制进行修修补补到明白必须替换它。不过我的选择始终是不变的——变革，甚至是最根本的变革，为了不毁掉国家和人民，避免流血，都应该具有渐进性。

在社会上矛盾日趋激烈的情况下坚持这一方针不容易。激进分子推我们向前，保守分子拖我们后腿。正是他们应该对后来所发生的事情承担主要责任。但是我也不会洗脱自己的责任——我们，改革者，犯下了使我们和国家付出高昂代价的错误。

主要的错误是，我们延误了党的改革。党从改革的倡导者变成阻碍者。党的高层官僚组织了叛乱——国家紧急状态委员会，改革因此被中断了。

我们还延误了共和国联盟的改革，它们在共同存在的那些年代一起走过了很长的道路。这已经是一些现实存在的国家，有自己的经济和精英。应该找到独立的主权国家在非集中的、民主的联盟中存在的一种形式。在1991年3月的全民公决中，国家70%的居民支持重建联盟的思想。但是叛乱削弱了我作为国家总统的地位，在此之后保存联盟的努力失败了。

还有另外一些错误：我们由于热衷于政治争吵而忽略了经济问题。消费品市场商品匮乏，老百姓为购买生活必需品排队，这使得他们不能原谅我们。

就是这样。不过，不管我的批评者们说什么，改革的成果无可争议。其中主要的就是打开了通向自由和民主的突破口。所有的质询都表明：甚至是那些对改革、对改革的领导者以及我个人持批评态度的人，他们都珍视这些改革成果——放弃极权主义制度，言论、集会和宗教信仰自由，迁徙自由，政治和经济多元化。[①]

在改革被打断之后，俄罗斯领导人作出了实施激进改革方案的选择。这个"休克疗法"比疾病本身更加厉害得多。相当大一部分居民沦落到贫困和赤贫的边缘，而俄罗斯成为世界上贫富两端居民收入差距最大的国家之一。社会领域包括医疗、教育、文化等遭受严重打击。国家开始了非工业化，经济完全依赖于石油和天然气出口。

在21世纪到来前，国家陷入混乱、半分裂的状态。全面的衰落也影响到民主化进程。1996年的选举，像2000年政权转移到指定继承人手里一样，只是形式上而非实质上的民主。在那时我就开始担忧我国民主的命运。

不过我们还是明白：当俄罗斯国家面临生存危机的时候，不可能按照教科书来行事。在这样的情形下采取坚决的、强硬的措施，甚至带有独裁主义成分，是有理由的。因此我赞同弗拉基米尔·普京在自己的第一个总统任期所做的事情。而且不只是我，70%—80%的居民都支持他——我认为，他们是对的。

但是稳定国内局势不可能是唯一的和最终的目标。国家的发展和现代化，在全球相互依存的世界里占据领先地位才是主要的目的。最近一些年俄罗斯没有向这些目标靠近。尽管在十年时间里我们的主要出口商品——石油和天然气的价格对我们极为有利。全球危机对俄罗斯的打击比对其他许多国家都更猛烈。而我们除了自己怪罪不着任何人。

我深信，我国只有沿着民主的道路才能稳步向前发展。最近一些年我们失去了很多东西。

我们损失了民主化进程的速度，在许多方面甚至是倒退了。所有主要决策由执行权力机关作出，议会只是使之合法化，而司法独立还存在很大问题。我们没有能保证实际多数获得胜利同时又考虑到少数人意见，给反对派提供活动空间的政党制度。给人的强烈印象是，似乎当局害怕公民社会，想要控制一切。但是要

[①] 3月27日，在接受《俄罗斯-24》频道采访再次谈到这个问题时，戈尔巴乔夫应主持人的要求用一个词来概括改革的成果，他选择了"自由"这个词。——译者注。

知道我们已经处在公民社会中！又能去哪里呢？我认为，谁也不想倒退，包括国家的领导人。

最近对现状不满的情绪在增长。我感觉到德米特里·梅德韦杰夫总统话语中的不安，当他问："我们应该继续把粗陋的原料经济和长期以来的腐败拖进我们的未来吗？"当"我们的国家机关，就是最大的雇主，最活跃的出版者，最优秀的制片人，自设法庭，自组政党，最后自己充当人民"，这样的情况能使我们满意吗？

好吧，别说得更严重了。我同意总统的说法。赞同他提出的国家现代化的目标。但是如果人们还是站在一边观望，如果他们仅仅当自己是一粒卒子，现代化不会实现。而要让他们感觉到自己是公民，并且实际上成为公民，只有一个药方：民主制，法治国家，当局与人民进行公开的、诚实的对话。

恐惧会妨碍我们。无论是在社会中还是政权机构内都存在着这样的顾虑，新阶段的民主化会不会导致不稳定甚至是混乱。应该打消这种顾虑，因为在政治中恐惧是没有好处的。今天在我们的社会中人们变得更加自由，更加独立，他们能够承担起责任，支持民主化进程。不过现在很多事情取决于在目前形势下当局如何行动。

译者单位：中央编译局俄罗斯研究中心

苏联特权阶层的形成及其影响

戴隆斌

苏联解体至今已有将近 20 年，但是对苏联解体的原因至今仍然众说纷纭，莫衷一是。在我们看来，苏联解体的原因是多方面的，是多种因素综合作用的结果。但原因也有主次之分。导致苏联解体的主要原因还是出自苏联执政党自身，其中苏联长期存在的特权阶层对苏联剧变起了很重要的作用。

一、苏联特权阶层的形成

苏联特权阶层是按照一定的职务名册直接任命、相应地掌握国家执政资源并且按职级合法享受不同特权的一部分人。

这个特权阶层，俄语中是用 Номенклатура 这个词来代表的。从字面上来说，这个词来源于拉丁语，拉丁语"nomen"意思是人名名单或者品名清单。借用到俄语中，这个词指的就是职务名册，或职务一览表。具体地讲，是指其人选由上级任命的职位名称表。后来"职务名册"制度涵盖了对苏联领导干部的考察、登记造册、任免以及职级待遇等方方面面。

作为公职人员任命原则的"职务名册"制度，实际上在十月革命之后就开始实行，只是最初还没有规定这一原则的指令性文件。1923 年 6 月 12 日，俄共（布）中央组织局通过了《关于任命制》的决议。同年 10 月，中央委员会又作出了关于登记分配工作基本任务的决议。1925 年 11 月 16 日，中央组织局又通过了《关于选拔、任命工作人员的程序》条例，并通过了一份重新修订的"职务名册"。"职务名册"各种各样，当时最重要的有 3 号：第 1 号"职务名册"是由中央委员会负责任命、管理的干部名单；第 2 号"职务名册"是中央组织分配部负责任命、管理的干部名单；各部委负责任命、管理的干部名单称为第 3 号"职务名册"。其他则是地方各级机关的"职务名册"。

随着斯大林模式在苏联确立，苏联的"职务名册"制度在 20 世纪 30 年代末最终定型。此后，尽管"职务名册"制度有过一些修订，但是基本原则没有什么实质性的变化。戈尔巴乔夫改革时期，"职务名册"制度开始被触动。1989 年 10 月，苏共中央通过一项决议，终止了执行有关干部任用的《职务名册登记监督》的制度。"职务名册"制度被选举制取代。1991 年"8·19 事件"后，戈尔巴乔夫于 8 月 23 日宣布苏联共产党停止活动，"职务名册"制度被彻底取消。

通过"职务名册"制度获得任命的这一部分干部，垄断了政治权力、意识形态和经济管理，享有一定的物质利益和特权，有着特定的生活方式，在苏联社会内部形成一个封闭的官僚特权阶层。

二、苏联特权阶层的基本特点

苏联的官僚特权阶层是伴随着苏联"职务名册"制度的确立而逐渐形成的。而它的形成与确立是同斯大林模式的形成和确立同步的。实际上，苏联的"职务名册"制度就是斯大林模式的一部分。因此，苏联特权阶层的基本特点不仅与"职务名册"制度相联系，而且有与斯大林模式相通的内容。

1. 权力结构呈金字塔状，权力具有专断性。

按照"职务名册"规则，各级官员是任命的，大部分官员的任用是由斯大林亲信控制的组织分配部决定的。而苏联的官僚特权阶层的权力结构呈金字塔状，处在塔尖的当然是"掌握了无限权力"的斯大林，斯大林本人控制着第 1 号和第 2 号名单，甚至经常操纵第 3 号名单。与此同时，中央书记处一方面给各省书记处推荐候选人，另一方面还给中央组织局（可以作出党和国家最高职位任命决议）推荐候选人。这样，以斯大林为首的书记处就掌握了全国各级主要领导人的任命权。与此同时，无论是党内还是苏维埃，都缺乏对这个阶层的监督制约机制，致使这个阶层制定政策时独断，实行政策时武断。

2. 权利的特殊性。

根据"职务名册"任命的各级干部享有难以想象的各种特权：高级住宅别墅、汽车、休假券及休假旅费、"医疗费"补助、在特供商店购买紧缺品，等等。另外，从30年代初起，还实行了领导干部高薪制，除正式工资外同工资一起还要发一个装钱的大信封，"数量多少取决于职位高低，从几百卢布（当时的货币）到几千卢布不等的"的所谓"钱袋"制度。

赫鲁晓夫向特权体系发起了第一次主动攻击，取消了官僚的很多特权，但改革遭到特权阶层的激烈反对。勃列日涅夫上台后立即恢复了被赫鲁晓夫废除的干部特权，并且享受特权的干部范围还有所扩大，特权种类日益增多。正是在这个时期，党政干部与人民群众收入的差距达到30—44倍，而科技人员的收入被大幅降低，科技人员与工人的工资由1940年的21∶1降到1980年的11∶1。苏联的特权统治阶级迅速地成长起来。

3. 官位某种程度的凝固性和继承制。

官位的凝固性表现在领导干部实际上的终身制。斯大林时期，干部不仅层层由上级任命，而且实际上是终身任职。众所周知，斯大林本人担任党政领导工作直到去世，其他领导干部也都是终身任职，长期连续担任领导工作。

到了赫鲁晓夫时期，对干部制度进行改革，实行了干部更新的制度，即实行干部职务任期制和轮换制，规定苏共中央委员会和党委会每次改选必须更换1/4成员。这些新政还被写入苏共党纲和党章。但是，这种干部更新制度严重触动了一部分人的既得利益，遭到了很多人特别是高层的强烈反对。勃列日涅夫上台后，苏共中央开始批判赫鲁晓夫的唯意志论和主观主义，全面否定了所进行的改革。

官位的继承性表现在两个方面，一是列入"职务名册"的官员本身形成了一个封闭的特定阶层，他们官官相护，互相推荐任用，代代相传。二是官位的直接继承，如斯大林的儿子瓦西里25岁就当了将军；勃列日涅夫的儿子尤里，年纪轻轻就当上了苏联外贸部第一副部长，等等。

4. 干部队伍的保守性。

苏联在选拔任用干部时的标准是政治素质、业务素质和忠诚，但在实际运用时，业务素质并不重要，重要的是"政治素质"，尤其是对领袖是否效忠。如联共（布）十七大后，对斯大林崇拜与否成了一条政治准则，吸收党员、职务升降、"派别活动"的划分、"人民公敌"的定案等等，一概以此为界。尽管有许多人对社会主义、对苏维埃国家十分忠诚，但只要在领袖崇拜上稍有疏漏，就立即被降职、免职，甚至置于人民公敌的位置，并从肉体上加以消灭，一大批久经考验的老布尔什维克因此死于非命。相反，那些极力吹捧斯大林的人却飞黄腾达。

在决定干部任用时采取暗箱操作方式，根本不考虑或者很少考虑到该人的实际工作能力。苏共这种狭隘的宗派主义干部政策不可能建立起选拔优秀人才的有效机制，相反，却把许多有文化的、才华横溢的人才排斥在干部队伍之外。通过这种方法选拔出来的干部缺乏主动精神和创新精神，只是一味地忠实执行上级指示，还会把一些有改革意识和创新意识的干部视为"另类"，予以革除。领导干部为守住既得利益，求稳怕变，故步自封，盲目自大，隔绝于快速发展的外部世界，这使整个社会处于全面病态的状况中，丧失了改革发展的有利时机。苏联仅有的几次改革无果而终，改革失败后的体制愈发陷入僵化。

三、苏联特权阶层对苏联剧变的影响

特权阶层的存在和发展，对苏联剧变产生了深刻的影响。

1. 苏联特权阶层助长了个人崇拜和个人集权。

"职务名册"制度的核心就是任命制，在干部任用时完全采取行政手段进行暗箱操作，任用的标准主要又是对领袖的忠诚与否，这就造就了苏联政坛上的阿谀逢迎之风，极大地助长了个人崇拜的盛行，党和国家生活中出现了极不正常的个人高度集权的现象。权力高度集中于党的领导集团、甚至是斯大林一人手中，其结果不仅削弱了国家政权机关作为社会主义建设主要工具的作用，而且造成了党的专权，斯大林个人的专权。

2. 特权阶层拥有的特权恶化了党群关系。

如前所述，苏联的特权阶层按照官职级别的高低，享有苏联普通百姓无法享受到的各种"福利"特权，这大大加深了与群众的隔阂。他们表面上标榜"社会平等"、"党员干部是公仆"，实际上却在无所顾忌地滥用人民赋予的权力，享受各种特殊待遇，甚至于腐化堕落。这是广大人民群众无法谅解的。当各种腐败现象被大量揭露后，人民所接受的社会主义的理想精神和道德标准迅速崩溃，从而对苏共产生严重的信任危机，对其执政的合法性提出质疑。1990年的一组调查数据清楚地表明，苏共在人民群众心目中已经不是他们的代表了：当时人民认为苏共领导阶层代表劳动人民的只有7%，代表工人的4%，代表苏共党员的11%，代表党政官僚和机关人员的达85%。

3. 苏联剧变是特权阶层主动选择的结果。

尽管苏联解体、苏共垮台是多种因素综合作用的结果，但其关键原因还是出在共产党内部。这种结果也是苏联特权阶层主动选择的。

苏联的特权阶层垄断着国家的一切执政资源，包括政治经济资源、舆论宣传工具，掌握着苏联党政军以及企业和社会团体等干部的任命权，他们借戈尔巴乔夫改革大肆侵吞国有资产，化公为私，据为己有。尤其到了20世纪80年代后期，这个阶层的私有财产急剧膨胀。为了使自己拥有的财产合法化，他们实际上成了公有制的最有力的摧毁者和私有化的最实际的推动者。苏联解体、苏共垮台，在很大程度上可以说是苏联特权阶层的"自我政变"，是为了使他们长期以来通过非法手段占有的社会财富和各种权益合法化，是他们主动选择的结果。苏联剧变后的进程也确实证明了这一点。苏联时期的那些"在册权贵"在苏联解体后摇身一变，成了新体制下的新官僚或者"新富"。

苏联解体已经过去将近20年了，但是回过头来看，苏联干部制度中的"职务名册"制以及由此造就的特权阶层给苏联社会带来了许多负面影响，其教训是深刻的，值得我们好好总结深思。

作者单位：中央编译局俄罗斯研究中心

历史之窗 >>>

苏俄时期大饥荒及苏俄政府应对之策

徐元宫

苏俄政权创建之初遭遇的棘手问题之一,是粮食危机和大饥荒问题。1918年春天粮食危机演变成大饥荒,5月9日列宁向全国各地发出电报:"彼得格勒处于空前的危急境地。没有粮食,只能把剩余的土豆粉、面包干发给居民。红色首都因饥荒而处于灭亡的边缘……我以苏维埃社会主义共和国的名义,要求你们毫不迟疑地支援彼得格勒。"

一、引发苏俄时期大饥荒的原因

苏俄时期大饥荒主要由主客观两方面因素引发。客观原因主要是干旱等自然灾害以及帝国主义武装干涉等因素,主观原因是苏俄领导人对农民问题以及如何建设社会主义问题的认识存在严重失误。苏俄政权为了击退国内外反动势力的联合进攻、捍卫新生的苏维埃政权和建设新社会,从1918年下半年到1921年春推行"战时共产主义政策":禁止私人买卖粮食,实行余粮征集制,以保证城市居民和红军有饭吃;限制市场和私人贸易,实行商业国有化;推行平均主义分配制度;实行劳动义务制和劳动军事化。战时共产主义政策在执行的过程中出现了失误,征粮队常常无视农民们的恳求强行将农民们的种子粮和最基本的口粮也征集了上来,特别是将为数相当多的中农甚至贫农当富农给镇压或惩处了。1920年底国内战争结束,地主资本家复辟的现实威胁消除,农民们不愿意再继续接受战时共产主义政策,非常渴望恢复市场和私人贸易,可是当时不少苏俄领导人却主张继续加强对农业的干预,加快社会主义改造,导致农民们对苏维埃政权产生了抵触情绪。农民们不愿意种粮,致使粮食产量锐减,从而加重了始于1918年的粮食危机。再加上自然灾害、战争等因素,一场波及苏联17个省份的大饥荒终于1921—1922年爆发。

二、苏俄时期大饥荒造成的危害

苏俄时期大饥荒持续了多长时间?俄罗斯学者 Н. Д. 孔德拉季耶夫在其《通往饥荒的道路》一文中指出:随着布尔什维克执掌政权,苏联历史上第一次大饥荒就开始了。而俄罗斯学者 И. В. 科切特科夫则在其《新经济政策时期的谷物生产:现实性和可能性》一文中在对全国各经济地区农民人均谷物生产和消费进行分析之后得出自己的结论:1923—1925 年苏联农民濒临"绝对饥饿"的边缘。伏尔加格勒历史学家 В. А. 波利亚科夫在《关于 20 世纪 20 年代苏联第一次大饥荒持续时间问题:以伏尔加河中下游流域的材料为根据》一文中指出:伏尔加河中下游流域的大饥荒一直持续到1925年。俄罗斯历史学副博士奥尔洛夫·弗拉基米罗维奇在对20世纪20年代发生在楚瓦什地区的大饥荒进行研究之后得出结论说:"始于第一次世界大战年代的粮食危机,在楚瓦什地区几乎持续了苏联政权的整个第一个十年。"也就是说,奥尔洛夫·弗拉基米罗维奇认为苏俄时期大饥荒始于第一次世界大战时期,并且一直持续到1927年。实际上,俄罗斯学者关于苏俄时期大饥荒持续时间问题出现意见分歧很正常,因为他们各自的视角不一,而且苏联各地区在经济发展水平、地理位置、气候条件等方面客观上也存在着一定的差异,因而各地区大饥荒的起始和终结时间自然就不会同步。

这场饥荒是苏联历史上第一次大饥荒,波及范围很广,伏尔加河中下游流域、南乌拉尔地区、哈萨克北部地区、西西伯利亚以及南乌克兰等地区都受到了这次大饥荒的侵袭,苏联学者安·弗·安东诺夫-奥费申柯在他所写的《斯大林及其时代》一书中对这次大饥荒的灾难性后果作出了自己的评价:"1921年,人民已经经历了一次饥荒……受害的有17个省份,有2000万农民濒临死亡的边缘。"① 而俄罗斯历史学博士、俄罗斯科学院俄国史研究所研究员季马·费奥多罗维奇则指出这场饥荒致使"4000万人濒临饿死的边缘","因为饥饿、伤寒以及流行性感冒等疾病共计死去了500多万人"。② 楚瓦什自治共和国历史档案馆的档案文献证实,仅楚瓦什地区因为"饥饿、营养不良以及各种疾病竟有多达74100人死亡,这一数字占楚瓦什地区人口总数的10%"。③

苏俄时期大饥荒还引发了农民暴动。1920年底至1921年春,西伯利亚、伏尔加河沿岸等地区先后爆发了农民暴动。农民暴动的高潮发生在1921年2—3月,西伯利亚伊施姆一个县参加暴动的农民就达6万多人,参加坦波夫省暴动的有5万多人,最严重的一次暴动是1921年2月28日爆发的喀琅施塔得暴动。

三、苏俄政府积极应对饥荒

正是在对一次次农民起义爆发根源的痛苦探析过程中,苏俄政府领导人意识到了战时共产主义政策对于农民种粮积极性的伤害,因而及时调整了对农民的政策。苏俄政府于1921年3月废止了农民们所怨恨的战时共产主义政策,而改行新经济政策,规定用征收粮食税代替余粮征集制,而且农民有权支配纳税后的余粮,可以将余粮拿到市场上去出售,用来交换必要的工业品和其他生产物资或生活用品。新经济政策的实施,恢复了农民的种粮积极性,对于遏制和消除饥荒起到了重要作用。

苏俄政府动用国内资源积极应对大饥荒,根据全俄中央执行委员会1921年7月18日的指令成立了中央赈济饥民委员会,由加里宁出任该委员会主席,各省

---

① [俄]安·弗·安东诺夫-奥弗申柯:《斯大林时代的谜案》,北京:红旗出版社1992年版,第132页。

② В. Ф. Зима. Голод, медицина, власть: 1946—1947 годы. Отечественная история, 2008, 1.

③ В. В. Орлов. Голод 1920 - х годов в Чувашии: причины и последствия. Отечественная история, 2008, 1.

也相应地成立了赈济饥民委员会的地方机构。中央赈济饥民委员会在苏俄政府的领导下积极采取措施帮助灾民,根据莫斯科出版的《以革命的名义》一书记载,苏俄政府动员全国的力量来援助饥荒地区和广大饥民,从国家储备粮中调拨了1200万普特的种籽和3000多万普特的粮食运往饥荒地区。①

苏维埃政府还实行租让制,即苏维埃国家同外国资本家签订合同,将当时苏维埃国家无力经营的某些工矿企业、森林、油田等,按照一定的条件暂时租给外国资本家经营。实行租让制的目的之一就是要尽可能地利用租让合同从国外换取国内急需的粮食,以缓解大饥荒造成的压力。这一点可以从俄罗斯解密档案文件中得到证实,1921年3月29日列宁受政治局的委托在给时任俄共(布)中央高加索局主席、外高加索边疆区党委第一书记奥尔忠尼启则的一封电报中明确指出:"……无论如何要尽快以格鲁吉亚的租让项目和锰矿石等等从国外换回粮食。请尽快回复!"在1921年4月9日致奥尔忠尼启则的又一封密码电报中列宁指出:"尽一切努力签订租让合同,特别是在格鲁吉亚;设法哪怕是在国外购买种子,并利用巴库的资源把阿塞拜疆的灌溉工作推进一步,以便发展农业和畜牧业,同时努力发展同北高加索的商品交换。"

苏俄政府没有向国际社会掩盖、隐瞒国内饥荒真相,而是希望国际社会能够提供粮食援助。1921年7月23日苏俄著名作家高尔基向全世界发出求助呼请。美国是最早对苏俄所发出的呼请作出积极回应的国家之一。1921年7月26日,时任美国救济署署长的胡佛给高尔基回复了一份电报,胡佛在这封电报中声称:美国救济署可以向苏俄饥民提供必要的援助,但是有一个先决条件:苏俄政府必须释放被关押在苏俄监狱中的美国人。在这封电报中,胡佛建议由美国方面救助100万名苏俄儿童。同一天,美国方面通过无线电广播向全世界播发了胡佛给高尔基的这封电报的内容。

1921年8月10日至20日,苏俄政府的代表与美国方面的代表就美国方面援

---

① [苏] A. 拉基京:《以革命的名义》,莫斯科1965年版,第136、140页。

助苏俄饥民一事在拉脱维亚的首都里加举行了谈判，双方就美国方面援助苏俄饥民的具体事宜达成了27条协议。根据这些协议，美国救济署在苏俄境内的16个区主要开展了以下几方面工作：第一，从美国购买粮食运抵苏俄境内。截至1922年7月10日，美国救济署共计购买了42万多吨粮食运抵苏俄境内。此外，美国救济署还购买了30多万吨的小麦、面粉、豆类、大米、白糖、药品、服装、肥皂等物资运抵苏俄，这批物资中的大米、白糖等是专门供应儿童之用的。第二，美国救济署从美国向苏俄居民直接邮寄食物包裹和物品包裹。第三，美国救济署在苏俄境内开设食堂和物资发放站，直接向苏俄儿童和成年饥民供应食品。根据1922年7月10日美国救济署署长胡佛呈交给美国总统哈定的报告，截至发送该报告为止，美国救济署工作人员在苏俄境内共计开设了15700个食堂和物资发放站，向大约325万名儿童和530万名成年人提供食物。第四，向苏俄饥荒地区和饥民们提供医疗帮助，从而使苏俄一些地区一度蔓延的伤寒病、热肠病、天花和饿伤寒等疾病得到有效控制，并且为数百万人接种了各种疫苗。

其他国际组织和慈善机构也向苏俄饥民提供了人道主义援助，比如挪威科学家南森先生组织的赈济机构。南森的赈济组织于1921年12月开始对苏俄饥民进行赈济，苏俄饥民所获全部境外援助的3%源自该组织。不仅如此，南森先生还帮助莫斯科成功地打通了原先一直对苏俄政府封闭的欧洲粮食市场，他帮助苏俄政府从欧洲粮食市场购买了总价值为370万美元的粮食。

作者单位：中央编译局俄罗斯研究中心

俄罗斯成立专门委员会反对篡改历史

朱 磊

2009年5月15日俄罗斯总统梅德韦杰夫签署第549号总统令，成立"与篡改历史损害俄罗斯利益的企图作斗争的俄罗斯联邦总统直属委员会"。在俄罗斯深陷国际金融危机的大背景下，梅德韦杰夫为何会对历史领域的问题如此关注？这到底是一个什么样的委员会呢？

一、委员会成立的原因及其背景

苏联解体后，随着北约和欧盟的东扩，一些原苏联加盟共和国大都在政治上、经济上向西方靠拢，而和俄罗斯的距离日益拉大。波罗的海三国、乌克兰、摩尔多瓦等国认为，它们在二战中被苏军解放后投入社会主义阵营实际上是给它们套上了新的枷锁，带来了几十年的专制制度。苏联红军不再被看成是解放者，而是占领者。一些东欧和独联体国家的政治势力有意诋毁苏联和苏军在二战期间的历史作用，甚至把苏联红军与纳粹占领者相提并论，推行去苏联化、去苏共化的政策，如修改中学历史教科书，向青少年灌输俄罗斯长年来带给国家的只有损害，是国家现在的主要敌人。2007年4月27日，爱沙尼亚首都塔林发生了拆除和迁移市中心苏军解放塔林纪念碑的事件；2008年，立陶宛政府要求俄罗斯承认苏联侵占的事实并赔偿高达280亿美元的损失。

西方国家以及一些原苏联加盟共和国歪曲苏联历史的言行激怒了俄罗斯，这是委员会成立的直接原因。面对这些咄咄逼人的言行和挑衅，梅德韦杰夫总统不止一次地声明说，不允许歪曲俄罗斯历史，包括有关伟大卫国战争的历史。

二、委员会的任务、权利、组成及活动

总统令中规定该委员会的主要任务是：对那些损害俄联邦国际形象的篡改历史事实和事件的信息进行概括分析并提交相关报告；制定与篡改历史事实和事件损害俄罗斯利益的企图作斗争的战略计划及拟采取的措施；研究俄各联邦机构及组织就此提出的建议并协调它们的行动；等等。

总统赋予该委员会相应的权利：第一，可以向俄罗斯各联邦机构及组织查询和索取必要材料；第二，可以就委员会职权范围内管辖的问题组建由国家机关及组织的工作人员、各专家学者构成的工作组；第三，可以邀请俄罗斯各联邦机构及组织的代表参加委员会会议。总统令中还规定了每年要举行不少于两次的委员会会议，俄科学和教育部为委员会的活动提供组织、技术、信息及文献方面的保障。

俄总统办公厅主任纳雷什金担任委员会主席，副主席由科学和教育部副部长卡琳娜、总统办公厅副主任西罗什担任。成员包括俄各大部委的 28 名高级官员和权威学者，阵容十分庞大。由此可见，这是一个级别很高的总统直属委员会。

2009 年 8 月 28 日在克里姆林宫举行了委员会的第一次全体会议。会上主要讨论了俄罗斯的历史教育问题。

2010 年 2 月 17 日在莫斯科成立了"与篡改伟大卫国战争历史作斗争的莫斯科市工作组"。工作组将举行有青年学生、历史教师、科研人员、老战士组织的代表参加的集会、公开辩论及大型会议。工作组第一次全会于 2 月 18 日召开，会上讨论了与歪曲伟大卫国战争历史作斗争的措施。

三、国内外对委员会的评价

委员会的成立在国内外引起巨大反响，俄罗斯国内不乏反对之声。原苏联总统戈尔巴乔夫对该委员会的有效性持怀疑态度，他表示，"还弄不清楚这是一个什么样的委员会，能做些什么，不会起到相反的作用吗？我担心这个委员会将与自己的名字相矛盾，本身就在篡改历史。"曾任俄副总理、杜马议员的自由派政

治家雷日科夫称,"还原历史应当是历史学家的职责,国家不应介入干预,那些由官方意志确定的教科书不值得信任,因为它们想通过粉饰历史来为现今体制进行辩护。"

当然也有支持的声音。俄军事科学院院长加列耶夫大将认为,"虚构历史是令人无法忍受的行为,这不仅同科学相抵触,而且与常识相矛盾。"俄科学院历史所所长萨哈罗夫认为,"委员会的成立是很重要、很及时的一步。"同时他还指出,"现在不单是外国人,就连部分俄罗斯人自己也会出于民族主义的原因去篡改苏联历史,这些都是一些敷衍塞责的人。"

与俄罗斯国内对此事态度褒贬参半的情况不同的是,国外对委员会的成立大都持批评态度。英国伦敦大学的历史学家兼作家奥尔兰多·法伊杰斯教授认为,"成立这个新的委员会是压制历史科学的行为。这些人是一群蠢货,以为这样就能够改变国际上对苏联历史评价的争论。这只能使俄罗斯的历史学家在教学和发表著作时更为困难。"德国前外长施泰因迈尔认为,"历史不能改写,只能用来反思。我不认为用这种行政命令的方式能够普及当局认为正确的历史。"

四、几点思考

1. 俄罗斯成立这个高级别的委员会表明了俄罗斯当局对历史在社会发展及国际关系中作用的重视,其主要目的首先在于不容许西方诋毁苏联在二战中的伟大历史功绩,不容许原苏联加盟共和国和一些前华约国家侮辱俄罗斯的国际形象,向世界表明俄罗斯捍卫国家利益的决心。

2. 在国际范围,俄罗斯本已同乌克兰、格鲁吉亚、波罗的海三国等国家在政治、经济、外交等方面积怨颇深,如果再加上历史领域的争辩,会使俄罗斯国际环境更加复杂。因西方对委员会的成立一直持批评态度,故俄罗斯与西方国家关系的未来发展也面临严峻考验。

3. 还应客观地认识到,苏联虽然为世界反法西斯战争的胜利作出了巨大贡献,但二战前后也确实犯下过严重的错误,伤害了一些国家人民的感情。如卡廷事件，苏芬战争，吞并波罗的海三国，吞并西南罗马尼亚的比萨拉比亚和北布科维纳。苏联的这些大国沙文主义、大俄罗斯主义行径是历史上客观存在的事实。成立这个反对篡改历史的委员会后，俄罗斯政府乃至民众是否能在维护自身利益的同时也能够正视这些历史事实，这是值得我们注意和进一步观察的。

作者单位：外交部

俄罗斯各界有关斯大林的评价问题

戴隆斌

一、俄罗斯领导人对斯大林的评价

对斯大林的评价，俄罗斯领导人的观点不尽相同，但大体上一致。

普京对斯大林既有肯定，也有否定。

第一，对斯大林在二战中打败德国法西斯、取得卫国战争的胜利给予肯定，但对斯大林在20世纪30年代进行的大镇压予以否定。2002年普京在接受采访评价斯大林功过时毫不含糊地说"斯大林是一个独裁者"，但"正是在他的领导下苏联才取得了伟大卫国战争的胜利，这一胜利在很大程度上与他的名字相关联。忽视这一现实是愚蠢的"。2009年底普京在回答俄罗斯电视观众提问时说："我们赢得了伟大的卫国战争，不管是谁都会承认，我们取得了胜利。甚至当我们计算损失的时候，你们应该明白，现在谁也不能向那些组织并领导赢得这场胜利的人扔石头。原因在于，如果我们在这场战争中失败，那么我们的国家面临的将是更大的灾难。这是很难想象的。""但也存在不可忽视的事实，取得成就而付出了不可接受的代价：镇压，也占有一席之地。这也是事实。我们的几百万公民因此蒙难。这种领导国家的方式、这样的后果是不可接受的。这是不允许的。确实这一时期我们不仅有个人崇拜，还有反对人民的大规模犯罪。这也是事实。对此我们不应该忘记。对任何历史事件都应该作综合分析。"从中我们看到，普京并没有大赞斯大林，而是既指出了成绩，也指出了其罪行。

第二，对斯大林的强国主义予以肯定，但对斯大林模式予以否定。

普京在2000年总统就职演说中说:"我们应该了解自己的历史,应该始终记住,是谁建立了俄罗斯,是谁捍卫了俄罗斯的尊严,并使俄罗斯成为一个伟大而强盛的国家。我们应该保持这些记忆与时代的连续性,将我们历史上最优秀的传统传给我们的后辈。"由此,我们丝毫看不出普京指的只是斯大林一人。从俄历史来看,显然应当包括所有为俄罗斯带来强盛和尊严的伟大人物,当然也包括带领苏联人民打败法西斯、为俄罗斯版图扩大了几十万平方公里的斯大林。但是,普京对苏联模式或者说斯大林模式,则基本上持否定立场。他说:"在即将过去的这个世纪里,俄罗斯有四分之三的时间是在为共产主义原理而奋斗的标志下生活的。看不到这一点,甚至否定这一时期不容置疑的成就是错误的。然而,如果我们不意识到社会和人民在这一社会试验中付出了巨大的代价,那就更是大错特错了。主要的错误是:苏维埃政权没有使国家繁荣,社会昌盛,人民自由。用意识形态的方式搞经济,导致我国远远地落后于发达国家。无论承认这一点有多么痛苦,但是我们将近70年都在一条死胡同里发展,这条道路偏离了人类文明的康庄大道。"

梅德韦杰夫在斯大林的评价问题上,与普京没有实质性的差别。他同样坚决否定斯大林的大清洗。2009年10月29日,他在克里姆林宫网站博客评论中说:"20世纪30年代的大清洗波及范围之广令人难以想象,全国民众都深受其害,一些社会阶层被整个摧毁,数百万人因政治恐怖和虚假指控而丧生。但迄今仍有人为镇压活动辩解,声称这么多人是为了某种崇高的国家使命而牺牲。这无疑是错误的,因为国家的发展和进步没有理由以民众的痛苦和牺牲为代价。任何事物的价值都不能置于人的生命之上。不能假恢复历史公正之名,为斯大林制造的大清洗开脱。"

至于斯大林在二战中的作用,梅德韦杰夫的评价和普京略有不同。梅德韦杰夫没有把胜利的光环全部戴在斯大林身上,而是把二战的胜利归功于苏联人民。2010年5月7日,他在回答《消息报》记者提问时说:非常显而易见的事实是,"打赢伟大卫国战争的是我们的人民,而不是斯大林,甚至也不是那些军事长官,尽管他们所做的工作极其重要"。他说,对斯大林的作用可以有不同的评价。有人认为，斯大林的作用非常大，有人认为并非如此。每个人都有权保留自己的评价。但各种个人的评价都不应当影响国家的评价。他同时坚决驳斥了关于斯大林主义在俄罗斯正在死灰复燃的看法。梅德韦杰夫表示，无论如何都不能说斯大林主义正在回到我们的日常生活中，不能说我们在恢复其象征。这是绝对不可能的。

现在国家的意识形态和作为俄罗斯联邦总统的评价就是如此。要把国家评价和个人评价分开。应该说，梅德韦杰夫的态度非常明确。

二、俄罗斯各个政党对斯大林的评价

俄罗斯各个政党对斯大林的看法是不一样的，分歧很大。

俄共对斯大林的评价旗帜鲜明。自恢复重建以来，俄共就以苏联共产党的继承者自居，并对斯大林赞赏有加。称斯大林不仅是20世纪俄国历史，而且是整个俄国历史上最伟大的国务活动家，"强国的建设者"，在社会主义工业化和卫国战争中作出了卓越贡献。斯大林实行的工业化、农业集体化是必须的，事实证明是正确的。俄共对斯大林的这种态度，以及对苏联其他历史事件的立场，使得很多俄罗斯人把俄共当成守旧的象征。但是俄共党内对斯大林的评价也有分歧。2008年，斯大林逝世55周年，列瓦达中心关于斯大林在历史上的作用的调查表明，受访的俄共党员赞成起肯定作用的比例为59％，认为起否定作用的为28％，还有12％认为很难回答。当被问到愿意生活在什么时代时，选择斯大林时代的只有9％。

其他政党如统一俄罗斯党、右翼力量联盟—亚博卢、自由民主党、公正俄罗斯党等对斯大林的评价不像俄共那样肯定者居多。在列瓦达中心2008年关于斯大林在历史上的作用的调查中，统一俄罗斯党、右翼力量联盟—亚博卢、自由民主党、公正俄罗斯党认为起肯定作用的比例分别为38％、28％、45％、43％，认为起否定作用的比例分别为39％、55％、34％、41％，难以回答者分别为23％、18％、21％、16％。在关于愿意生活在什么时代的问题中，统一俄罗斯党、自由民主党、公正俄罗斯党愿意选择斯大林时代的分别为3％、7％、3％。

从俄目前主要政党对斯大林的态度来看，俄共自始至终对斯大林的评价就没有实质性的变化，其他政党对斯大林的评价肯定者有之，否定者有之，无法作出判断的人也有之。这些政党有一个共同点，就是绝大部分人不愿意回到斯大林时代。

三、俄民众和青年对斯大林的评价

1. 关于对斯大林的总体评价

对斯大林的总体评价更能反映俄罗斯民众对斯大林的态度。列瓦达中心从1998年开始就几个相同的问题连续进行了调查，全俄社会舆论研究中心的调查数据也相差无几。

这两家调查机构的两种调查数据显示，1998—2009年11年间，俄罗斯民众的回答变化不大，说明俄民众对斯大林的评价基本固定。

就斯大林在历史上所起作用进行的总评价看，被调查者认为起肯定作用的比例，2003年、2006年、2008年分别为53%、42%、39%，回答起否定作用的分别为33%、37%、38%。从年龄结构来看，越年轻的人对斯大林持否定态度的越多，年龄越大的人对斯大林持肯定态度的越多。以2008年的调查数据为例，18—24岁、25—39岁、40—54岁、55岁及55岁以上，对斯大林持肯定态度的比例分别为27%、36%、38%、51%，持否定态度的分别为42%、40%、40%、32%。

可见，回答起肯定作用的人在逐渐减少，回答起否定作用的人在逐渐增多。

2. 关于斯大林的发展模式

普京任总统后，强力打击恐怖主义，实行可控民主，打击寡头干政，加强中央政府权力，俄罗斯政局稳定，这为俄经济转轨和发展提供了良好的政治环境，加上国际市场能源价格持续上涨，俄经济迎来了持续8年的增长。尽管有国际金融危机干扰，但俄人均国内生产总值2009年已达8700美元，人民生活水平显著提高。普京的支持率始终维持在70%以上。调查数据也表明，当前俄民众绝大部分人愿意生活在现在的俄罗斯，大部分人不认可斯大林模式，表示不需要斯大林式的政治家。表示需要的人，老年人居多。随着俄政治经济形势的逐渐好转，认为需要斯大林式领导人的人数急剧减少，从 2005 年的 42% 降到 2009 年的 29%。大部分俄民众选择愿意生活在当代俄罗斯，选择愿意生活在斯大林时期的人很少，2005 年只占受访者的 6%，2006 年降到了 4%。而且越年轻的人越愿意生活在当代俄罗斯，选择愿意生活在斯大林时代的人，60 岁及 60 岁以上的老年人的比例比 60 岁以下的人要高 2—3 倍，分别占受访者的 12% 和 9%。

3. 关于 20 世纪 30 年代的大镇压

对于 30 年代的大镇压，俄罗斯民众记忆犹新。41% 的人认为斯大林应当为 30 年代的大镇压负主要责任，其次是内务部的领导人亚戈达、叶若夫、贝利亚要负 30% 的责任。72% 的人认为这是一起政治镇压，毫无疑问是一种罪行。47% 的人对 1937 年的记忆首先想到的就是斯大林的恐怖和镇压。可见，在大部分俄罗斯人看来，斯大林的大镇压是不可饶恕的。全俄社会舆论研究中心发布的调查结果表明，1998 年、1999 年分别有 28% 和 29% 的人认为斯大林是个残忍的暴君，2009 年这一数字达到了 35%。

与此相关的是，大镇压与二战的关系。斯大林在 30 年代的大镇压中，不仅镇压了很多无辜的党政领导人，而且清洗了军队，对二战产生了不小的影响，战争初期的连连失利，与大清洗中很多军队领导人被镇压有关。因此，俄民众对斯大林在二战中的作用评价不是很高，只占三成左右。这也说明，大部分人不认为卫国战争的胜利，其功劳主要是斯大林。

作者单位：中央编译局俄罗斯研究中心

历史之窗 >>>>

俄罗斯会为斯大林全面恢复名誉吗？

郑异凡

2009年12月3日，普京在电视和广播"直线对话"节目中回答观众们的各种问题，他主动提到对斯大林和斯大林主义的评价。西方报刊如英国《泰晤士报》认为俄在加紧为斯大林"平反"，说"随着克里姆林宫筹备明年二战胜利65周年大型庆祝活动的进行，斯大林重回俄罗斯日常生活的进程正在加速"。

普京在网上关于斯大林的评价说了些什么呢？

问题是："总体上说，您认为斯大林的活动是应该肯定的还是否定的？"下面是普京对这一问题的回答的全文：

我选这个问题，是因为我知道问题的尖锐性。社会上有很多争论，我看到这里有"埋伏"：说"肯定"，一些人会不满意，说"否定"，另一些人会不满意。不过既然斯大林和斯大林主义问题至今有激烈的争论，我就专门谈谈这个问题。

依我看，不能给予整体的评价。显然，从1924至1953年国家有了根本变化：从农业国变成了工业国，而这时的国家是斯大林领导的。诚然，农民没有了，而我们大家都清楚记得农业问题，特别是在最后阶段，排着长队购买食物，等等。在这一领域所发生的一切，对农村没有起任何积极的作用。不过工业化确实实现了。

我们取得了伟大卫国战争的胜利，不管谁怎么说，取得了胜利。即使我们重提损失，你们知道，现在谁也不能指责组织和领导了这场胜利的人，因为如果我们在战争中失败了，那么对我国来说其后果就会悲惨得多。

正面的东西无疑是存在的，然而花了难以接受的代价。尤其是存在过镇压。

这是事实。我们的数以百万计的同胞遭到镇压。这种管理国家、取得成就的方法是我们不能接受的。不能这样做。毫无疑问，在这一时期我们遇到的不简单是个人崇拜，而是反对自己人民的大规模罪行。这也是事实。关于此事我们也不应当忘记。

对任何历史事件都必须对其进行全面的分析。这就是我想说的。

从普京的回答可以看出，他对斯大林没有作出笼统的整体评价，而是有区别地、具体地谈斯大林的功过，并且严格地把斯大林在卫国战争中的领导作用同他在内政上实施的镇压区别开来，分别作出评价。

对斯大林在领导卫国战争中的作用，普京一贯予以肯定。这是不难理解的。面对苏联解体，一个超级大国的没落，当务之急是振兴国家，恢复强国地位，争取重新跻身于世界强国之林。为达到此目的，需要振兴经济，也需要鼓舞士气。在苏联存在的70多年时间里，唯一能得到举世公认的业绩就是卫国战争的胜利，尽管世界上对此也有不同的声音，但总体上很难予以全盘否认。要肯定卫国战争，就不能不肯定当时的领导人斯大林的功绩。反过来也可以说，肯定斯大林是肯定卫国战争的需要。

俄国历史上有两次辉煌的战争胜利，一次是19世纪初对法国拿破仑的胜利，一次是20世纪中叶对德国法西斯的胜利。对拿破仑的胜利，人们记得更清楚的是名将库图佐夫元帅的名字，很少人还记得当时的沙皇亚历山大一世。在把一切成就都归功于伟大领袖的苏联，卫国战争的胜利就必须首先归功于"各族人民的领袖"斯大林，所以战争一胜利，功高盖主的朱可夫元帅就被贬到边远地区去了。应当说，这个传统至今未泯。

其次，普京作为一个国家的领导人，无论是担任总统还是总理，需要照顾群众的，哪怕是一部分群众的情绪。苏联的解体影响到千百万群众的生活和工作，在经济不景气的情况下，大量的群众陷入困境。人们记得，曾经有几千万选民投俄共的票。要争取这些人的支持，就必须照顾到他们的情绪和要求。他上台后，采取了某些措施安抚这部分选民，如使用苏联国歌的曲调，用带镰刀锤子的胜利旗帜，等等。这些措施不会改变现政权的性质，却能争取到一部分持反对态度的

历史之窗

民众。不过，如果有人由此得出结论，认为普京想要回到苏联去，那就未免太天真了。

普京的言论颇有分寸，始终同斯大林的内政，特别是大规模镇压，划清界限。每谈到斯大林和卫国战争的胜利的时候，都不忘批判斯大林的镇压政策。这次讲话同样如此，在讲成就的同时指出"所花的代价太大"，并且认为这种大规模屠杀自己同胞的做法不能简单地说成"个人崇拜"，而是"大规模罪行"，明确表示这种管理国家的方法是"不能接受的"。按照苏联和俄罗斯联邦时期都担任平反委员会主席的雅科夫列夫的说法，斯大林时期被镇压人数在1500万到2000万之间。如果再加上被牵连的亲友，不同程度上的受害者当占俄人口的一半左右。任何一个国家领导人都不能无视这部分民众的遭遇和情绪，需要明确无误地表明自己的立场。

肯定工业化的成就是同卫国战争的胜利联系在一起的，工业化从物质上保证了军事的胜利。但即使如此，普京也没有忘记指出在实现工业化的同时农业的落后，居民为食物而排长队的情景。如果普京说苏联时期一切多好，是"人间天堂"，那么从叶利钦到普京，他们就失去了执政的合法性与"合理性"，就等于自我否定。

此前不久，俄总统梅德韦杰夫在为2009年10月30日政治镇压牺牲者纪念日写的博客中也说了类似的话。他为当今的年轻人忘记俄国历史上曾经有过的大规模镇压感到遗憾，他说："纪念民族的悲剧跟纪念胜利是一样的。而极端重要的是，要让青年人不仅拥有历史知识，还要有公民感。要能够满怀感情地共同感受俄国历史中最悲惨的悲剧之一。"

梅德韦杰夫说，国内各族人民都遭受了以1937—1938年为顶点的恐怖。"在战前的20年期间消灭了我们人民中的整个整个的阶层和等级。实际上消灭了哥萨克。'剥夺富农'；使农民大伤元气；知识分子、工人和军人遭受了政治迫害；所有的教会代表都遭受了迫害。"

他提醒，"10月30日是千百万遭受摧残的人的纪念日"。这是未经法庭、未经审讯就被枪毙的人们，被遣送集中营和流放地的人们，因从事"非此类"工作或因"社会出身"而被剥夺公民权的人们。那时轻易给整个家庭贴上"人民敌人"及其"帮凶"的标签……甚至一个人应有的举行体面葬礼的权利也被剥夺，他们的名字长期被从历史上抹去。

梅德韦杰夫坚决驳斥为镇压辩解的论调，他说，到现在为止可以听到一种说法，这么多的牺牲是为了"某种崇高的国家目的"。梅德韦杰夫声明："任何国家的发展，任何国家的成就、追求都不能以人的痛苦和损失去换取。没有什么东西能够高于人的生命的价值。不能为镇压辩护。""我们很注意同伪造我们的历史作斗争。不过为什么常常认为，问题只在于不允许改写伟大的卫国战争的结果。而重要性并不亚于此的是，不允许在恢复历史的公正的外衣下为那些消灭自己的人民的人辩护。"

梅德韦杰夫号召"研究过去，消除漠不关心和忘却其悲惨面的想法"。他说，"除了我们自己，谁也不会去教育孩子们尊重法律，尊重人权、人的生命价值，尊重从我们民族传统和我们宗教中汲取来的道德规范。除了我们自己，谁也不会去保守历史的记忆并把它传给新的一代。""实事求是地接受自己的过去，这是公民立场成熟的表现……脱离复杂的历史，脱离我们国家实质上是矛盾的历史，往往就无法理解我们的许多问题和现今俄罗斯困难的根源。"

从普京和梅德韦杰夫两位领导人的言论可以看出，他们在对待苏联历史上的问题时坚持两点：一个是肯定苏联在第二次世界大战中的功绩，从而也肯定斯大林在其中的作用，反对"伪造"这段历史。这主要是针对某些国家对苏联当时的政策和行为的指责。另一点是同斯大林的镇压划清界限，强调人的价值，生命的价值，谴责反对自己人民的大规模罪行，反对以国家的"崇高目的"为借口替无端镇压辩解。由此可以看出，俄罗斯是不可能为斯大林全面恢复名誉的。

普京有句名言被广泛引用："谁要是不为苏联解体而感到遗憾，他就是没有心肝；谁要是想恢复原来模样的苏联，他就是没有头脑。"后一句话是落脚点，不能回头去恢复苏联，苏联作为一个时代已经结束。

2010年是二战胜利65周年，俄罗斯将会利用这个时机大张旗鼓地宣传苏联在战争中的成就和贡献，也会提到斯大林的作用，但是不可能给斯大林全面恢复名誉。普京主动在电视上回答对斯大林的评价问题,实际上也为2010年的宣传定下了调子。自然,其他国家(如波罗的海三国、波兰等)相应地也会利用此机会从本国的历史和利益出发阐述自己的观点,少不了对苏联的指责。这场争论现在已经开始,明年也许还会加剧。

作者单位:中央编译局俄罗斯研究中心

安德烈·萨哈罗夫访谈录：
斯大林的镇压是对人民的践踏

郑异凡 编译

  俄罗斯科学院俄国史研究所所长、科学院院士安德烈·萨哈罗夫（Андрей Сахаров）既写作学术专著，又编写中学教科书，他的中学教科书得到俄教育与科学部的批准，早已在学校使用。2008年9月，他就中学的历史教学以及对斯大林镇压的"新评价"问题接受《对话》节目记者的访问。下面是访谈录的摘要。

  萨哈罗夫：我们国家的每一个人都应该了解自己国家的历史，都应该为自己的历史，为在许多世纪以来走过了沉重的、矛盾重重而又光荣的道路的我们的国家感到自豪。我希望客观的、平静的、非意识形态化的，也就是科学的关于我国历史的知识成为高校和中学研究的对象。我认为这是我自己平生的目标之一。

  记者：现在的教科书不断变动，俄国成了一个无法预言过去的国家。

  萨哈罗夫：很遗憾，事情确实如此。我们现在处于非常复杂的过程之中。我们结束了苏联时代，我们经历了1990年代的革命时期，所有的概念都变了，所有的所谓历史范式都变了。现在我们进入了稳定时期，它意味着经过1990年代各种事件之后，社会趋向安定。有人试图使我们的概念，其中包括历史概念与此相适应。这个进程自然会在历史教科书中得到反映。它在人们的头脑中得到反映，在写历史、教授历史、研究历史的人们的头脑中得到反映。这是一个非常漫长的过程。对各种事件的思考过程在持续地进行当中。人在发展变化，学者在发展,教科书的作者在发展,中学教师在发展,学生也在发展。这是完全正常的现象,正常的过程。

记者:这就是说,您承认在历史教科书中,评价毕竟还是起重要作用的?

萨哈罗夫:我说的评价,是建立在绝对科学的观念之上的,是不带歇斯底里的评价。我们要平心静气地看待这些事件。我希望,每一年,每一新一代教科书都能够让我们看到,包括教科书领域在内的历史科学确实在前进,并且这种前进是发展的、正常的、客观的、平心静气的,不是意识形态化的,完全是科学的。

记者:在高年级出现新的历史教学体系。这是国立莫斯科师范大学俄国史教研室主任亚历山大·达尼洛夫提出的。**他把斯大林的恐怖看是国家发展的实用主义的工具。**

萨哈罗夫:我认为,这是企图修正在1990年代明确提出的评价,修改关于斯大林、镇压、古拉格的评价。因为某些人把社会的稳定理解为要修正国家解放时期,也就是苏联垮台、共产主义崩溃和苏联共产党瓦解时期得出的概念和评价的问题。现在有人认为这种修正从社会稳定的角度看是正常的。但从科学的观点,从如何在学校传播这些科学知识的观点看,我认为这是完全经不住批评的。一个政权出于实用主义,把千百万的人送去枪毙、移民、驱逐、流放,这算什么?我觉得,作者有一点是对的,政权是按照实用主义行事的。它是从自己的目的出发的。必须移民到西伯利亚,需要在边远地区开采铀矿、煤矿。这是实用主义,但应当明确说明,这是些什么人,这是些什么样的"实用主义者"。

是的,被定位于1937—1938年的"大恐怖"在这本教科书以及某些其他教科书中是写到了。不过,第一,必须明确说明,"大恐怖"不是由什么国家重建的任务、工业化、改善社会、改善人的生活、完善人的个性所引发的。**这种"大恐怖"只有一个原因,这就是斯大林要消灭自己的政治反对者,既有真正的,也有臆想的反对者。而大多数是臆想的。**不可能使社会变得整齐划一。斯大林是一个眼界狭窄、缺乏教养的人,他力求使社会变成一个整体,使一切整齐划一。他

俄罗斯问题研究（2010）

想要另一种类型的人民。顺便说一下，不是所有事件都发生在 1937—1938 年。我认为，教科书的作者在这里缩小了大恐怖问题。最新资料和公布的文件，其中包括多卷本的《卢比扬卡给斯大林的关于国内局势的报告。绝密》，揭示了国内的真实情况，说明"大恐怖"开始于 1930 年。

当有人问我，什么是历史的进步，如何在教科书中评价历史的进步。我依据世界史学给予简短的回答：历史的进步就是人类个人的进步。这就是生活质量的进步，包括精神的和物质的。

记者：从共产主义国家垮台起至今已 17 年，你是不是认为在我们俄罗斯还没有形成总是且对所有人来说都是毫无疑问的历史的常数（对历史的恒定看法——译者注）。例如对这种镇压本身的看法。

萨哈罗夫：我认为，我们还没有形成这样的恒定的看法。我们的事变，我们的 1990 年代的革命，没有完成，在很多方面都没有完成。由于众所周知的原因，在我们这里还有非常强烈的同苏联的历史，同斯大林，同斯大林主义，同整个时代的许多其他现象相联系的倾向。人还活着，许多人还在自己的位置上。人还留在社会中，还有有影响的重要人物。要懂得这一点。这不是坏事，也不是好事。这就是您所说的那种常数。这就是我们的历史。这不是糟糕的历史，也不是好的历史。可以说，哎，1990 年没有审判共产主义，哎，那里没有审判斯大林，哎，没有举行对共产党的新的纽伦堡审判。在我们国家是不能这么做的。因为大量的居民群众、大量的人民群众同这些事件有千丝万缕的联系，他们的生活、时代都同这些事件联系着。

记者：我想问，再过六年我的儿子也要学习现代史，他要读的教科书中关于斯大林的镇压将写些什么？

萨哈罗夫：我认为，将会有正确的描写，斯大林的镇压，是对人民的残酷的、毫无理由的践踏。这是对人民的大规模的群体灭绝。我们不能用任何实用主义的原因、任何实用主义的诡辩来解释这种群体灭绝。我的父亲在 1940 年被捕。他是建筑工程师，被捕后被发配去建造古比雪夫军用飞机制造厂。他像往常一样作为建设者干自己的工作，但是在铁窗之内。为什么？他不是苏维埃政权的敌人。这是什么意思,这是哪门子的实用主义?这是白痴行为,蠢人办的蠢事,这种蠢人眼界狭窄、自命不凡、固执己见、缺乏教养,认为可以采取这样的办法达到目的。这太可怕了。

资料来源:

《Вести. Ru》, 14. 09. 2008.

译者单位:中央编译局俄罗斯研究中心

<<<< 俄罗斯问题研究（2010）

赫鲁晓夫是全盘否定斯大林吗？

陆南泉

在我国，一提到赫鲁晓夫在1956年苏共二十大所作的反对斯大林个人崇拜的"秘密报告"，就说他全盘否定斯大林，并进一步引申出全面否定社会主义制度。

一、先从赫鲁晓夫反对斯大林个人崇拜的历史背景谈起

斯大林1953年逝世后，苏联面临着十分复杂的局面和艰巨的任务。正如苏联著名政论家费奥多尔·布尔拉茨基指出的，放在当时赫鲁晓夫面前的斯大林所留下的苏联是："越来越贫困的、实际上半崩溃的农村、技术上落后的工业、最尖锐的住房短缺、居民生活的低水平、数百万人被关押在监狱和集中营、国家与外部世界的隔绝——所有这一切都要求有新的政策和彻底的变革。于是，赫鲁晓夫——正是这样（像人民期望的那样）成了新时代的先驱者。"① 亚·尼·雅科夫列夫在分析赫鲁晓夫上台时前任给他留下什么样的遗产时写道："赫鲁晓夫继承了一份可怕的遗产。1953年初，专制制度的狂妄行为达到了登峰造极的地步。""千百万人还关在劳改营和监狱里。""农村过着赤贫生活，战后完全荒芜。""20世纪中叶，俄罗斯的农村成了国家农奴制农村，而且国家从农民那里夺去了除空气以外的所有东西。"②

---

① [苏] 尤里·阿法纳西耶夫编：《别无选择》，王复士等译，沈阳：辽宁大学出版社1984年版，第584页。

② [俄] 亚·尼·雅科夫列夫：《一杯苦酒——俄罗斯的布尔什维主义和改革运动》，徐葵等译，北京：新华出版社1999年版，第15页。

赫鲁晓夫面临很多难题。怎么解决，只能通过更新政策与根本性的改革才能找到出路。为此，赫鲁晓夫首先要做的是消除政治恐怖，让人民过正常的生活。他采取的措施有：消灭贝利亚，为政治领域进行整顿清理创造前提条件；清理冤假错案，全面平反昭雪；采取组织措施，改组国家安全机构与健全司法制度。苏联要向前发展，更新政策与进行改革，反对斯大林个人崇拜这是绕不过的一步。

随着国内外形势的发展，反对个人崇拜、批判斯大林的呼声日益强烈。这是因为：在1954年到1955年间，在苏联全国范围内审讯贝利亚的同案犯过程中，调查出来的大量材料证明，在苏联搞大清洗和恐怖的核心人物不是别人，正是斯大林。

在这种情况下，赫鲁晓夫感到再也无法容忍下去。当时赫鲁晓夫是这样描述自己的心情的：大量触目惊心的事实，"沉重地压在我的心上"，"几十万被枪毙的人使我良心不安"。按赫鲁晓夫的说法，是一种为无辜蒙冤者恢复名誉的崇高责任感和正义感，使他在苏共二十大作了题为《关于个人崇拜及其后果》的"秘密报告"。赫鲁晓夫在报告的开头就指出："斯大林逝世后，党中央奉行的政策是要详细地、彻底地阐明：决不允许把一个人吹捧到具有神仙般那样超自然性格的超人地步。我们还指出：这种做法是没有一点马克思主义气味的。这种做法就是认为这样的人物什么都懂得，什么都了解，他能代替一切人思考，他什么都能做，他的行动绝对没有错误。""长期以来，在我们中间培育着对某个个人，具体地谈也就是对斯大林的这种崇拜。"

二、赫鲁晓夫并没有全盘否定斯大林

不论是赫鲁晓夫的"秘密报告"还是他执政期间推行的政策与路线，都不能证明赫鲁晓夫全盘否定斯大林，更不能证明他全面否定斯大林创建的苏联模式的社会主义。

赫鲁晓夫在"秘密报告"开头就说："我这个报告的目的并不在于全面地评价斯大林政治生涯及其活动，就斯大林的功绩而论，在他活着的时候已经写过无数这方面的书籍、小册子、研究性文件，就斯大林在准备和进行社会主义革命的过程中所起的作用以及他在内战时期和我国建设时期所起的作用做了大量的宣传。这是众所周知的。""秘密报告"中还说:"斯大林在准备和实现社会主义革命中,在国内战争中,以及在我国建设社会主义的斗争中所起的作用是尽人皆知的"、"斯大林是马克思主义者中最强的一个,他的逻辑、他的力量和意志,对于干部和党的工作者有着巨大的影响"、"毫无疑问,斯大林过去对党、对工人阶级和国际工人运动是有着巨大的影响"。

在赫鲁晓夫执政 11 年中推行的主要政策与路线,基本上亦是斯大林的那一套。

赫鲁晓夫上台后继续推行斯大林长期坚持的优先发展与军事工业密切相关的重工业政策,并对马林科夫加速轻工业发展,增加对轻工业与食品工业投资的主张加以批判,说这"是一种极端错误的、反马克思列宁主义的见解,这种见解只不过是对党的诽谤。这是右倾的复活,这是与列宁主义敌对的观点的复活,当年李可夫和布哈林一伙人就曾经宣传过这种观点。"① 为此,马林科夫被迫于 1955 年 2 月辞职。

赫鲁晓夫超越发展阶段,急于向共产主义过渡的思想与斯大林是一脉相承的。人所共知,苏联在完成第二个五年计划后,斯大林在 1936 年就宣布:苏联基本上已实现了社会主义即基本上实现了共产主义第一阶段,即社会主义。到实施第三个五年计划时宣布苏联进入了完成无阶级的社会主义社会的建设并从社会主义逐渐过渡到共产主义阶段。1939 年召开的苏共十八大进一步确定逐步向共产主义过渡的方针。而赫鲁晓夫上台后,坚持斯大林的上述看法,在苏共二十大上宣布:苏联"已经建成社会主义并在逐步向共产主义过渡"。1959 年 1 月召开的苏共二十一大,被苏联称为"共产主义建设者大会"。1961 年 10 月召开的苏共二十二大,苏联确定了向共产主义直接过渡的时间表,赫鲁晓夫还提出,在两个十年内基本建成共产主义社会。

赫鲁晓夫在所有制问题上,坚持斯大林全民所有制是公有制的高级形式,是

---

① [苏]《真理报》1955 年 1 月 24 日。

最成熟、最彻底的形式的基本理论，为此，上台后一直在追求"一大二公三纯"的所有制。在他执政期间，急于消灭工业合作社，向单一的全民所有制过渡。在赫鲁晓夫倡导下，大搞合并集体农庄。他在苏共二十一大还提出，到1980年，苏联将逐渐地过渡到单一的全民所有制。

赫鲁晓夫执政期间，一直在进行改革，但并没有从根本上离开斯大林的体制模式，仍是坚持指令性的计划经济体制。在经济理论上虽有松动，但并没有摆脱斯大林"左"的教条主义，一直没有提出经济体制改革要以市场经济为取向，强调的仍是指令性计划体制。从政治体制改革来讲，虽在头几年取得一些进展，但总的来说，他并没有从根本上触动斯大林政治体制中权力过度集中的要害。

三、赫鲁晓夫反斯大林个人崇拜有其严重的局限性

赫鲁晓夫反斯大林个人崇拜，没有从体制、制度层面去认识问题。熟知苏联政治内幕的阿尔巴托夫指出：现在人们对赫鲁晓夫在苏共二十大反斯大林已有一个共识，即"赫鲁晓夫揭露的、批判的并力图战而胜之的是斯大林，而不是斯大林主义。也许，他真诚地相信，整个问题也就是这样，只要揭露斯大林，他就解决了使社会从过去的极权主义桎梏中解放出来的全部问题。"① 赫鲁晓夫并不理解，揭露斯大林仅是走上社会革新道路的第一步，而更重要的是对斯大林模式，必须进行根本性的重大改革。"赫鲁晓夫的主要错误认识就在于此，而他至死也没有摆脱这个错误认识。总的看来，他真的相信，揭露了斯大林个人，他就完成了任务，完成了自己的使命，虽然对消除我们社会生活各个方面（经济、文化、意识形态、整个社会上层建筑）出现的深刻的变形现象没有做任何一点事情。"

应该说，苏共二十大后，当时不少东欧国家共产党的领导人，对斯大林个人崇拜问题的认识比赫鲁晓夫深刻得多。南共联盟领导人铁托指出："个人崇拜，实际上，是一种制度的产物"，"这里不仅仅是一个个人崇拜问题，而是一种使

---

① ［俄］格·阿·阿尔巴托夫：《苏联政治内幕：知情者的见证》，徐葵等译，北京：新华出版社1998年版，第139页。

得个人崇拜得以产生的制度，根源就在这里"。① 波兰领导人哥穆尔卡认为："个人崇拜不能仅仅限于斯大林个人，个人崇拜是一种曾经流行于苏联的制度。"② 意大利共产党领导人陶里亚蒂也明确指出，要解决个人崇拜问题，必须改革"极端的中央集权形式"。③ 由于中央集权的体制未解决，后来，把很大精力花在反对斯大林个人崇拜上的赫鲁晓夫，自己也搞起个人崇拜来了。这说明随着权力集中在赫鲁晓夫一人手里，在党内没有民主，又缺乏监督机制的体制下，斯大林的不良品质很容易又在赫鲁晓夫身上得到反映。正像有人说的"人是脆弱的，绝对的权力使人绝对腐败"。

四、当今有人仍认为赫鲁晓夫全盘否定斯大林

人们都还记得，中国批赫鲁晓夫全盘否定斯大林的观点，是在1963年9月13日发表的《关于斯大林问题——评苏共中央公开信》中提出的。这正是我们党贯彻以阶级斗争为纲的基本路线的时期。后来，又给赫鲁晓夫扣上"现代修正主义的头号代表"的帽子。邓小平曾对澳大利亚共产党（马列）主席希尔谈到国际共运大论战时说："我们的错误不是在个别的观点，我们的真正错误是根据中国自己的经验和实践来论断和评价国际共运的是非，因此有些东西不符合唯物主义和辩证法的原则。"④ 在这样的背景下，对赫鲁晓夫所进行的浅层次的、不触及斯大林模式要害的改革横加批判，连赫鲁晓夫在改革经济体制过程中提出物质刺激、利润原则、改变官僚主义的农业计划制度等，"九评"都说成是在苏联复辟资本主义，是修正主义。

历史告诉我们，不论从哪方面来说，有关赫鲁晓夫全盘否定斯大林的论点是站不住的。坚持这一论点的人，认为这样就可以把苏联剧变归罪于赫鲁晓夫，因

---

① 《铁托在普拉的演说及有关评论》，北京：世界知识出版社1966年版，第78页。
② 转引自邢广程：《苏联高层决策70年》（第三分册），北京：世界知识出版社1998年版，第95—96页。
③ 参见《陶里亚蒂言论》第2卷，北京：世界知识出版社1966年版，第70页。
④ 《邓小平年谱》（下），北京：中央文献出版社2004年版，第944页。

为在这些人看来，否定斯大林模式，批判其弊端，就是意在否定社会主义制度，使中国走上苏东剧变的道路。这真是一种奇怪的逻辑，把因果关系全颠倒了。我国走中国特色社会主义的道路，正是为了突破斯大林模式，不走苏联的老路，这样才使中国取得了举世瞩目的成就。中国特色社会主义首先不是苏联特色。如果还搞斯大林那一套，那中国必然重蹈苏东国家的覆辙。要知道苏东剧变正是斯大林模式的失败。认识不到这一点，还无视俄罗斯人是为了重振大国地位的需要为斯大林强国主义歌功颂德的现实，而片面断言俄罗斯人经过反思对斯大林充满敬仰，掀起重新评价斯大林的高潮，甚至认为俄罗斯已经在"还斯大林伟大马克思主义者的本来面目"。如此必将误导国人，在客观上只能起到阻碍我国深化改革、干扰我们沿着中国特色社会主义道路前进的步伐。

作者单位：中国社会科学院俄罗斯东欧中亚研究所

苏共二十大"秘密报告"并非赫鲁晓夫个人之作

徐元宫

1956年2月24日深夜至25日凌晨,赫鲁晓夫在苏共二十大的最后一次会议上作了《关于个人崇拜及其后果》的报告,由于这次会议没有邀请外国共产党代表团出席,报告文本在大会结束之后长达几十年的时间里被禁止在苏联媒体上刊登,报告内容也以特有的宣读文件的方式向有限的人群——党的领导干部和党的积极分子传达,所以这个报告被世人称做"秘密报告"。在一个相当长的时间里,关于赫鲁晓夫所作的这一秘密报告,国内外学术界都盛传着这样一种观点:即赫鲁晓夫向此次代表大会作秘密报告,是出于赫鲁晓夫个人意愿的个人行为,也正因为仓促之间作出向代表大会作秘密报告的决定,赫鲁晓夫在作这一秘密报告的时候未及形成一份翔实而完整的书面报告,手中仅有一份提纲。比如1993年7月上海人民出版社出版的《苏联兴亡史》一书第518页指出:"……'秘密报告'的内容没有经过中央委员会主席团的审查,赫鲁晓夫作报告时手里拿着的仅仅是一份提纲,尚未最后形成文字"。时至近几年仍然有人继续秉承这种说法,声称"1956年苏共二十大,为斯大林唱了十多年赞歌的赫鲁晓夫突然调转枪口,大肆谩骂这位'自己生身的父亲'。赫鲁晓夫别有用心地诋毁斯大林造成了思想混乱,引发了广大群众信仰危机",似乎赫鲁晓夫在苏共二十大上作"秘密报告"完全是其别有用心的个人行为,"秘密报告"完全出自赫鲁晓夫一人之手。然而,俄罗斯解密档案文献证明:所有这些说法都不符合事实。不仅向代表大会作"秘密报告"不是赫鲁晓夫的个人决定,而是苏共中央委员会主席团的集体决定，而且在赫鲁晓夫作秘密报告之前就已经形成了翔实而完整的书面报告，并且苏共中央委员会主席团的其他成员还事先审读并就这份书面报告的进一步完善提出了各自的书面修改建议。

向代表大会作"秘密报告"是苏共中央委员会主席团的集体决定

1956年2月13日，即苏联共产党第二十次代表大会开幕前一天，苏共中央委员会主席团召开会议。俄罗斯国家现代史档案馆收藏了一份1956年2月13日苏共中央委员会主席团会议第188号会议记录摘要，这份摘要指出："关于召开苏联共产党中央委员会全会的问题。委托中央委员会第一书记 H. C. 赫鲁晓夫同志宣布苏联共产党中央委员会全会开幕。向中央委员会全会提出关于中央委员会主席团认为有必要在党的代表大会的秘密会议上作关于个人崇拜问题的报告的建议。确定 H. C. 赫鲁晓夫同志为报告人。"

上述1956年2月13日苏共中央委员会主席团会议结束几个小时之后，苏共中央委员会全会举行会议。俄罗斯国家现代史档案馆卷宗中保存有赫鲁晓夫签名的此次苏共中央委员会全会会议记录原件。这份文件不长，是用打字机打出来的，总共4页，前两页列举了参加会议的人员名单。一些被免除了职务的原苏联党和国家及军队重要领导人：前列宁格勒州委第一书记 B. M. 安德里昂诺夫、前内务部部长 C. H. 克鲁格洛夫、前海军总司令 H. Г. 库兹涅佐夫、前中央委员会书记 C. H. 沙塔林等人也应邀参加了此次会议。赫鲁晓夫宣布全会开幕并主持了会议。就是他一个人讲话并且讲得很短："我们需要就报告问题进行磋商并达成一致意见。日程安排已经由全会确定了，报告人也已经确定了——所有这些问题都解决了。与代表大会相关的其他问题，我们将在各代表团会议上解决。我们需要就报告问题达成一致意见。主席团研究了这份报告并且同意了这份报告。全会的委员们是怎样的意见呢？报告不是以主席团的名义作的，而是以中央委员会全会的名义作的。怎么样，全会将听取报告？"会议大厅里传来一片声浪："同意！明天听取报告！"赫鲁晓夫于是作出结论："那么我们将认为报告是由中央委员会全会作出的并且要求在代表大会上作这个报告"。这时，米高扬补充了一句话：

"全会委托中央委员会主席团讨论研究了报告。"

赫鲁晓夫接着说道:"还有一个问题需要在这里讲清楚。中央委员会主席团经过多次交换意见并研究了斯大林同志去世后的形势和材料之后感觉到并认为在党的第二十次代表大会上,在秘密会议上,以中央委员会的名义提出关于个人崇拜问题的报告是必要的。在主席团里我们商量好了:委托我——中央委员会第一书记来作这个报告。有没有反对意见?"没人提出反对意见,于是赫鲁晓夫说道:"这次全会应当解决的所有问题,我们已经解决了",接着他宣布会议闭幕。

这份苏共中央全会会议记录证明了由赫鲁晓夫向党的代表大会作关于个人崇拜问题的秘密报告是苏共中央委员会主席团的集体决定,而且这一决定得到了中央全会的同意。正如俄罗斯学者Ю. В. 阿克休京、А. В. 佩日科夫指出的那样:上述苏共中央全会会议记录首先证明了:"是否向党的代表大会作关于个人崇拜问题的报告这一问题在事先就已经得到了积极解决,而且决定由赫鲁晓夫亲自来作这个报告,并且是在秘密会议上作这个报告。"

苏共中央委员会主席团其他成员事先审读并修改过秘密报告

根据俄罗斯国家现代史档案馆解密文献来看,赫鲁晓夫曾将《关于个人崇拜及其后果》报告的最后文本分发给了苏共中央委员会主席团委员、候补委员以及中央书记们,他们在阅读了这个文本之后提出了各自的修改意见并且总体上同意了这份报告文本。从保存在俄罗斯国家现代史档案馆里的报告文本来看,上边被作了相当详细的种种修改,但是要确定究竟是谁作的修改,目前还比较困难。比如,在发给苏斯洛夫的那份报告文本中,用红色、蓝色等颜色的铅笔作了着重记号和修改。在这份报告文本中,除了文字编辑上的修改之外,还有相当有趣的标注:"瞧,竟然是'亲爱的父亲'!"在报告讲述反法西斯战争开始的时候相关情况的段落旁边,用蓝色铅笔标注道:"对未来的教训!"在报告讲述列宁格勒案件的那一部分内容的上边用蓝色铅笔作了批注:"1943—1944 年践踏了卡拉恰耶夫人、卡尔梅克人、印古什人和车臣人等民族的民族权利"。在报告的结尾部分提出了警告:"我们不可以在代表大会范围之外提出这个问题,更不用说在报刊上提出这个问题了",在结尾部分的边白处用蓝色铅笔补充了这样一句话:"不要向庸人露出伤口"。

在发给谢皮洛夫的那一份报告文本修改意见中则包含了这样一些建议:应当谈一谈蹲过监狱的罗科索夫斯基和戈尔巴托夫的情况,还应当加上梅列茨科夫的名字,应当讲一讲:"英国人(丘吉尔)预先通知了我们+苏联驻德国大使馆(杰卡诺佐夫)也预先报告了即将会爆发战争",应当用"关于工人阶级、农民、知识分子、妇女、青年——苏联人民和后方的作用"这些词语来补充一句话:即不是斯大林,而是整个党保证了战争的胜利。

报告文本的阅读者们还将赫鲁晓夫关于有一次他与斯大林会面的相关情况的回忆给删掉了:"每一位政治局委员都能就斯大林对待政治局委员的不逊态度讲出很多东西来。比如,我给你们举一个这样的例子:有一次,在斯大林去世前不久,斯大林将几位政治局委员召集到他那里去。我们来到他的别墅,开始讨论一些问题。事情的发生是这样的:桌子上有一大堆文件材料正好将我同斯大林的视线挡住了,以至于斯大林看不到我了。斯大林恼火地嚷道:'你干吗坐在那里,你是担心我会毙了你?不要担心,我不毙你,坐近些!'这就是他对待政治局委员的态度。"

上述档案文献充分证明:在赫鲁晓夫作秘密报告之前,就已经形成了秘密报告的书面文本,而且经过苏共中央委员会主席团其他成员的审读。正如俄罗斯学者 В. П. 瑙莫夫在《Н. С. 赫鲁晓夫在苏共二十大上的秘密报告的来龙去脉》一文中指出的那样,"2月23日,报告文本就完全准备好了"。

资料来源:

① Российский государственный архив новейшей истории (РГАНИ), ф. 1 (съезды КПСС), оп. 2 (ХХ съезд), д. 1-90.

② Российский государственный архив новейшей истории (РГАНИ), ф. 1, оп. 2, д. 3, л. 3-6, 10.

③ Российский центр хранения и изучения документов новейшей истории (РЦХИДНИ), ф. 556, оп. 14, д. 45, л. 2, 24-25.

④ Центр хранения современной документации（ЦХСД）,ф. 5,оп. 32,д. 45,л. 18,45; д. 46,л. 19,40,63,64,82,123,202,206-207,л. 217.

⑤ Наумов В. П. ,К истории секретного доклада Н. С. Хрущева на XX съезде КПСС ,Новая и новейшая история,1996,№4.

⑥ Аксютин Ю. В. ,Пыжиков А. В. О подготовке закрытого доклада Н. С. Хрущева на XX съезде КПСС в свете новых документов,Новая и новейшая история,2002,№2.

⑦ О культе личности и его последствиях. Доклад Первого секретаря ЦК КПСС Н. С. Хрущева на XX съезде партии ,Известия ЦК КПСС. 1989,№3.

⑧ Пыжиков А. В. XX съезд КПСС и общественное мнение,Свободная мысль – XXI. 2000,№8.

作者单位：中央编译局俄罗斯研究中心

历史之窗 >>>

一堂卫国战争历史课

郑异凡 译

  2007年俄国出版菲利波夫的《俄国现代史（1945—2006）》，引起俄国历史学界的激烈争论，随后此书也翻译成中文出版。不过我们始终不知道俄国的中学现在到底是怎样讲授历史的，教学法和对历史事件的看法是否因此发生了什么变化。苏联卫国战争胜利65周年前夕，俄国网站http：//www.polit.ru/institutes/2010/05/07/history.html.刊载了叶莲娜·斯特列尼科娃对奥伦堡一所中学九年级历史课教学过程的报道，这是一堂卫国战争历史课，老师是有33年教龄的高级教师尤里·尼古拉耶维奇·米纳金。此文读来颇有意思，第一，老师不是满堂灌，而是采用循循善诱的启发式教学；第二，观点明确，对历史事件的评价毫不含糊，反映出近四分之一世纪以来苏联史研究的进步。

  老师：大家好！请坐，请整理好自己的课桌，把不用的东西收起来。现在让我们回忆一下根本转折前的伟大卫国战争……至1943年2月2日，这时保卢斯投降，结束了斯大林格勒战役。请大家注意。让我们回忆一下伟大卫国战争中的一些最重要的事件。战争什么时候开始的？

  整个教室齐声回答：6月22日。

  老师：我们说好，谁也不要大喊大叫。

  女生：1941年6月22日凌晨4点钟。

  老师：那么，德国法西斯军队是朝哪些方向进攻的？

  男生：北部，中部，南部。

老师:"中央"集团军群进攻的是……

男生1:莫斯科。

老师:"北方"……

男生1:列宁格勒。

老师:"南方"……

男生1:基辅。

老师:接着说。我们从莫斯科撤退了。怎么会出现这种事?要知道,我们作了长期准备。你们记得工业化的年代吗?重工业——用于国防。红军怎么会撤退,遭受那么大的损失?

男生1和女生2同时:因为是突然袭击。

老师:等等,等等。你们的看法,请加以说明。

女生1:所有的装备都没有准备好。坦克、飞机……

老师:停。请坐下。谁再来说说?不过要简单明了。

女生2:斯大林认为,希特勒想先占领英国,然后进攻苏联……

男生2:还有……

老师:停。您打断人家的话了。没有让人把想法说完。

女生2:然而结果不是这样。希特勒立即进攻了苏联。

老师:是的。是突然进攻。斯大林深信:在摧毁和掠夺英国之前,希特勒不会冒险进攻苏联的。结果军队没有进入作战准备。是的,说得对。结果怎么样呢?

女生1:没有来得及把所有的后备藏起来。

老师:是的,没有来得及从受到威胁的地区撤退。西部战线的全部后备都被希特勒分子,法西斯分子拿走了。还有呢?

男生1:飞机。我们失去了飞机……

老师:是的。战争的第一天我们失去了1200架飞机。大部分是在机场直接失去的。它们已经来不及起飞了。战争的第一周我们失去5000架飞机。结果怎么样?德国人保障了……

男生2：制空权。德国飞机进行袭击，实现了集中力量实施打击的企图。

老师：对，完全对。还有。

男生3：我们担心来自日本的袭击。在远东部署了20个师。

老师：毫无疑问，这也是个原因。

男生4：德国的经验。它对胜利的信心。

男生1：我们是和联盟打仗。

老师：谁同法西斯德国一道作战？

男生1：意大利、匈牙利、罗马尼亚、芬兰。

老师：也是不小的力量，对不对？至于芬兰同我们作战，是我们的过错，大家同意吗？

男生4：1939—1940年的战争。我们发动了这场战争。这是侵略战争，国联为此开除了我们。

老师：全都正确。很好。还有原因。你们忘记最主要的了。失去了对军队的控制，开始了混乱的退却。1941年有300万人被俘。我们失去了全部基干部队。力量对比变得有利于法西斯德国。还有一个原因你们没有提到。谁来说说？

男生3：寻找罪魁祸首。

老师：对。在开始退却的时候，又开始寻找罪魁祸首。把西方战线的司令枪毙了。是的，斯大林找到了罪魁祸首。不过我们现在要说的不是这个，而是战前的事。战争前夕出现了什么情况？

男生1：在波兰的事件？

老师：不是。

男生2：大规模镇压？

老师：是的。大规模镇压削弱了军队，这意味着什么？

男生4：只剩下没有经验的青年军官。80%的指挥员遭到镇压。5名元帅中3名遭到镇压。

老师：不过还有来不及枪毙的——梅列茨基、罗科索夫斯基，他们被放出来归队了。在这里我想提请注意一点。问题甚至不在于什么人被枪毙了。再说一遍，有些人没有被枪毙，许多人回到了部队。问题在另一方面：恐惧！恐惧束缚了主动性。指挥员害怕承担责任。在极权体制下，下级绝对服从上级指挥员的意志，谁也不愿承担责任。你们很难想象，有多少大大小小的事不得不由斯大林亲自决定！因为害怕不经过他而承担责任！所以当失去对军队的控制的时候，我们不能独立行事。在那种体制下这种恐惧是可以理解的。这也是一个重要的因素。

好的。现在再说说一件不愉快的事。我们大家都知道，在波罗的海国家，在乌克兰，在西乌克兰，出现一种把曾经站在法西斯德国一边战斗的人员英雄化的现象。为什么部分居民欢迎德国人？

男生1（犹豫地）：也是由于镇压。

老师：孩子们，不管多么可悲，战争初期部分居民欢迎法西斯分子，这是我们自己的过错。要知道，那时还不知道他们所干的和还要干的那些可怕的暴行。不过，西乌克兰、西白俄罗斯、波罗的海加入苏联后，在这里开始了社会主义改造，采用的是什么样的方法？

男生：侵略性的。

老师：不对。是另一种，采用了……

男生2：斯大林的方法。强制集体化和镇压。

老师：对了。这样我们就使相当部分的居民来反对我们。我们必须理解这一点。但决不能据此把法西斯帮凶英雄化。我们继续讲下去。扼要说说莫斯科战役。

女生3：德国人攻到莫斯科城下。只剩下25公里了。政府已经准备撤离首都。外交使团撤往萨马拉。已经安排好，我们交出莫斯科。已经布好雷，开始筑壕沟……

老师：停停。我们不谈细节。莫斯科战役分为两个阶段。第一个阶段……

女生4：德国人进攻。

老师：而第二个阶段？

女生4：反过来，进攻。

老师：反……

历史之窗

女生4：……攻。

老师：苏联军队反攻。我们是什么时候在莫斯科城下转入反攻的？

几乎齐声回答：1941年12月5日。

老师：莫斯科战役的意义，谁来说说？

女生：打破法西斯军队不可战胜的神话。

男生：保住了首都。

老师：总之，没有神话。神话就是闪电战计划被彻底摧毁了。好的。不过请回答：莫斯科战役难道没有促使被法西斯分子征服的各国发生解放运动的高涨？（孩子们有点茫然……）毫无疑问！这时候最终形成了反希特勒联盟。哪些国家加入了反希特勒联盟，同法西斯德国打仗？

男生：英国！

老师：请不要喊叫。请说。

女生：美国和英国。

老师：还有许多其他国家，但首先是英国和美国。说得全对。不过什么时候开辟第二战场的？

男生1：1944年。

老师：好样的，我们在课堂上还没有讲到这一点，而你已经知道了。是的，直到44年。盟国拖延了第二战场的开辟。丘吉尔解释说，没有渡海工具。我认为……

男生：他珍惜自己的士兵。

老师：珍惜自己的士兵……我同意。不过，我认为他们还是怕德国人。他们怕德国人。好，讲下去。斯大林格勒战役。什么时候？

男生3：什么战役？

老师：斯大林格勒。

女生：5月……

男生3：1942年9月。战斗在城市开始。

老师：我们军队的反攻什么时候开始的？

女生和男生同时：11月19日。

老师：而战役结束是……

女生：11月27日。

老师：不对。

女生：噢，是1943年2月2日。

老师：1943年2月2日发生什么事了？

齐声：投降了。

老师：孩子们，现在向你们提几个问题。说说你们的看法。1942年我们遭受了痛苦的退却。红军又向伏尔加河后退了几百公里。你们如何解释德国人能重新突破我们的防线向伏尔加河推进？在莫斯科附近取得辉煌胜利之后，怎么会出现这样的悲剧？

男生：我们的大部分力量集中在中部战线。而希特勒把自己的兵力投放到南方的斯大林格勒。

老师：为什么会这样？谁解释一下德国人的成功？

男生1：苏联军队害怕希特勒。

老师：不对。这说得不对。

男生2：这是我们指挥的战略错误。首先是斯大林。斯大林认定德国人会继续进攻莫斯科。而德国人准备向我国的南方进攻。

老师：这是可怕可悲的错误，它让我们付出数十万生命的代价。在退却的过程中斯大林发布了第227号命令。

女生：不准后退一步。

老师：这个命令直到1989年才在我国军事历史杂志上首次公布。你们关于著名的第227号命令知道些什么？请吧。

女生：胆小鬼、叛徒一律枪毙。

男生：我可以说吗？在没有命令后退的条件下……

女生：啊……是，是，是！

男生：……可以枪毙自己的士兵。

男生 1：还在我军后面挖掩体。

男生 3：特别处人员枪毙我们的人。

老师：不得后退一步。长官可以就地枪决胆小鬼、惊慌失措者。如果指挥员、政工人员没有命令就后退，把他们遣送到哪儿去？

男生：送往"热点"。

老师：送往"热点"……送往惩罚连和惩罚营，这些连营被投放到……

男生：……最危险的地方。

老师：是的，最危险的地方。去突破敌人的防御阵地。还有一点你们忽略了。在我们部队后面……

男生 1：还有特别处人员。

老师：不是特别处人员。他们叫什么……（教室寂静无声）阻截队。

男生 1：他们还有一个任务，第一道防线遭突破后，他们用自己的力量填补缺口。

老师：我问过父亲，他们怎么看待阻截队。他说："正常。我们现在知道了：没有命令不得向左向右退却。"也许战争中需要这种整治法，当然……虽然这很可怕。战争本来就是可怕的东西。

现在我们开始新课。库尔斯克战役。请记下：完成根本转折。时间是：1943 年 7 月 5 日至 1943 年 8 月 23 日。请注意！大家是不是都准备好听课了？苏德战场在春天寂静下来了。苏联情报局经常报告：战场上没有什么大事。

  课堂上剩下的 15 分钟多半是老师的独白。尤里·尼古拉耶维奇竭力吸引孩子们来对话，让他们思考、预测和分析。孩子们对多数问题都有反应。对历史，特别是军事事件，我们的男孩们比女孩们更感兴趣。诚然，在这里也可以看出，将近 20 名九年级学生中，在课堂上真正感兴趣的不会超过 10 个人。

译者单位：中央编译局俄罗斯研究中心

朝鲜战争中的苏联空军援助

——以俄罗斯解密档案文件为根据的解读

徐元宫

2010年是朝鲜战争爆发60周年。60年前爆发的这场战争是第二次世界大战结束后卷入国家最多的一场局部性世界大战，第一个社会主义国家苏联以及当时刚刚赢得民族独立和解放的中华人民共和国都卷入了这场战争。由于种种原因，有关朝鲜战争的一系列问题在相当长的时期里成为了一个个令人费解的谜。随着相关档案文献，特别是苏联解体后俄罗斯档案文献的陆续解密，有关朝鲜战争的一系列令人费解的问题逐步得到了阐释。朝鲜战争中苏联方面对中朝军队提供空军援助问题，就是此类问题之一。本文拟以俄罗斯解密档案文献为根据解读这一问题。

朝鲜战争中苏联空军的"禁忌"

在60年前爆发的朝鲜战争中，苏联方面曾对中朝军队提供了从人力到物力的重要援助，援助内容之一就是派遣苏联空军驾驶苏联飞机直接参与朝鲜战争。

不过，在朝鲜战争爆发之前以及战争初期，苏联领导人在是否派遣苏联空军参与朝鲜战争问题上颇为踌躇。1950年10月10日至11日周恩来代表中国政府与苏联领导人斯大林在苏联商谈期间，斯大林曾表示苏联方面需要"待两个月或者两个半月"才可以出动苏联空军支援中朝军队作战。① 不久，当斯大林获悉中

---

① 参见李海文：《中共中央究竟何时决定志愿军出国作战？》，载《党的文献》1993年第5期。

国领导人已经决定派遣中国人民志愿军援朝的消息后，又让莫洛托夫通知中国方面：苏联空军只能在鸭绿江北岸中国境内驻防，两个月或两个半月之后苏联空军也不准备进入朝鲜境内掩护中朝军队作战。①

然而，随着战事的变化，斯大林的上述态度发生了变化。事实上，当中国人民志愿军入朝并且于1950年10月25日打响第一场战役之后，苏联空军很快就参与了保护中朝边境以及重要交通线和飞机场的空战，并且深入朝鲜境内作战。根据俄罗斯解密档案文献来看，1950年11月1日，也就是中国人民志愿军打响入朝后的第一场战役一个星期后，苏联空军的米格-15战斗机就出现在朝鲜的上空了，根据收藏在俄罗斯联邦总统档案馆里的一份档案文件《扎哈罗夫致斯大林电（1950年11月2日）》来看，苏联空军飞行员是在安东—新义州地区投入空战的，"我们的飞行员用米格-15飞机击落了两架F-82，另两架飞机是被高射炮击落的。共计击落4架飞机。在空战中，我方没有损失飞机。"② 第一次空战后不久，苏联空军就在驻守沈阳地区的第151和第324两个歼击机师的基础上组建成立了第64歼击机航空军，其主要任务是保护鸭绿江上的战略桥梁、重要发电站、大坝等水利工程以及中朝边界往南75公里范围内朝鲜民主主义人民共和国境内的交通线和飞机场。

苏联空军之所以被确定在中国境内以及"中朝边界往南75公里范围内"的北朝鲜领空活动，是因为莫斯科惟恐苏联空军参与朝鲜战争被美国等西方国家获悉，进而被美国抓住把柄而引发一场美苏之间的直接战争，因此莫斯科竭尽全力对苏联空军参与朝鲜战争一事采取高度保密措施：苏联空军的米格-15战斗机被涂上了中国空军的标志，苏联飞行员被严禁在黄海上空与敌作战，并且严禁飞越平壤—元山一线往南追击敌机，也就是说严禁苏联飞行员飞越北纬39度线，尽管1951年双方的战场主要稳定在北纬38度线。这些顾忌和禁令自然影响和约束了苏联空军作战效能的充分发挥，时间一长美国空军也看出了门道，便充分利

---

① 中共中央文献研究室编：《建国以来毛泽东文稿》第1册，北京：中央文献出版社1987年，第559—560页。

② АПРФ, ф. 45, оп. 1, д. 335, лл. 71-72.

用苏联空军方面的这一禁忌：每当遭遇对自己不利的战情时，美国战斗机就会立刻飞往大海方向，并且从海上选择有利时机、占据必要而恰当的高度重新投入战斗，或者大大方方、没有阻碍地撤出战场。

苏联空军在朝鲜战争中功勋卓著

随着中朝军队越过三八线向南挺进，而苏联空军又受到空战作战半径的严格限制，中朝军队在南下的过程中遭受了严重损失。情势迫切需要苏联空军第64歼击机航空军的驻扎基地由中国境内转场到朝鲜境内。彭德怀于1951年2月24日向苏联有关方面提出了这一要求，但遭到拒绝。于是彭德怀请求毛泽东直接向斯大林本人提出这一要求。3月1日，毛泽东在致斯大林的密电中指出："最好是将苏联空军从现在驻扎的机场转到位于朝鲜境内的机场"，"如不采取上述措施，则位于朝鲜境内的机场无法加以修复，中国空军也就不可能在朝鲜作战，坦克和火炮的转移将会遭遇严重困难……"① 3月5日，斯大林复电毛泽东："如果您能够在安东地区留两个中国空军师掩护当地的电站和交通线的话，我们同意将别洛夫将军指挥的第151和第324两个歼击机师的驻扎基地转移到朝鲜境内去，以便掩护中国和朝鲜的后方。如果朝鲜人已经有一条钢板飞机跑道，我们可以从苏联再提供两条钢板跑道。"② 3月15日，斯大林又一次电告中国领导人：除了"在前一封电报中，我们采纳了您关于将别洛夫的空军基地转移到朝鲜境内你们部队的后方去的建议"外，"由于即将到来的重大战役，你们必须有尽可能多的歼击机在前线。因此，我们决定从苏联再调拨一个大型歼击机师到安东去，以便两个原定掩护安东的中国歼击机师调往前线"。③

尽管后来由于美国及其盟国的轰炸机屡屡破坏，在朝鲜境内修复机场的工作进展不顺利，苏联空军第64歼击机航空军未能将其驻扎基地由中国境内转场到朝鲜境内，但是苏联空军在朝鲜战争期间还是建立了不朽功勋。根据俄罗斯联邦

---

① АПРФ, ф.45, оп.1, д.337, лл.78–82、89、118.
② АПРФ, ф.45, оп.1, д.337, лл.78–82、89、118.
③ АПРФ, ф.45, оп.1, д.337, лл.78–82、89、118.

国防部中央档案馆收藏的一份档案文件,即苏联空军第64歼击机航空军司令员呈交给苏联空军司令部的书面报告来看,最艰难、但同时又最富有成效的空战发生在1950—1951年,这期间共计击落敌机564架;1952年空战战果略有降低,共计击落394架敌机;在1953年的7个月的时间里,共计击落139架敌机。在整个朝鲜战争时期,苏联空军共计击落1097架敌机,高射炮兵共计击落212架敌机。根据俄罗斯联邦武装力量总参谋部统计的数据,苏联空军在朝鲜共计损失了335架飞机和120名飞行员,而在整个朝鲜战争中共计损失了299名苏联军人。①

    不过,美国方面的统计数据与苏联方面的统计数据有些出入。据美国方面的统计数据来看,美国的盟国共计击落976架敌机,而自己损失了1986架飞机。其中因为敌人的作战行动损失1041架飞机,因为其他原因损失945架飞机;人员损失为1729名,其中在空战中被击毙的有1144人,负伤的有306人,失踪的有30人,被俘的有249人。而在苏联米格-15战斗机与美国空军歼击机空中厮杀的过程中,根据美国方面统计的数据来看,美国歼击机共计击落792架米格战斗机,而自己损失139架飞机,其中包括78架F-86。俄联邦国防部战争史研究所高级研究员奥尔洛夫·亚历山大博士认为,美苏双方有关米格飞机损失情况的统计数据之所以会出现如此大的差别,主要因为:一、美国人过低地估计了苏联喷气式歼击机的性能和顽强生命力,很多情况下美国人以为苏联歼击机被击落了,其实不然。二、缺少经验的中国和朝鲜飞行员驾驶的米格-15战斗机也被美国人算在苏方损失之列了。②

美苏双方一度都对此保持缄默

    需要指出的是,虽然苏联领导人竭尽全力对苏联飞行员和高射炮兵参与朝鲜

---

① А. С. Орлов. Советская авиация в корейской войне 1950—1953 гг., Новая и новейшая история, 1998, No 4.

② А. С. Орлов. Советская авиация в корейской войне 1950—1953 гг., Новая и новейшая история, 1998, No 4.

战争采取高度保密措施，可是美国方面仍然获悉了苏联人直接参与朝鲜战争的相关情况，不过华盛顿在整个朝鲜战争期间对此一直保持沉默。美国人为什么这么做呢？朝鲜战争时期负责美国国务院政策规划工作的保罗·尼采在多年之后指出：他们准备了一份秘密文件，这份秘密文件对所有赞同和反对公布苏联人直接参与朝鲜战争的意见和看法进行了翔实分析和研究，最终美国政府得出结论：必须向公众保守苏联人直接参与朝鲜战争的秘密，因为一旦公众获悉这一情况，朝鲜战争将势必会升级，并且有可能会酿成核大战。这种担忧迫使美国领导人对苏联人直接参与朝鲜战争的相关情况最终选择了沉默态度。

作者单位：中央编译局俄罗斯研究中心

历史之窗 >>>

俄罗斯联邦档案文件解密状况考察

徐元宫

苏联解体后，苏联时期的大批档案文件得以解密。由于社会转型过程中相关法律的缺失，最初俄罗斯联邦档案文件的解密机制很不完善。随着俄罗斯经济日渐复苏和社会逐渐趋向稳定，俄联邦档案文件解密工作开始步入法律化轨道，档案文件能否解密及何时解密必须根据专家委员会集体鉴定的结果来决定。同时，俄罗斯档案文件管理机构顺应广大学者和研究人员的要求，及时向社会各界公布档案解密信息。正是在这些解密档案文件的基础上，俄罗斯历史学者及其他国家的广大学者对苏联历史和苏共历史的研究才得以进入一个崭新天地，一个个新的研究领域才得以开拓，一批批高质量的学术著作才得以问世。

俄罗斯档案文件解密历程

俄联邦档案馆里究竟收藏了多少档案文件？俄学者帕·塔·费奥多罗夫娜在2007年撰文指出："俄罗斯丰富的档案资料就其对世界历史和世界文化的意义而言超过了世界很多国家所收藏的档案资料。俄罗斯档案卷宗是俄罗斯国家信息资源的组成部分之一，截至2004年1月1日，俄罗斯档案卷宗包含了21400万件档案，其中4090万件档案收藏在俄罗斯联邦政府级档案馆里。"

1991年8月俄罗斯民主化的实际成就之一是国家消除了书报检查的禁锢，开放了档案，并且首先开放了苏联共产党的档案，而这些档案早先是研究人员和档案使用者们无法接触到的。截至1992年，俄罗斯国家级档案馆和自治市级档案馆共解密了260万件档案，在接下来的13年间（1992—2005年）又解密了1000

万件档案。这些档案文件的解密是由各个不同委员会办理的，办理的方式方法也不尽相同。

俄罗斯拥有国家级档案馆及在原苏共各档案馆的基础上建立的各档案中心，其档案文件的解密是根据《关于俄联邦档案卷宗和档案馆基本法则》、1992年1月14日俄罗斯联邦总统叶利钦签发的《关于保守俄罗斯联邦国家秘密》第20号命令、1992年4月2日俄罗斯联邦政府《关于保守俄罗斯联邦国家秘密的问题》的决议以及《关于使用档案文件的办法及使用规则》的暂行规定办理的。这些法规或决议明确规定了档案文件的解密程序，各档案馆有权解密有关苏共机关工作活动的档案文件。俄联邦总统直接管辖的一个特别档案委员会首先解密了苏共中央机关的档案文件，为俄联邦宪法法院审理苏共有关案件提供证据。1991年至1992年解密的档案文件，通常是零散的并带有耸人听闻的轰动效应，其中很多档案文件被转发到大众媒体上。这样，无论是俄罗斯国内还是国际社会都开始了解这些解密档案。

1993年通过的《俄联邦国家秘密法》使档案文件的解密工作纳入了法制化轨道，确定了国家政府机关和各档案馆在档案文件解密工作中的权能。被授予全权的俄罗斯技术委员会协同俄联邦档案局，研究制定了有关被撤销的且没有继承者的组织（尤其是苏共机关）的档案文件以及有关苏联政府档案文件的解密机制。根据法则，包括俄联邦财政部、计量标准化委员会等在内的各部委负责人，将解密各自在苏联时期的前任所遗留下来的档案文件的权能，转交给了俄联邦国家档案馆和俄罗斯国家经济档案馆负责人。但是，这种做法很快就停止了，因为俄联邦国家权力机构不止一次地改组，使得一些机构已经不是前苏联或俄联邦权力机构的合法继承者。

根据1994年9月22日俄联邦总统的命令，组建了苏共档案文件解密委员会。经过该委员会的努力，大批整套的或者经过挑选的专题档案文件被解密。从1994年11月至1997年7月，该委员会举行了30次工作会议，完全解密的卷宗档案文件达10.2432万件，部分解密的有826件，同时还解密了数千件专题档案文件。在这些解密档案文件的基础上，一系列出版物得以问世，比如《共产国际与第二次世界大战（第1卷）》（1994）、《俄共（布）、联共（布）中央政治局和共产国际（1919—1943）》（2004）等。与此同时，原苏联国防委员会的大批档案文件也得以解密。

为了有组织地解密苏共档案文件，1998年俄联邦各部委保守国家机密联合委员会成立，逐渐取代原苏共档案文件解密委员会所承担的工作。根据俄联邦总统叶利钦1998年4月11日命令，该联合委员会开展了大量的工作，解密了保存在俄联邦总统档案馆里的与斯大林的生活和工作相关的档案文件，结果有1445件卷宗档案解密。2001年6月2日，俄联邦总统普京签发第627号总统令，正式撤销苏共档案文件解密委员会，并将其职能移交给俄联邦各部委保守国家机密联合委员会。这就为有组织地、有步骤地解密那些仍然保存在俄联邦总统档案馆、俄联邦国家档案馆、俄罗斯国家社会政治史档案馆和俄罗斯国家现代史档案馆的原苏联政府及苏共中央机关的档案文件创造了条件。由于该联合委员会积极开展工作，大批档案文件被解密，这就使得整个社会对苏联时期大范围镇压活动的规模及其后果作出恰如其分的评价有了可能，也使得社会各界对苏联人民在工农业社会主义改造运动和伟大的卫国战争中所付出的惨痛代价作出客观评价有了可能。

俄罗斯档案文件解密工作中存在的问题及其应对措施

俄罗斯历史学家普遍认为，未来在现代史研究领域能否取得重大进展，将取决于相关的档案文件能否尽快解密。就目前状况而言，档案文件的解密，特别是苏共中央机关、苏联部长会议、苏联国家计划委员会、苏联的各个部委档案文件的解密，还不能完全满足俄罗斯及其他国家广大学者和研究人员的研究需要。这些年来，档案文件解密的方式方法、专家鉴定小组的构成、解密速度等方面存在的问题，其实都不利于苏联时期的档案文件的大规模解密。比如 B. M. 日沃夫等学者就撰文指出，今天，无论是俄罗斯学者还是其他国家的学者对于有关俄罗斯保守国家秘密的立法及档案文件解密的实际状况不甚清楚，并抱怨说，"在戈尔巴乔夫和叶利钦时代对国人敞开的历史窗口又关上了。"

其实，有些俄罗斯档案文件原先已经被解密了，但是后来却又被重新置于保密状态。俄学者帕·塔·费奥多罗夫娜对这种现象的解释是："1992年俄罗斯国家社会政治史档案馆和俄罗斯国家现代史档案馆解密的档案文件，不是正规的、正式的解密，因为解密必须以撤销原先设置的密级为前提条件，但是在立法解决保守俄联邦国家秘密问题和通过《国家保密法》之前，原先苏共档案馆的很多档案文件未经专家鉴定就对外开放了，随着《国家保密法》的生效和有关解密问题的规则的制定，档案文件能否解密需要根据相关委员会的决议和相关法令来办理，而此前所谓的'自动解密'的弊端已经暴露无遗。"

在这种状况下，苏共档案文件解密委员会开展了大量工作，来讨论研究收藏保存在俄罗斯国家社会政治史档案馆和俄罗斯国家现代史档案馆里的哪些苏共档案文件可以解密。由于需要授权专家对档案文件能否解密及何时解密作出鉴定，所以并非所有的档案材料都得到了解密。部分俄罗斯学者认为，俄罗斯法律中没有"重新恢复密级"这一概念，一系列原先可以让广大学者和研究人员接触和使用的档案材料又重新被置于保密状态这一事实，"可以看转型时期应付的学费和代价，是20世纪90年代初在相关法律和规则缺失的情况下急于解密档案的心理造成的"。

针对档案解密过程中出现的问题，俄罗斯历史学家和广大学者探讨并提出了应对建议。他们指出，档案文件能否解密及档案文件的保密期究竟为多长时间，这不仅需要专家来鉴定，而且应当由专家集体"会诊"后再作出结论。比如，俄罗斯科学院通讯院士科·弗·彼得罗维奇就持这种观点。

2005年6月1日，俄联邦各部委保守国家机密联合委员会研究讨论了"档案文件解密工作现状及其改进措施"的问题，认为目前无论是俄联邦档案局还是其他国家级档案馆不仅不是档案解密进程的积极参与者，而且也未能对档案文件解密的规模、速度、方式方法产生重要影响。

俄罗斯学者帕·塔·费奥多罗夫娜在2007年认为："根本改变现状的办法在于：既要加强专家对档案文件密级的鉴定工作，又要改变苏联时期党的机关所创建的档案文件的解密工作机制。"为了让各档案馆和科研学术单位及时了解1998年至2006年各联邦级档案馆档案文件解密情况，俄罗斯联邦档案局出了7期档案解密信息公报，并将这些信息公报的内容发布到网络上，便于公众查阅。

资料来源：

① В. П. Козлов. Проблемы доступы в архивы и их использования. Новая и новейшая история. 2003. № 5.

② В. П. Козлов. Как российские архивисты спасали архивы похороненного СССР. Новая и новейшая история. 2007. № 3.

作者单位：中央编译局俄罗斯研究中心

《《《 俄罗斯问题研究（2010）

俄罗斯公开发布卡廷事件档案

高晓惠

2010年4月28日，根据俄罗斯总统梅德韦杰夫的决定，俄国家档案馆在其网站上以扫描的彩色图片形式发布了卡廷事件第一卷档案文件的原件。有关卡廷事件的档案文件，在叶利钦时期已部分解密并向波兰方面转交过副本。

所发布的第一卷档案的目录上列有7份共15页文件。这7份文件中最重要的是第一份文件，其他文件都与此相关。

第一份文件，是内务人民委员贝利亚1940年3月5日给斯大林的报告。该报告建议对关押在苏联内务人民委员部战俘营以及乌克兰和白俄罗斯西部监狱中的波兰公民采用极刑——枪决。这是证明斯大林领导集团对枪杀波兰人事件负有罪责的主要文件。在该文件的文字上有斯大林、伏罗希洛夫、莫洛托夫和米高扬的签名。在页边还有负责政治局会议记录的工作人员写的加里宁和卡冈诺维奇的签名。

第二、三份文件是两份联共（布）中央政治局1940年3月5日作出的有关贝利亚建议的决议的速记记录摘录。前者是给贝利亚的，后者是在1959年2月27日提供给当时的克格勃主席谢列平的。

第四份文件是一份载入1940年2月17日至3月17日"特别卷宗"的联共（布）中央政治局会议速记记录的第9、10页，上面有将这两页销毁的建议。

第五份文件是克格勃主席谢列平1959年3月3日给赫鲁晓夫的报告。报告建议销毁1940年根据苏共中央主席团（即政治局）决议草案被枪决的波兰公民的登记案卷。报告认为，"由于这份文件对于苏联机关已经没有任何意义，也没有历史价值，以及对于我们的波兰朋友也没有实际意义，相反如果解密可能会导致我们不愿意看到的后果发生"，因此建议销毁。

第六、七份文件是两张便条。一张是有苏共中央特别部一处工作人员B.加尔金签名的苏共中央领导人了解第一卷档案文件情况的便条，这张便条上显示苏共中央总书记契尔年科、安德罗波夫和戈尔巴乔夫（通过瓦·博尔金）都曾借阅过这份文件。另一张是第一卷档案的目录页。目录页上显示有三份文件：1940年3月5日政治局会议决议（2份）和记入"特别卷宗"的第9、10页；1940年3月贝利亚给斯大林的报告；1959年3月3日谢列平给赫鲁晓夫的报告。在这页的右上角写有"绝密"、"特别卷宗"字样，右下部分写有"苏共中央特别部六处档案。未经苏联总统办公厅领导人许可不能打开卷宗。1991年12月24日"的字样。

所发布的这第一卷档案文件载于俄罗斯国家社会政治史档案馆第17全宗，第166目录，第621卷宗，第128—140张。

资料来源：

http：//rusarchives.ru/publication/katyn/spisok.shtml

作者单位：中央编译局俄罗斯研究中心

中央编译局俄罗斯研究中心简介

中共中央编译局俄罗斯研究中心于1999年11月3日正式成立,是中共中央编译局最早成立的局属非实体、非营利性的学术研究协调组织之一。创办人和第一任主任为原副局长李兴耕,第二任主任为局原秘书长张海滨,第三任主任为局秘书长杨金海,现任主任为徐向梅研究员。俄罗斯研究中心的日常事务最初由中央编译局世界社会主义研究所负责管理。2011年因机构调整,俄罗斯研究中心的日常事务转由世界发展战略研究部负责。现中心成员以世界发展战略研究部国际发展研究处同志为主,还吸收了本局马克思主义研究部、马列著作翻译部、中央文献翻译部和马列主义文献信息部从事相关问题研究和翻译的部分同志。

中心宗旨是依托和整合中共中央编译局俄罗斯问题研究及编译方面的力量,广泛联系国内外相关学术机构及研究人员,从事有关俄罗斯兼及中东欧和中亚历史与现状问题的研究,重点是当前俄罗斯政治、经济、社会领域中的重大现实问题及政党、思潮、流派的理论与实践,为中央决策机构服务。

中心成立以来主要开展了以下工作:

(一) 国际国内学术交流

中俄经济社会发展比较论坛是由中共中央编译局和俄罗斯圣彼得堡大学联合创办的国际学术交流平台,合作具体事宜由我局俄罗斯研究中心负责协调和组织。目前论坛已经形成中俄双方的长期合作机制,从 2003 年至今已分别在中俄两国举办十一届国际会议,针对中俄两国社会、政治和经济发展的重要问题进行深入探讨。

第一届,2003 年 11 月在中央编译局举行,主题是:《市场经济与公民社会》;

第二届,2004 年 6 月在圣彼得堡大学举行,主题是:《市场经济与社会公正》;

第三届,2004 年 11 月在南京师范大学举行,主题是:《政治改革与社会稳定》;

第四届,2006 年 10 月在圣彼得堡大学举行,主题是:《俄中社会政治发展模式比较》;

第五届,2007 年 11 月在山东大学举行,主题是:《社会转型与政党的变迁》;

第六届,2008 年 10 月在圣彼得堡大学举行,主题是:《中俄社会分化及其政策有效性》;

第七届,2009 年 10 月在天津师范大学举行,主题是:《多民族国家民主政治建设中的政治稳定问题》;

第八届,2011 年 5 月在中央编译局举行,主题是:《民主与现代化——有关 21 世纪的挑战》新书发布会暨"多民族社会的民主制度"国际学术研讨会;

第九届,2011 年 11 月在圣彼得堡大学举行,主题是:《俄罗斯与中国现代化的比较分析》;

第十届,2012 年 10 月在中国青年政治学院举行,主题是:《全球化背景下的中俄青年问题》;

第十一届,2013 年 10 月在圣彼得堡大学举行,主题是:《社会发展与生态文明》。

参加论坛的包括中国、俄罗斯、美国、日本、德国等许多国家的知名学者,以及部分政界和社会人士。论坛在国内外产生良好的社会影响。其中 2011 年 5 月的第八届论坛——《民主与现代化——有关 21 世纪的挑战》新书发布会暨"多民族社会的民主制度"国际学术研讨会，被作为重要学术事项在当年秋季的俄罗斯雅罗斯拉夫尔总统论坛上做了专题介绍。

此外我中心还独立或与国内其他学术单位联合举办了多次学术研讨会，针对苏联历史问题、俄罗斯当前形势进行深入探讨。比如：

2000 年与中央党校党建研究部召开两次关于俄罗斯国家杜马选举的讨论会；

2001 年 6 月，与上海华东师大俄罗斯研究中心在上海联合举办"俄罗斯社会转型学术研讨会"；

2002 年 12 月，在编译局主办"普京时代的俄罗斯"学术研讨会；

2007 年 9 月，与南京师范大学及中国社会科学院马克思主义研究院在南京联合举办了"十月革命与东方社会主义"国际学术研讨会；

2007 年 10 月，与北京大学国际关系学院、北京市共运史学会在昌平联合举办"从十月革命到中国特色社会主义道路——纪念十月革命 90 周年"学术研讨会；

2013 年 9 月，在编译局主办"《苏联史》新书发布会暨苏联历史重要问题研讨会"；等等。

与此同时，中心经常邀请一些国外知名学者和政治家来我局访问并作学术报告。如：俄罗斯著名学者罗伊·麦德韦杰夫、亚·布兹加林、弗·伊诺泽姆采夫等。

中心还不定期举办中心成员内部科研成果汇报交流会，互相通报各自的研究领域、成果以及相关信息，并对苏联历史问题、叶利钦和普京时代的俄罗斯政治、经济与社会问题交流看法。

中心不定期邀请俄罗斯专家与中心成员共同举办俄语沙龙，目的是提高中心研究人员的俄语交流水平，加强信息沟通。俄语沙龙至今已成功举办近 30 场。

(二）出版期刊

俄罗斯研究中心在2000年曾经编辑出版5期《俄罗斯研究信息》内刊，后因经费问题停刊。2010年，在中央编译局社科基金和东方历史学会（北京）的大力支持下，中心决定重新启动这项工作，开始不定期组织编辑出版内部杂志《俄罗斯研究信息》。

《俄罗斯研究信息》长期辟有热点聚焦、政党政治、社会经济透视、中东欧观察、历史之窗、信息园等栏目，及时反映俄罗斯以及中东欧和中亚国家当前政治、经济和社会发展的最新动态以及学术研究动态，以及苏联历史研究的一些新材料和观点。为这个刊物撰稿和提供资料的除了我局的研究和翻译人员外，还有国内外学术研究机构及高校的专家学者和翻译工作者。

《俄罗斯研究信息》每期2.6万字左右，从2010年至2013年底已编辑出版34期，近90万字。杂志以内部赠阅方式发行，赠阅范围涵盖中央政策研究室、国务院研究室、中联部、外交部等中央国家有关部委，中国社会科学院、中央党校和高等院校相关学术单位和学者。《俄罗斯研究信息》出版后受到中央有关部门、学术机构、同行专家学者的好评，目前已成为我中心与国内学术界交流的重要平台。

（三）学术研究

中央编译局俄罗斯研究中心的工作重点是俄罗斯当代政治、经济、社会问题以及苏联历史问题的研究和重要文献译介。

下面是我局科研人员近年有关俄罗斯和苏联历史方面的专著、编著和译著（1996年至今，不完全统计，不含我局人员参加外单位著作）：

1.《苏联史》，共9卷，2013年出版5卷（郑异凡主编，北京：人民出版社2013年版）

2.《雾霭——俄罗斯百年忧思录》（述弢译，北京：社会科学文献出版社2013年版）

3. 《民主与现代化——有关 21 世纪挑战的争论》（徐向梅、高晓惠、李铁军、彭晓宇等译，北京：中央编译出版社 2011 年版）

4. 《苏联真相——对 101 个重要问题的思考》（郑异凡为五位主编之一，北京：新华出版社 2010 年版）

5. 《布哈林文选》（郑异凡编，北京：人民出版社 2010 年版）

6. 《托洛茨基文选》（郑异凡编，北京：人民出版社 2010 年版）

7. 《列宁传》（季正聚著，北京：人民日报出版社 2009 年版）

8. 《斯大林传》（戴隆斌著，北京：人民日报出版社 2009 年版）

9. 《马克思人学思想的现代解读——弗罗洛夫人道主义思想研究》（姚颖著，北京：中央编译出版社 2009 年版）

10. 《二十世纪俄罗斯档案文件》11 卷，（李京洲、赵国顺等译，北京：人民出版社正陆续出版）

11. 《托洛茨基读本》（郑异凡编，北京：中央编译出版社 2008 年版）

12. 《全球化的边界》（赵国顺、李京洲等译，北京：中央编译出版社 2008 年版）

13. 《俄国熊看中国龙——17—20 世纪中国在俄罗斯的形象》（孙凌齐等译，重庆：重庆出版社 2007 年版）

14. 《奔向自由》（何宏江、李京洲、赵国顺等译，北京：中央编译出版社 2007 年版）

15. 《当代俄罗斯政党》（刘淑春、李兴耕、高晓惠、曲延明等著，北京：中央编译出版社 2006 年版）

16. 《由乱而治——俄罗斯政治历程（1990—2005）》（徐向梅著，北京：中央文献出版社 2006 年版）

17. 《布哈林论》（郑异凡著，北京：中央编译出版社 2006 年版）

18. 《被无知侮辱的思想——马克思社会理想的当代解读》（孙凌齐译，北京：中央编译出版社 2006 年版）

19. 《市场经济与公民社会——中国与俄罗斯》国际会议论文集（俞可平主编，北京：中央编译出版社 2005 年版）

20. 《史海探索》（郑异凡著，合肥：安徽大学出版社 2005 年版）

21. 《俄罗斯银行制度转轨研究》（徐向梅著，北京：中国金融出版社 2005 年版）

22. 《历史性突破——俄罗斯学者论新经济政策》（王丽华主编，北京：人民出版社 2005 年版）

23. 《让历史来审判》（何宏江等译，北京：人民出版社 2005 年版）

24. 《大元帅斯大林》（何宏江、李京洲等译，北京：社科文献出版社 2005 年版）

25. 《赫鲁晓夫回忆录》（张祖武译，北京：中央编译出版社 2005 年版）

26. 《戈尔巴乔夫回忆录》（张祖武等译，北京：中央编译出版社 2004 年版）

27. 《全球化与人类命运》（何宏江、刘燕明等译，北京：新华出版社 2004 年版）

28. 《赫鲁晓夫画传》（邢艳琦著，上海：华东师范大学出版社 2004 年版）

29. 《前车之鉴——俄罗斯关于苏联剧变问题的各种观点综述》（李兴耕、翟民刚、高晓惠等著，北京：人民出版社 2003 年版）

30. 《现代化之路——中国、俄罗斯、东欧国家改革比较》（徐向梅主编，北京：当代世界出版社 2003 年版）

31. 《苏联外交秘闻》（李京洲等译，北京：东方出版社 2003 年版）

32. 《苏联历史档案选编》34 卷本（郑异凡任副总编并担任 5 部分卷主编，戴隆斌、孙凌齐、赵国顺等各任一分卷主编，北京：社科文献出版社 2002 年版）

33. 《俄罗斯思考》（何宏江等译，北京：军事谊文出版社 2002 年版）

34. 《肖洛霍夫评传》（孙凌齐译，北京：中央编译出版社 2002 年版）

35. 《不惑集——苏联历史问题文集》（郑异凡著，沈阳：辽宁教育出版社 2000 年版）

36.《斯大林模式研究》（李宗禹、郑异凡等著，北京：中央编译出版社1999年版）

37.《列别德将军》（邢艳琦等译，北京：东方出版社1999年版）

38.《风雨浮萍——俄国侨民在中国（1917—1945）》（李兴耕、张海滨、徐向梅等著，北京：中央编译出版社1997年版）

39.《"十月"的选择——90年代国外学者论十月革命》（刘淑春、翟民刚、王丽华等译，北京：中央编译出版社1997年版）

40.《天鹅之歌——关于列宁晚期思想的对话》（郑异凡著，沈阳：辽宁教育出版社1996年版）

图书在版编目(CIP)数据

俄罗斯问题研究. 2010 / 徐向梅主编. —北京：
中央编译出版社，2014.6

ISBN 978 – 7 – 5117 – 2064 – 1

Ⅰ.①俄… Ⅱ.①徐… Ⅲ.①俄罗斯 – 研究
Ⅳ.①D751.2

中国版本图书馆 CIP 数据核字(2014)第 050044 号

俄罗斯问题研究. 2010

出 版 人：刘明清
出版统筹：薛晓源
责任编辑：李媛媛
责任印制：尹 珺
出版发行：中央编译出版社
地　　址：北京西城区车公庄大街乙 5 号鸿儒大厦 B 座(100044)
电　　话：(010) 52612345(总编室)　　(010) 52612335(编辑室)
　　　　　(010) 52612316(发行部)　　(010) 52612315(网络销售)
　　　　　(010) 52612346(馆配部)　　(010) 66509618(读者服务部)
传　　真：(010) 66515838
经　　销：全国新华书店
印　　刷：北京中印联印务有限公司
开　　本：787 毫米×1092 毫米　1/16
字　　数：320 千字
印　　张：21
版　　次：2014 年 6 月第 1 版第 1 次印刷
定　　价：62.00 元

网　　址：www.cctphome.com　　　邮　　箱：cctp@cctphome.com
新浪微博：@中央编译出版社　　　　微　　信：中央编译出版社(ID：cctphome)

本社常年法律顾问：北京市吴栾赵阎律师事务所律师　闫军　梁勤
凡有印装质量问题，本社负责调换。电话：010 – 66509618